dtv

Als am 24. Juli 1941 erste deutsche Einheiten die Stadt Wilna, Hauptstadt der Sowjetrepublik Litauen, erreichten, lebten dort mehr als 70 000 Juden. Ende August hatten die Nazis bereits die Hälfte von ihnen ermordet, die andere Hälfte wurde in ein Ghetto, später in ein Arbeitslager gesperrt. Einer von ihnen war der 1888 geborene jüdische Journalist Grigorij Schur. Ungläubig und fassungslos notierte er mit einer bewundernswerten Objektivität, was er sah und hörte, um das Unglaubliche für die Welt nach dem Horror festzuhalten. In der Baracke des Arbeiterblocks der Pelzfabrik Kailis damit beschäftigt, Soldatenuniformen auszusortieren, verkroch sich Schur hinter Regalen, Tischen und auf der Toilette, schrieb und achtete auf die bedrohlichen Schritte: Auf jeder Seite seines Manuskripts konnte eine Kugel den Schlußpunkt setzen. 1944, während der Liquidierung des Lagers, wurde Grigorij Schur ermordet. Seine Aufzeichnungen haben überlebt, weil die Litauerin Ona Schimaite die vollgeschriebenen Blätter und Hefte unter Einsatz ihres Lebens aus dem Ghetto schaffte und versteckte.

Wladimir Porudominskij ist der Neffe von Grigorij Schur. Als er Schurs Tochter Miriam, die inzwischen nach Israel ausgewandert war, 1989 zum erstenmal wiedersah und sie ihm eine Abschrift des Manuskripts zeigte, die sie 1960 aus der Sowjetunion hatte schmuggeln können, wußte er, daß es seine Aufgabe sein würde, die Aufzeichnungen seines Onkels endlich zu veröffentlichen. Wladimir Porudominksij ist Literaturwissenschaftler und Schriftsteller und lebt heute in Köln.

Die Juden von Wilna

Die Aufzeichnungen des Grigorij Schur 1941–1944

Bearbeitet und herausgegeben von
Wladimir Porudominskij

Aus dem Russischen von Jochen Hellbeck

Deutscher Taschenbuch Verlag

Die Fotografien in diesem Band wurden, soweit nicht anders angegeben, dem Band ›Jerusalem of Lithuania. Illustrated and documented, collected and arranged by Lyzer Ran‹, New York 1974, entnommen. Der Abdruck erfolgte mit freundlicher Genehmigung des YIVO Insitute for Jewish Research, New York. Das Foto auf Seite 199 wurde mit freundlicher Genehmigung des jüdischen Museums Wilna Gaon in Vilnius, Litauen, abgedruckt.

Deutsche Erstausgabe
Juni 1999
Deutscher Taschenbuch Verlag GmbH & Co. KG,
München

Titel der holländischen Originalausgabe:
De joden van Wilno. Een kroniek 1941–1944
Uitgeverij Jan Mets, Amsterdam 1997
ISBN 90-5330-187-9

Umschlagkonzept: Balk & Brumshagen
Umschlagfoto: YIVO, Institut for Jewish Research, N. Y.
Satz und Gestaltung: Hartmut Czauderna, Gräfelfing
Gesetzt aus der 10,4/13˙ Stempel Garamond
auf Apple Macintosh, QuarkXPress
Druck und Bindung: C. H. Beck'sche Buchdruckerei,
Nördlingen
Gedruckt auf säurefreiem, chlorfrei gebleichtem Papier
Printed in Germany · ISBN 3-423-30723-4

Inhalt

Für Gerschen Malakiewitsch, einen selbstlosen und vornehmen Menschen, einen vollkommenen und geliebten Freund, als Zeichen des Respekts, der Ehrerbietung und Bewunderung für sein Leben und Sterben.

Der Autor

Gerschen Malakiewitsch war Journalist und Freund des Autors. Bereits in den ersten Tagen der Besetzung erklärte er, daß er nicht vorhabe, wie ein Hund zur Schlachtbank geführt zu werden. Also ging er der Überlieferung nach selbst zur Gestapo und sagte dort, was er vom Nationalsozialismus hielt, woraufhin er unmittelbar erschossen wurde.

Über die Aufzeichnungen des Grigorij Schur

Vorwort des Herausgebers

Vor uns liegen die Aufzeichnungen des Grigorij Schur, die vom Leben und Sterben der Juden im Wilnaer Ghetto erzählen. Dieses Buch gehört zu den wenigen Büchern über den Holocaust, die nicht im Anschluß an ihn geschrieben wurden, sondern unmittelbar während er sich ereignete. Das Buch handelt von Geschehendem, es schildert Ereignisse, die gegenwärtig, im Augenblick des Schreibens, erlebt wurden. Grigorij Schur erzählt von den ungeheuerlichen Taten der Nazis, als deren Aktionen noch im Gang waren. Er berichtet ausführlich über die »Ermordungsmethoden bei Ponary« (ein kleiner Ort in der Nähe von Wilna, wo die Massenerschießungen stattfanden) und weiß dabei, daß Ponary auch ihm selbst und den Seinen bevorsteht. Er vermerkt, daß die Frage der endgültigen Liquidierung des Ghettos und der Arbeiterblöcke entschieden ist, und bestätigt damit sein eigenes bevorstehendes Ende. Dies ist ein furchtloses Buch.

»Es gab weder Platz, noch Papier, noch Tinte. Ich schrieb in schrecklicher Enge, manchmal auf dem Klo, manchmal in der Baracke; wenn es keine Tinte gab, mußte ein Bleistift genügen, ich schrieb auf den Knien oder auf der Fensterbank, fast nie an einem Tisch …« Fügen wir hinzu, daß jede Minute, die er mit dem Stift in der Hand über seinen Blättern gebeugt verbrachte, unweigerlich die letzte seines Lebens gewesen wäre, hätte man ihn beim Schreiben ertappt. Aber er schrieb …

Insgesamt sind es neununddreißig Hefte. Angesichts der chronologischen Zerrissenheit der Aufzeichnungen ist anzunehmen, daß Schur seine Chronik gleichzeitig in mehreren Heften führte, die er an verschiedenen Orten versteckte, und daß er immer in dem Heft schrieb, das gerade zur Hand war.

Das Manuskript ist nicht wirklich ein Tagebuch, obwohl viele Eintragungen mit Datum versehen sind. Häufig bezeichnet das Datum jedoch nicht den Tag der Niederschrift, sondern den Tag, an dem das eine oder andere Ereignis stattfand, das zu einem Markstein im Leben der tausenden im Ghetto eingesperrten Wilnaer Juden wurde – oder vielmehr zu einem Markstein ihres Weges in den Untergang. Mitunter sind unter einem Datum Ereignisse gesammelt, die sich im Laufe einer bestimmten Zeitspanne ereigneten; in diesen Fällen markiert das Datum einen bestimmten Abschnitt in der Arbeit des Autors. Schließlich finden wir in Schurs Manuskript Seiten, auf denen das Material bereits weitgehend verallgemeinert und ausgearbeitet ist; hier handelt es sich offensichtlich um Entwürfe zu einem Buch, das Grigorij Schur zu schreiben beabsichtigte, sollte er wider Erwarten am Leben bleiben.

Die Notizen von Grigorij Schur unterscheiden sich von einem Tagebuch auch darin, daß die Handlung fast nie aus der Sicht der ersten Person geschildert wird. Das »Ich«, wesentliches Attribut eines jeden Tagebuchs, ist so gut wie abwesend. Eine der wenigen Ausnahmen ist die Schilderung von Kindern, die während der Ermordung ihrer Angehörigen wie durch ein Wunder am Leben blieben, aber dabei ihren Verstand verloren; hier gesteht der Verfasser, daß er – »ich« – nicht die Kraft in sich verspürte, bei den Kindern zu bleiben. Sonst sieht er keine Möglichkeit, über sein persönliches Schicksal, losgelöst von dem der übrigen Ghettobewohner, von dem seines Volkes, zu berichten. Selbst bei der Schilderung der Vernichtung – des »Raubs« – der letzten jüdischen Kinder, die nach der Liquidierung des Ghettos noch in den Arbeiterblöcken lebten, erwähnt er nicht, daß sich unter den »Geraubten« auch sein dreizehnjähriger Sohn befand. Am Morgen, als sich die Erwachsenen in Reih und Glied aufstellen mußten, um zur Arbeit zu gehen, und als verkündet wurde, daß alle Kinder zu einer »medizinischen Untersuchung« weggebracht würden, lief

Der Autor mit seiner Frau und den Kindern Miriam und Aron

der Junge noch kurz aus dem Haus heraus, das bereits von Polizisten umzingelt war. Er rief: »Mama, wo finde ich ein sauberes Hemd? Wir werden zum Arzt gebracht!« (Das findet sich nicht im Manuskript, aber es ist mir berichtet worden. Die Eltern haben ihren Sohn nie wieder gesehen.)

Der Standpunkt des Verfassers dieser Notizen, sein Blick auf das Geschehen ringsum, seine Meinungen, Sympathien und Antipathien sowie der Ton seiner Erzählung vermitteln uns einen recht vollständigen Eindruck von seiner Persönlichkeit. Für ein Bild von der äußeren Seite des Lebens von Grigorij Schur liegen uns die spärlichen Angaben vor, die wir einem Brief seiner Tochter Miriam Povimonskaja-Schur entnehmen. Sie war mit Hilfe ihres Vaters aus dem Ghetto geflüchtet (ihre Odyssee könnte selbst Gegenstand eines Buches sein) und lebt heute in Israel. Die Bearbeitung und Edition des vorliegenden Manuskripts hat mit ihrem Wissen und in voller Übereinstimmung mit ihren Wünschen stattgefunden. Sie schreibt:

»Vater wurde im November 1888 in Wilna geboren. Sein Vater, Aron, bemalte Aushängeschilder und betrieb einen Farbenladen. Vater wuchs in einer religiösen Familie auf und ging bis zu seinem sechsten Lebensjahr in den Cheder*. Später besuchte er ein russisches Handelsgymnasium, in dem zehn Prozent der Schüler Juden waren. Vater schloß das Gymnasium erfolgreich ab. In seiner Jugend war er politisch interessiert. Ich glaube, er war Mitglied der Sozialdemokratischen Partei. Er arbeitete als Redakteur der Zeitung *Odna kopejka* (»1 Kopeke«). Er wurde verhaftet und in das Gouvernement Astrachan, in die Kaspische Steppe, verbannt. Dort lebte er unter religiösen russischen Sektierern, den sogenannten *Molokane* und *Subbotniki***, die ebenfalls in die Steppe verbannt worden waren. Ende 1913 kehrte er nach Wilna zurück. 1914, nach der deutschen Besetzung von Wilna, begann er mit der Herausgabe einer deutschsprachigen Zeitung; wie sie hieß, weiß ich nicht. Nach der Revolution, so scheint es (genau weiß ich es nicht, Vater wollte darüber nicht sprechen, weil Wilna zu Polen gehörte), diente er kurzzeitig in der Roten Armee. Von den Polen wurde er verurteilt und ins Gefängnis gesteckt; er kam mit Mühe wieder frei. Er erbte von seinem Vater den Farbenladen, später eröffnete er einen Laden für Elektrogeräte. Lange Zeit hielt er sich abseits von der Politik. In den dreißiger Jahren beteiligte er sich an der Gründung der Fridlandpartei. Diese Partei setzte sich für die Errichtung von jüdischen Landwirtschaftsgenossenschaften ein. Ich weiß von einer dieser Genossenschaften, daß sie ein oder zwei Jahre vor Kriegsanfang 1939 aufgelöst wurde, weil sie nicht rentabel war. Im Jahr 1940, nach der Errichtung der Sowjetmacht in Litauen, wurde Vater Redakteur der Zeitung *Gudok* (»Pfeife«). Das war eine kleine Zeitung, die von der Eisenbahndirektion herausgegeben wurde. Im September 1941, als die Stadt von den deutschen Truppen erobert wurde, wurde unsere Familie, wie alle

* Cheder (jiddisch): religiöse jüdische Vorschule

** Christliche Sekten in Rußland, die einige Dogmen und Rituale der orthodoxen Kirche ablehnten. Molokane und Subbotniki wurden von der zaristischen Regierung verfolgt.

übrigen Juden auch, ins Ghetto getrieben. Später wurde Vater in ein Lager der Pelzfabrik Kailis (Kailis = Pelz) verlegt. Er war als Elektrotechniker registriert, doch arbeitete er bei der Aussortierung von Soldatenuniformen; er mußte auswählen, welche Stücke noch ausgebessert werden konnten und welche nur noch als Flicken taugten. Die Pelzsachen wurden von der Front zugestellt oder waren von den örtlichen Bauern beschlagnahmt worden; auch die Juden im Ghetto mußten alles abliefern, einschließlich der Pelzkragen und -futter ihrer Wintermäntel. In der Baracke auf dem Umschlagsplatz, wo der Vater arbeitete, nutzte er die Gelegenheit, wenn es keine strenge Aufsicht gab, seine Aufzeichnungen zu machen. Es kam vor, daß er schnell etwas Wichtiges aufschreiben wollte und sich dazu in einen entlegenen Winkel der Baracke verkroch, hinter die Regale und Tische, auf denen sich Berge von auszubessernden Kleidungsstücken türmten. Ein Kamerad stand Wache, während über den Köpfen die Schritte des im zweiten Stock wohnenden SS-Manns Richter zu hören waren. Richter war ein gnadenloser Aufseher und Henker, der jeden und alles, was in den Arbeiterblöcken von Kailis geschah, im Auge behielt. (Der SS-Mann, der einen kleinen Kopf und einen unverhältnismäßig langen Hals hatte, besaß unter den Bewohnern der Blöcke den Spitznamen »Nackthals«.) Manchmal schrieb Vater auch zu Hause, wo er sich in einer Ecke der überfüllten Wohnung Platz verschaffte. Die Wohnung im Ghetto bestand aus einem Zimmer mit einem Fenster und einer kleinen fensterlosen Küche. Es wohnten dort: Oma Nechama, die Tanten und Onkels mit ihren Kindern – Manja, David, Chaja und ihre Schwester, Asja, Zjenja, Solomon, Tanja und Miroscha –, dann die anderen Verwandten: die taubstumme Maria, die Schwester von Oma, Ginda, Ljova, Raja, Jefim und auch noch Ljuba Galynskaja; unsere vierköpfige Familie, die dreiköpfige Familie der Kommissarovs und dann noch Olga Poljak, die Schwiegertochter von Chaja. Insgesamt waren es 24 Personen. Wenn ich beschreiben könnte, wie harmonisch wir auf so engem Raum zusammenlebten, wäre das sicherlich lehrreich ...«

Diesen Zeilen möchte ich noch hinzufügen, daß Grigorij Schur in seiner Jugend Lev Tolstoj in dessen Geburtsort Jasnaja Poljana besuchte, ein Gespräch mit ihm führte und als Geschenk von ihm sogar ein mit einem Autogramm versehenes großes Foto von Ilja Repins Gemälde *Lev Tolstoj auf einem Acker* bekam (das Foto war bis zum Krieg im Haus der Schurs zu sehen). Ferner will ich auch die freundschaftliche Beziehung erwähnen, die Grigorij Schur mit Solomon Anski verband, dem Verfasser des weltberühmten mystischen Schauspiels *Der Dybbuk*. Grigorij Schurs Interesse für Tolstoj drückt sich möglicherweise in der nachdrücklichen und hintergründigen Art aus, in der er die Gedanken und Handlungen seiner Mitmenschen, die er unter den Extrembedingungen des Ghettos beobachtete, beschrieb. Die Freundschaft zu Anski erwies sich als ein wichtiger Beweggrund für das Schreiben dieser Notizen. Als er Schurs Erzählungen von seiner Astrachaner Verbannung zuhörte, drängte Anski ihn, seine Eindrücke zu Papier zu bringen, und er machte ihm ernsthafte Vorwürfe, daß er das nicht tat.

Als Schur später im Ghetto an seinen Notizen schrieb, mußte er häufig an die Mahnung seines inzwischen verstorbenen Freundes denken; er sagte, daß ihm nun niemand mehr etwas vorwerfen könne.

Wie wir sehen, bieten der Lebenslauf an sich und das Schicksal von Grigorij Schur keinen besonderen Anlaß, ihn außerhalb des Kreises der »gewöhnlichen Menschen« anzusiedeln. Und dennoch widerlegen seine persönliche Biographie und die darin enthaltenen Konflikte die Idee nicht, sondern bestärken sie im Gegenteil, daß jeder in dieser Welt lebende Mensch (jeder von uns) in gewissem Sinne eine historische Persönlichkeit ist. Die Einzelheiten des Lebens und Schicksals eines »gewöhnlichen Menschen« formen, illustrieren und konkretisieren die auf den ersten Blick unbedeutenden persönlichen Wege und Ereignisse, aus denen sich letztendlich Ereignisse von grundlegender Bedeutung und die Entwicklung von ganzen Völkern und Staaten – kurzum die Geschichte – herleiten. Doch abgesehen davon verleihen die im steten Angesicht des Todes durchgeführte Arbeit an den Aufzeichnungen und das Bestreben, selbst um den Preis des eigenen Lebens den geschichtlichen Gang zu fixieren, der Persönlichkeit Grigorij Schurs eine ganz und gar einzigartige Gestalt.

In Schurs Buch stoßen wir auf Schilderungen von Massenmorden und planmäßig durchgeführten »Aktionen« zur allmählichen Vernichtung der jüdischen Bevölkerung, auf Schilderungen der Grausamkeit, des Sadismus und der Heuchelei der Nazis. Man könnte glauben, daß wir uns gründlich genug über alle Verbrechen der Deutschen, der Litauer und vieler anderer Söldner und Freiwilliger informiert hätten. Doch das Bild vom Holocaust, das sich auf den Seiten dieses Buches offenbart, und die Vielzahl von bislang unbekannten Details frischen unser Gedächtnis auf und wirken mit neuer Kraft auf unsere Gedanken, unsere Gefühle und unsere Vorstellung ein.

Die Aufzeichnungen sind auch in anderer Hinsicht lehrreich. Ihre bitterste Lehre ist der offensichtliche Erfolg (im Wilnaer Ghetto jedenfalls) des alten politischen Diktums »Teile und herrsche!«, das an die schlimmsten Eigenschaften des Menschen appelliert. Einerseits sehen wir die Juden in ihrer Gesamtheit, wie sie von ihren Mördern zusammengetrieben werden und ausnahmslos ihrer Vernichtung entgegensehen, und andererseits sehen wir häufig, wie Menschen, am Rande des Massengrabs stehend, sich entzweien und versuchen, um jeden Preis – selbst wenn dies jemand anderem oder mehreren anderen das Leben kostet – zu bestehen und sich an der glatten, steilen Wand des Abgrunds zu halten.

Es fällt mir nicht leicht, hierüber zu schreiben. Der Überlebenswille ist einer der stärksten Antriebe menschlichen Verhaltens, und er wappnet den Menschen mit einer äußerst erfindungsreichen Gabe zur Selbstrechtfertigung, einer besonderen Logik, um das eigene Verhalten zu begründen. Ist es unser Recht, über diese dem Tode geweihten Menschen ein Urteil zu fällen? – Jedoch gibt es eine moralische Grenze, deren Überschreitung den Menschen zu einem Leben verdammt, in dem er der wichtigsten menschlichen Werte verlustig geht, ja des Sinns des Lebens selbst, wenn man darunter nicht bloß die Verlängerung der menschlichen Existenz versteht – und das können wir aus unserer heutigen Sicht klarer erkennen.

Es ist bitter, von den jüdischen Polizisten zu lesen, deren beflissene Grausamkeit sich nicht lediglich als gehorsame Ausführung von schweren Verpflichtungen zum Zwecke der eigenen Rettung erklären läßt, sondern zu einem bedeutenden Grad von selbstgefälligem Hochmut, von Herrschsucht und Habgier geleitet war. Nicht ohne Grund genossen die jüdischen Polizisten das Vertrauen der Henker, die zuletzt freilich auch zu ihren Henkern wurden (welch unglaublicher Selbsteingenommenheit bedurfte es, um das nicht zu erkennen!).

Durchgängig prallen in diesen Aufzeichnungen zwei Ideen und dementsprechend zwei Vorstellungen von den zu Zeiten des Holocausts möglichen Handlungsoptionen aufeinander: eine heroische und eine pragmatische. Die einen dachten, es sei besser, im Kampf zu sterben, als sich ohne Gegenwehr vernichten zu lassen, in unvorstellbarer Erniedrigung den Tod zu erwarten. Die anderen machten geltend, daß es durch Vereinbarungen mit den Mördern, durch Lavieren, durch Zugeständnisse gelingen würde, eine bestimmte Anzahl Juden vor dem Untergang zu retten.

Heute verlangt die junge Generation von der älteren eine Antwort auf die Frage: Warum habt ihr euch widerstandslos töten lassen? Unser heutiges historisches Wissen schließt die Geschichte und Erfahrung des Holocaust ein. Wir wissen, daß diese Menschen in jedem Fall dem Tod geweiht waren. So würde heute die Frage, ob man mit den Nazis eine Vereinbarung schließen kann, wahrscheinlich anders beantwortet werden. In der Geschichte des jüdischen Volkes gibt es das heroische Beispiel von Masada: Im ersten Jahrhundert unserer Zeitrechnung töteten alle Verteidiger dieser von den Römern belagerten Festung einander – auch die Frauen und Kinder – oder begingen Selbstmord, da sie nicht mehr imstande waren, ihren Stützpunkt zu halten. Sie lieferten sich aber nicht der Gnade ihrer Besieger aus.

Das Heldentum von Masada läßt sich nicht durch das Erteilen von Befehlen oder guten Ratschlägen hervorrufen; dazu bedarf es gemeinsamer Überzeugungen und gemeinsamer Gefühle. Die Geschichte des Aufstands des Warschauer Ghettos zeigt uns, wie der Geist von Masada reifen konnte.

In Wilna gab es Anhänger der heroischen Haltung, gab es Widerstandsgruppen. Grigorij Schur schreibt wenig über sie; einiges wird ihm natürlich nicht bekannt gewesen sein, und einiges, so ist anzunehmen, wird er dem Papier nicht anvertraut haben wollen. Doch wie dem auch sei, in Wilna hatten die Pragmatiker die Überhand. Wir sollten sie nicht vorschnell verurteilen, ebensowenig wie Grigorij Schur sofort ein kategorisches Urteil über sie fällt. Helden sind herrlich (der Verfasser blickt auf sie stets mit großer Bewunderung), aber jede von ihnen begangene Tat, so rühmlich sie auch ist, zieht das Todesurteil für hunderte und aberhunderte anderer nach sich, die sich an das Leben klammern und auf ein Wunder hoffen.

Der Heroismus hat ohne Zweifel zahllose Opfer gefordert, dennoch, er hat auch die Herzen beflügelt. Der Pragmatismus mit seinem Vorgehen, das Leben der einen auf Kosten anderer zu schonen, hat die Seelen entwürdigt, ja mitunter schlichtweg verdorben; er veranlaßte Juden, ihre Nächsten zur Exekution auszuliefern und die Henker von ihrer Treue und Unentbehrlichkeit zu überzeugen. Zweifellos hofften die Pragmatiker, daß sie nicht nur den Tod hinauszögern, sondern zumindest einigen tatsächlich das Leben retten würden. Und dennoch ist es schwer vorstellbar, wie man mit den Mördern die Zahl der morgigen Opfer vereinbaren kann; wie man feststellen kann, ob diese oder jene Person tauglich ist, weiter zu leben; wie man sachlich Exekutionslisten erstellen und den Henkern übergeben kann, auf denen die Namen der eigenen Nachbarn stehen; wie man diese Menschen zur Exekution begleiten kann und dabei sich selbst und andere davon überzeugen will, daß man für einen guten, ja geradezu humanen Zweck handelt. Das sittliche Maß des Pragmatismus nähert sich häufig dem Punkt der Maßlosigkeit, der Mittäterschaft am Mord.

In den Aufzeichnungen von Grigorij Schur sehen wir fortwährend, wie jeder Versuch der jüdischen Leiter des Ghettos, die Bewohner vor dem Untergang zu bewahren, unweigerlich zum Scheitern verurteilt ist; die Menschen, denen heute noch das Leben erhalten bleibt, werden morgen umgebracht werden, und selbst die Leiter, die womöglich in der edelsten Absicht handeln, bleiben betrogen. In den Augen der Ghettobewohner sind sie häufig Verräter.

Grigorij Schur erzählt, wie eine Einheit der jüdischen Polizei, die von Wilna nach Oschmjany geschickt wurde, auf Befehl der Gestapo an einer »Säuberung« unter den Juden im Ort mitwirkte. Die jüdischen Leiter der »Operation« stellten es als ihren Verdienst heraus, daß anstelle der 1500 Menschen, die die Deutschen hatten vernichten wollen, nach Absprache mit den Deutschen »nur« 406 vernichtet wurden. Begriffen und fühlten sie bei dieser Abmachung wirklich nicht, daß diese 406 Juden, die durch jüdische Hand dem Henker übergeben und umgebracht wurden, zu einer unendlichen Größe werden würden, die keine Statistik erfassen kann? Sollten die 1094 Menschen, die noch für kurze Zeit am Leben gelassen wurden, den Mördern ihrer nächsten Mitmenschen wirklich dankbar sein? Sieht alles wirklich nur aus unserer heutigen Sicht so anders aus? …

Doch damit nicht genug: Die nach Oschmjany entsendeten jüdischen Polizisten fühlten sich geschmeichelt, daß man sie »auserkoren« hatte; stolz stülpten sie sich die Mützen der litauischen Exekutionskommandos über die Köpfe, dieselben Mützen, deren Anblick ihnen selbst ständig Angst einjagte. Ein kleines Detail: Auf die litauischen Mützen mußten sie Abzeichen mit dem Judenstern befestigen – ein Zeichen, nicht nur für ihre nationale Zugehörigkeit, sondern zugleich für die Tatsache, daß auch sie selbst dem Untergang geweiht waren.

Während man sich mit dem Erfolg des Kompromisses (406 zum Tode Verurteilte anstelle von 1500) tröstete, der mit den eigenen künftigen Mördern geschlossen wurde, während man sich von der eigenen Unersetzbarkeit für die Henker überzeugte und – mehr noch – auf diese Unersetzbarkeit pochte, stand man machtlos dem Holocaust gegenüber.

Die Aufzeichnungen von Grigorij Schur bezeugen ein weiteres Mal, daß der Mensch, auch am Rande des Abgrunds stehend, nicht aufhört zu leben – zu lieben und zu betrügen, nach Wissen zu dürsten und sich um seine Verpflegung zu sorgen, zu denken, nach Vervollkommnung zu streben, sich zu bereichern, zu neiden, sich um den Nächsten zu sorgen und ihn zu verraten, zu lachen und zu weinen. Das Buch steckt voller menschlicher Leidenschaften, doch im Ghetto, in diesem »Staat im Staat« (wie Schur das Ghetto bezeichnet), dessen gesamte Bevölkerung am Rand der Vernichtung steht, erhalten diese Leidenschaften eine neue, ungleich bedeutungsvollere Qualität: eine mythische Dimension.

Wenn Schur über Anständigkeit, Wohlwollen, Edelmut und über Verrat, Gier, Egoismus schreibt – Eigenschaften, von denen das tägliche Leben im ständigen Angesicht des Todes erfüllt war –, dann werden seine Notizen zu einer Erzählung über das Leben im allgemeinen, über Gut und Böse, Liebe und Haß, Wahrheit und Lüge. Beraubt von allem, was dem Menschen kraft seines Geburtsrechts zukommt und was er durch sein Leben erlangt – beraubt im Grunde auch des Lebens selbst, denn wenn es nicht heute beschlagnahmt wird, dann mit Sicherheit morgen –, hat der Verfasser die Fähigkeit nicht verloren, über das Böse zu staunen, das ihn umgibt, und er hört nicht auf, seine Empörung und Trauer zu bekunden. Damit hilft er uns, den Lesern seiner Erzählung, die Hoffnung auf den Sieg des Guten im Menschen und in der Menschheit zu bewahren.

Wie wichtig es ist, die Hoffnung zu bewahren und an das Gute zu glauben, macht die Geschichte von Schurs Manuskript selbst deutlich; hätten ihn Gut und Böse in der Gestalt seiner Mitmenschen nicht umgeben, wäre es Schur unvergleichlich schwerer gefallen (wenn es überhaupt möglich gewesen wäre), an dem Buch zu arbeiten und – was am wichtigsten ist – nicht die Hoffnung zu

Ona Schimaite

verlieren, daß es eines Tages veröffentlicht würde.

Eine entscheidende Rolle spielte die bekannte litauische Antifaschistin Ona (Anna) Schimaite. Sie war es, die den zum Tode verurteilten Schur anspornte, seine letzte Aufgabe zu Ende zu führen und unter keinen Umständen die Feder beiseite zu legen. Sie war es, die die von Schur vollgeschriebenen Blätter und Hefte unter Einsatz ihres Lebens aus dem Ghetto schaffte und im Fußboden der Wilnaer Universitätsbibliothek, wo sie arbeitete, versteckte.

Angaben zum Leben von Ona Schimaite kann man in der Literatur zur Geschichte des litauischen und jüdischen Widerstands finden. Doch ihre Rolle bei der Entstehung und Überlieferung der Aufzeichnungen von Grigorij Schur kennzeichnet bereits den Charakter dieser Frau, zumal, wenn man sich nicht nur die äußeren Bedingungen, sondern auch die allgemeine Stimmung vorstellt, in welcher – vielmehr: welcher zum Trotz! – sie handelte.

Eine andere bewundernswerte Litauerin, Dr. Helena Bujvidaite-Kutorgiene, schreibt in ihrem kürzlich veröffentlichten Tagebuch des Jahres 1941 voller Schmerz und Entsetzen über den »patriotischen sadistischen Rausch«, der sich eines großen Teils der Bevölkerung bemächtigt hatte. Den schrecklichen Manifestationen dieses Rausches werden wir in den Aufzeichnungen von Grigorij Schur noch begegnen.

Zitieren wir aus dem Brief von Miriam Povimonskaja-Schur einige Zeilen über Ona Schimaite:

»Anna Schimaite kannte mein Vater schon vor der Revolution aus der sozialdemokratischen Bewegung. Danach gingen ihre Wege für lange Zeit auseinander: Sie lebte in Litauen, Vater in Polen. Sie begegneten sich erst wieder 1939, nach der Eingliederung von Wilna in Litauen. Während der deutschen Besatzung leistete Anna Schimaite den Juden, darunter auch unserer Familie, große Hilfe. Sie selbst hatte keine großen Mittel, doch teilte sie mit anderen ihr letztes Stück Brot. Sie besaß nur zwei Kleider. Ich erinnere mich, als man ihr noch ein Kleid geben wollte, daß sie es mit den Worten ablehnte: ›Das ist nicht nötig, sonst habe ich das Problem, daß ich nicht weiß, welches ich anziehen soll. So wie es jetzt ist, trage ich das eine und wasche das andere.‹ Ihren gesamten Verdienst als Bibliothekarin an der Universität gab sie für Lebensmittel aus, die sie den Juden an ihre Arbeitsplätze brachte. Viele Male kam sie heimlich ins Ghetto; häufig kam sie auch uns in den Arbeiterblöcken des Lagers von Kailis besuchen. Für sie waren diese Besuche mit einem großen Risiko verbunden. In vieler Hinsicht konnte Vater seine Aufzeichnungen nur dank ihrer Hilfe machen. Er wußte, daß sie seine Hefte sorgfältig versteckte. Sie unterstützte ihn auf vielfache Art beim Schreiben, brachte ihm Hefte und Tinte mit. Vater benutzte zum Schreiben meistens einen Füllfederhalter, und es war eine schwierige und gefährliche Aufgabe, im Ghetto an Tinte zu kommen. Anna Schimaite war in einer Untergrundorganisation tätig. Sie besorgte für mich einen gefälschten Paß, der auf den Namen eines polnischen Mädchens lautete. Dank dieses Passes konnte ich nach meiner Flucht aus dem Ghetto eine Zeitlang in der besetzten Stadt ausharren. Anna hatte bei sich zu Hause ein jüdisches Mädchen versteckt, das die Liquidierung des Ghettos überlebt hatte und zu ihr gekommen war. Wie es den Deutschen gelang, dieses Mädchen aufzuspüren, weiß ich nicht genau; es war im Frühling 1944, vor der Befreiung von Wilna. Es gab ein Gerücht, daß sie eine Jüdin bei sich versteckt hielt. Anna wurde verhaftet und in ein Konzentrationslager nach Deutschland gebracht.

Am Ende des Kriegs wurde sie von den Amerikanern befreit. Sie lebte für einige Zeit in Frankreich und dann in Israel. Doch als ich 1960 nach Israel kam, traf ich sie schon nicht mehr an; sie war wieder nach Frankreich zurückgekehrt. Dort ist sie auch gestorben. Anna Schimaite war ein wunderbarer Mensch. Wenn sie ins

Ghetto oder in die Blöcke von Kailis kam, war das wie ein Sonnenstrahl in der Finsternis.«

Gleich nach Kriegsende sendete Ona Schimaite aus Frankreich einen Brief an das in Wilna neu gegründete Jüdische Museum. In dem Brief gab sie an, wo sich das Versteck befand, in dem sie das Manuskript von Grigorij Schur verwahrt hatte (unter zwei Dielen im Boden der Universitätsbibliothek). So wurden die Aufzeichnungen gefunden.

Das Jüdische Museum in Wilna wurde 1944, kurz nach der Befreiung der Stadt, gegründet. Die Gründung erfolgte in einer chaotischen Zeit, ohne die benötigte Billigung von seiten der neuen Machthaber. Die antisemitische Politik des Stalinschen Regimes, die vor Ort nicht immer bemerkt oder verstanden wurde, zeichnete sich zu diesem Zeitpunkt bereits deutlich ab. Bis zur Ermordung von Solomon Michoels* und der Auflösung des Jüdischen Antifaschistischen Komitees (die Mitglieder des Komitees wurden verhaftet und viele von ihnen später hingerichtet) waren es noch vier Jahre.

Von Anfang an erfuhren die Betreiber des Museums keinerlei Anteilnahme oder Unterstützung von »oben«, fast alle ihre Initiativen wurden abgelehnt oder sogar aktiv behindert. Für das Museum wurde kein passendes Gebäude gefunden. Berge von Büchern, Zeitungen, Manuskripten, Archivmaterialien und Dokumenten, die wie durch ein Wunder erhalten geblieben waren, die man aus Häuserruinen, aus den Kellern der Gestapo, aus Dachböden und Kellerräumen im Ghettobezirk gerettet hatte, stapelten sich in einer Rumpelkammer oder lagen unter offenem Himmel auf dem Hof und wurden von den Mäusen und schlechter Witterung allmählich zerfressen. Doch damit nicht genug: dreißig Tonnen (!) Materialien, die mit der jüdischen Geschichte, der Geschichte der Wilnaer Juden und des Wilnaer Ghettos zu

* Solomon Michoels (1890–1948), ein international berühmter Schauspieler und Leiter des Jüdischen Antifaschistischen Komitees, wurde auf Befehl Stalins ermordet.

tun hatten, wurden von den sowjetischen Behörden ungeachtet des Widerstands einiger Museumsmitarbeiter und ihrer freiwilligen Helfer als Altpapier zur Papierfabrik geschickt. Im Jahr 1949, als Stalin sich unverhüllt und tatkräftig daran machte, das zu vollenden, was Hitler nicht bis zum Ende durchgeführt hatte, wurde das Jüdische Museum aufgelöst. Als Anfang 1953 zum Zwecke der Provokation die Affäre von den »Mördern in den weißen Kitteln«* inszeniert wurde und sich eine Massendeportation von Juden abzeichnete, suchte ich Miriam Povimonskaja-Schur in Wilna auf; im Vorraum ihrer Wohnung bemerkte ich zwei kleine gepackte Rucksäcke, die für sie und ihren Mann bereitstanden für den Fall, daß man sie in ein neues Ghetto treiben würde.

Ist es nicht ein Wunder, daß die alten Hefte von Grigorij Schur all diese Wechselfälle heil überstanden haben?

Bei der Auflösung des Jüdischen Museums wurden alle darin befindlichen Exponate auf andere Museen verteilt. Es war nicht einfach, in Erfahrung zu bringen, wohin das eine oder andere Dokument gebracht wurde, das ein Stück jüdischer Geschichte – und insbesondere die Geschichte des Holocausts – festhielt und allein deswegen als »unnötig« oder gar »schädlich« angesehen wurde. Doch die Aufzeichnungen von Grigorij Schur hatten wiederum das »Glück«, daß es gelang herauszufinden, wo sie gelandet waren, nämlich im Museum der Geschichte der Revolution; zudem stellte sich heraus, daß in diesem Museum eine Bekannte von Miriam Povimonskaja-Schur arbeitete, die es auf sich nahm (ein enormes Risiko!), heimlich eine maschinenschriftliche Abschrift für sie herzustellen. Sie verlangte , daß man ihr für diese Arbeit eine eigene Schreibmaschine zur Verfügung stellte, da sie durch die Schrifttype der dem Museum gehörenden Schreibmaschine leicht hätte entlarvt werden können. In jener Zeit war es nicht ein-

* Eine Gruppe führender Ärzte, darunter vorwiegend Juden, wurde von den sowjetischen Leitern wegen Totschlags und Vorbereitung zum Totschlag gegen die Obrigkeit sowie wegen Spionage verleumderisch angeklagt. Die Verurteilung dieser Menschen und damit der Anfang des geplanten Massengenozids der sowjetischen Juden wurden durch Stalins Tod am 5. März 1954 verhindert.

fach, an eine Schreibmaschine heranzukommen; zu kaufen gab es keine, und man konnte auch nicht jeden danach fragen, denn die wenigen Leute, die eine besaßen, liehen sie nicht gerne aus, weil sie Angst hatten: Wer weiß, was mit dieser Maschine geschrieben werden würde! Doch zu guter Letzt waren alle Hindernisse überwunden, Miriam Povimonskaja-Schur erhielt den Text, auf den sie so lange gewartet hatte – ein kaum lesbares Typoskript, auf Durchschlagpapier getippt. Diese Kopie nahm sie mit, als sie die Sowjetunion verließ.

Das Jüdische Museum wurde 1989, während der Perestrojka, neu eröffnet. 1994 besuchte Miriam Povimonskaja-Schur zum ersten Mal seit ihrer Emigration die Stadt Wilna, die inzwischen die Hauptstadt des unabhängigen Litauens geworden war und nun Wilnius hieß. Im Museum fertigte man für sie eine Fotokopie der Aufzeichnungen ihres Vaters an, anhand derer sie den maschinenschriftlichen Text überprüfen konnte.

Ich möchte noch kurz mein persönliches Verhältnis zu den Aufzeichnungen von Grigorij Schur schildern. Dieses Verhältnis erschöpft sich nicht in den Gedanken und Gefühlen, die den Leser überkommen, wenn er neue Einzelheiten über den Holocaust erfährt, besonders dann, wenn er selbst ein Zeitzeuge des Holocausts ist und zudem noch Jude. Mein Verhältnis zu Schurs Aufzeichnungen reicht auch weiter als das Interesse, das ein Schriftsteller und Historiker an einem einzigartigen historischen Dokument hat, oder als die Erregung, die ein Redakteur bei seiner Arbeit an einem ungewöhnlichen Text verspürt.

Mit dem Verfasser dieses Buchs hätte ich ausgerechnet am Tag des deutschen Überfalls auf die Sowjetunion – am 22. Juni 1941 – zusammentreffen sollen. Grigorij Schur war mit der Schwester meines Vaters verheiratet. Mein Vater hatte kurz vor Ausbruch des Ersten Weltkriegs von seiner vielköpfigen Familie in Wilna Abschied genommen. Die russische Revolution und die darauffolgenden Ereignisse, infolge derer Wilna – die Geburtsstadt meines Vaters – erst polnisch und dann litauisch wurde, hoben einen tiefen Graben zwischen meinem in Moskau lebenden Vater und seinen Angehörigen aus (eine gefährliche Anmerkung in unseren Papieren lautete: »Familie lebt im Ausland«).

Die gewaltsame Eingliederung Litauens in die Sowjetunion im Sommer 1940 ermöglichte das lang erwartete Wiedersehen. Wir korrespondierten wieder mit unserer Familie (in den Jahren des »Großen Terrors« hatten wir Angst, einander zu schreiben) und bekamen eine Reisegenehmigung (man durfte nur mit einer offiziellen Genehmigung in die soeben annektierten baltischen Staaten reisen). Wir besorgten Fahrscheine für den 20. Juni, weil wir an einem arbeitsfreien Tag, am Sonntag, den 22. Juni, ankommen wollten, und gingen zur Miliz, um einen für die Reise zusätzlich notwendigen Passierschein zu bekommen. Der Hauptmann der Miliz saß hinter seinem heruntergekommenen, mit Tintenflecken übersäten Schreibtisch, der in einer Ecke eines trübe beleuchteten Zimmers des Bezirksreviers stand und flankiert war von einer Stalin-Büste, die auf einem mit rotem Stoff überzogenen Sockel stand, und einem schweren, tarngrün gestrichenen Safe. Der Hauptmann drehte die von uns vorgelegten Papiere in seinen Händen herum; mit zusammengekniffenen Augen blickte er uns unzufrieden an, ließ seinen Blick erst auf dem Gesicht meines Vaters und dann auf meinem verweilen (wir hatten vor, zu zweit zu reisen, da meine Mutter für diese Tage keinen Urlaub bekommen konnte), kratzte sich gedankenverloren mit der Spitze seiner Schreibfeder an der Nasenwurzel, dann tauchte er die Feder schnell ins Tintenfaß und schrieb mit seiner schnörkeligen Kanzleischrift auf den grauen, rauhfaserigen Vordruck vom Passierschein: »26. 06. 1941«. »Da!« sagte der Hauptmann in einem Ton, der jeden Versuch einer Entgegnung oder gar einer Beschwerde verbat. »Und die Fahrscheine?« war alles, was mein gesetzestreuer Vater noch bestürzt hervorbringen konnte. »Die tauschen Sie auf dem Bahnhof um.« Der Hauptmann griff die Fahrscheine aus den Fingern meines Vaters und stempelte sie; auf den grauen Pappschnipseln waren nun zwei verschwommene lila Vierecke zu sehen.

Gesenkten Kopfes und mutlos verließen wir das Bezirksrevier, ohne Einspruch einzulegen oder eine Erklärung zu verlangen (wofür uns die Mutter zu Hause die Hölle heiß machte, denn es war nicht ihre Art, das Schlachtfeld kampflos zu verlassen). Wir wußten nicht, daß der Hauptmann – der das freilich selbst auch nicht wußte, sondern an seine wöchentliche Quote von auszugebenden Passierscheinen gebunden war oder einfach aus reiner Willkür handelte – uns das Leben gerettet und uns vor dem Los der 76 000 Wilnaer Juden bewahrt hatte, über deren letzten Weg Grigorij Schur berichtet.

Wenn ich jetzt, ein halbes Jahrhundert später, seine Aufzeichnungen lese, läßt mich der Gedanke nicht los, daß vor mir das Buch meines eigenen Schicksals liegt, dem ich entronnen bin. Möglicherweise wird es auch anderen Lesern dieses Buches so gehen.

»Wahrscheinlich wird es mir nicht gelingen, alles zu überarbeiten, ins reine zu schreiben und druckfertig zu machen. Möge das derjenige tun, der über meine Kladde verfügen wird, und möge er mir meine Nachlässigkeit, Undeutlichkeit und mangelnde Systematik beim Schreiben nachsehen. Die Bedingungen, unter denen ich gearbeitet habe, waren alles andere als normal …«

Diese in die Zukunft gerichteten Worte Grigorij Schurs haben als Anleitung und Rechtfertigung für unsere editorische Bearbeitung des Manuskripts gedient. Prinzipiell sind wir davon ausgegangen, daß der Text, den Schur als seine »Kladden« bezeichnete, einer wissenschaftlichen Edition bedarf, damit er von einem engeren Kreis von Fachhistorikern für Forschungszwecke genutzt werden kann. Der Verfasser selbst hingegen trachtete danach, einen breiten, internationalen Leserkreis – und insbesondere künftige Generationen von Lesern – zu erreichen, was sich an der Konzeption, dem Charakter und dem Zweck dieses Buches sowie an der von Schur begonnenen Bearbeitung des Textes erkennen läßt. Nicht ohne Grund erinnert Schur in einem seiner Hefte, während er über seine Aufzeichnungen reflektiert, an den heldenhaften Chronisten in Puschkins *Boris Godunow*, der seine

Berufung darin sieht, den Nachkommen vom »fernen Geschehen im heimatlichen Land« zu erzählen.

Das gesamte Material ist gemäß den Absichten des Verfassers, wovon mehrere von ihm selbst überarbeitete Abschnitte zeugen, streng chronologisch gegliedert worden. Die erste Eintragung handelt von den letzten Tagen vor Kriegsbeginn und vom Kriegsbeginn selbst (Juni 1941), die letzte berichtet von Ereignissen Ende März 1944. Unterdessen wird die chronologische Abfolge von Grigorij Schur zuweilen auch unterbrochen; das erklärt sich offensichtlich daraus, daß es ihm aus verschiedenen Gründen nicht möglich war, seine Aufzeichnungen systematisch zu führen und ein Heft nach dem anderen zu füllen. Doch gerade durch die schrittweise erfolgende Beobachtung des Geschehens erfährt man in ihrer ganzen Fülle die Entwicklung der Ereignisse und das Los einzelner Menschen, verspürt man in ihrem ganzen Ausmaß die sich mit jedem Tag weiter zuspitzende Tragödie des Holocausts.

Im Manuskript stößt man auf viele stilistische Ungenauigkeiten. Der Verfasser, der in seiner Jugend fließend Russisch gesprochen hatte, lebte später lange Jahre in einem nicht-russischsprachigen Umfeld; auch für ihn selbst und seine Angehörigen war Russisch nicht die tägliche Umgangssprache. Wir haben deshalb bei der Bearbeitung des Textes uns unerläßlich erscheinende stilistische Korrekturen vorgenommen, ausgehend davon, daß der sprachliche Ausdruck den Leser nicht verwirren und davon abhalten soll, sich dem erschütternden Inhalt dieser Aufzeichnungen auszusetzen.

Im Text finden sich – was durch die Umstände seiner Entstehung leicht erklärbar ist – offenkundige Wiederholungen und umgekehrt auch Auslassungen sowie nicht zu Ende geführte Gedanken und Entwürfe. Bei der Bearbeitung des Materials haben wir in jedem einzelnen Fall versucht, der Logik des Textes zu folgen. Ferner sind mehrere weitschweifige, abstrakte Passagen, die keine neuen Fakten enthalten und den Leser auch emotional nicht berühren, gestrichen worden.

Es ist möglich, daß der Text in der vorliegenden Bearbeitung vom Verfasser nicht gebilligt worden wäre. Aber wenn Grigorij Schur »jenen, der meine Kladden einmal besitzen wird«, um »Nachsicht« bittet, dann brauchen wir uns auch nicht zu schämen, wenn wir Schur dafür um Nachsicht bitten, daß wir bei der Edition seiner Kladdenschriften vielleicht nicht immer so vorgegangen sind, wie er sich das vorgestellt hätte.

»Und wenn ich selbst dieses Material überarbeiten und druckfertig machen könnte, wie glücklich wäre ich dann ...« Dieses Glück ist Grigorij Schur nicht zuteil geworden.

Man sagt, daß ein Schriftsteller nicht stirbt, solange er sein Buch nicht vollendet hat. Aber wenn das Buch erst vollendet ist, stirbt der Schriftsteller erst recht nicht. Und es ist eine besondere, höchste Vollendung eines Buches, wenn die Arbeit an ihm durch den Tod abgebrochen wird.

Wladimir Porudominskij

Aus dem Vorwort des Autors

> Die Welt wird der Tränen müde sein,
> Sie wird ersticken im Blut,
> Vom sinnlosen Kampf erschöpft,
> Und dann aufschauen zur Liebe,
> zum höchsten Gut
> Ihre Augen voller schmerzlichem Flehen
>
> S. Nadson

Wer hätte geglaubt, daß im 20. Jahrhundert, im Herzen Europas, in einem Land, in dem die menschliche Kultur zur höchsten Blüte gelangt war, eine Rassentheorie entstehen könnte und daß sich Menschen finden würden, die zur Verwirklichung dieser Theorie imstande sind, die Taten begehen, die selbst in den Zeiten der Barbarei undenkbar erschienen? Lüge, Demagogie, brutale Gewalt, Unterdrückung des Fremden und grausame Abrechnung mit den Andersdenkenden, ein dichtes Netz von Denunzianten und Geheimagenten, allgegenwärtiger blutiger Terror: Auf dieser Grundlage gelang es dem Nationalsozialismus, das eigene Volk sowie die unterworfenen Völker zu demoralisieren und Tausende von Menschen zur Vernichtung ihrer Mitmenschen – in erster Linie der Juden – anzuhalten.

Der Lauf der Ereignisse war überall beinahe derselbe. Den Verfasser dieser Zeilen ereilten sie in Litauen, das vor dem Krieg ein Zentrum des jüdischen Geisteslebens war. Er nahm an vielen schrecklichen Geschehnissen teil und sprach mit Zeugen von Verbrechen, die er mit eigenen Augen nicht hatte sehen können oder, besser gesagt, die selbst zu erleben ihm das Schicksal erspart hatte. Häufig schien es, als sei für Juden bereits alles verloren, als wäre die Sonne für sie auf ewig untergegangen, aber immer wieder füllten sich ihre Herzen aufs neue mit Hoffnung, und der Verfasser dieser Zeilen griff zur Feder, um unter schweren, fast unmöglichen Bedingungen Stück für Stück die Geschehnisse für die Zukunft festzuhalten.

Doch wie kann man erzählen von diesem totalen Grauen, das nie aus dem Gedächtnis derjenigen auszulöschen sein wird, die es mitmachen mußten, und das auch noch die Herzen künftiger Generationen zum Stocken bringen wird? Generelle Darstellungen können jene Details nicht vermitteln, aus denen sich die Leben von Tausenden von Menschen zusammenfügen, Menschen, die von den Häschern aus ihren eigenen Häusern vertrieben und geschunden wurden, mit unerträglicher Arbeit, Hunger und Mißhandlung, bis man sie schließlich erschoß und in riesige Massengräber warf. Selbst wenn man weiß, was mit vielen von ihnen in den Häusern des Ghettos, bei der Arbeit, im Gefängnis oder im Wald geschah, wo die Kugel ihrem Leben ein Ende setzte, wie kann man die fieberhaften Empfindungen wiedergeben, das Herzklopfen, die Angst und die Panik der Verfolgten, die hinter ihrem Rücken stets das auf sie gerichtete Gewehr ihrer Henker spürten? Wie läßt sich auf diesen Seiten das Weinen der Kinder ausdrücken und wie die Schreie ihrer Mütter? Wie kann der Text den letzten Blick der Opfer festhalten? Und wie kann man dem Leser dabei helfen, sich das Gesicht des Unmenschen vorzustellen – der deutschen Gestapomänner, der litauischen »Aktivisten«, der Soldaten, die ihre Opfer verhöhnten? Ohne diesen Aspekt bleibt das Bild unvollständig. Um »alles« erzählen zu können, dazu bedarf es vieler verschiedener Zeugnisse dieser Ereignisse und ferner Fotografien und Filmaufnahmen. Daher beschränke ich mich hier lediglich auf die Beschreibung von einigen Tatsachen, von denen ich direkt erfahren habe und für deren Authentizität ich einstehen kann.

Es bleibt zu hoffen, daß diese Tatsachen nicht bloß die Seiten der kalten, gleichgültigen Geschichte füllen, sondern glühend heiß in das Gedächtnis all derer eingebrannt werden, die diese bescheidene Arbeit lesen. Mögen sich die Herzen der Leser mit Liebe zu den unschuldigen Opfern füllen und mit Haß zu ihren Henkern. Sie wollten das Rad der Geschichte zurückdrehen, alles Leuchtende und Gute ausrotten, was die Menscheit in jahrtausendlanger Arbeit geschaffen und gemehrt hatte. Es bleibt zu hoffen, daß sich die Epoche des Bösen, welche die Menschheit derzeit durchmacht, nicht noch einmal wiederholen wird und zu einer neuerlichen nationalen Rassen- oder irgendeiner anderen, genauso lügnerischen Theorie führen wird, daß der Haß der Menschen gegen ihre Mitmenschen für immer aus dem Leben gewichen ist und daß auf der geschundenen, blutgetränkten Erde die Liebe und Bruderschaft der Völker triumphiert.

Grigorij Schur

~~„Мир устанет от слез
„Захлебнется в крови
„И вернется на землю
любовь~~

Мир устанет от муж
Захлебнется в крови
Утомится безумной борьбой
И поднимет к любви
К беззаветной любви
Очи полные скорбной мольбой.
НАДСОН.

В разрушительном урагане 2ой мировой войны положение евреев в Европе было особенно трагично.

Для достижения своих демонических целей, для захвата в свои руки власти над всей Европой – изобретатели новой расовой теории национал-социализма должны были иметь, кроме этой ~~новой~~ теории еще одно средство, еще одно магическое слово, которым можно было бы объединить всех жадных жестоких и животно(?) ~~злых~~ и мало-культурных ~~людей~~.

Этим словом было: „Еврей".
Изобретатели этой новой теории бросили ~~этих~~ беззащитных евреев ~~своим~~ сторонникам, как богатую добычу в награду за помощь и как средство ~~[illegible]~~ приучения их к невыполнимым(?) злодеяниям и ~~[illegible]~~

[illegible]

Der Anfang
Juni – Juli 1941

Das Land wurde von den blitzartig sich entrollenden Ereignissen völlig überrumpelt. In der Nacht zum Sonntag, den 22. Juni 1941, überschritt die deutsche Armee ohne vorherige Kriegserklärung die festgelegte Grenze und drang rasch ins Landesinnere vor. Zugegeben, der Tag und die Stunde des Angriffs waren sehr glücklich gewählt: Die sowjetischen Soldaten und Zivilbeschäftigten verbrachten das Wochenende mit sorglosem Feiern, singend und trinkend. Der Kriegsausbruch traf die meisten Funktionäre vollkommen überraschend.

Eine bedeutende Rolle bei der Vorbereitung des deutschen Überfalls spielten die örtlichen Nazi-Organisationen. In den baltischen Staaten gab es seit langem schon ein weitverzweigtes deutsches Spionagesystem, das sich auf dortige Anhänger Nazideutschlands stützte. Der deutsche Generalstab war natürlich über das Militär und das Zivilleben des Landes, über die Zahl und die Lage der sowjetischen Truppen usw. genauestens informiert. In den Monaten seit Beginn der Sowjetherrschaft in Litauen waren örtliche Nazis in zahlreichen Organisationen, Volkskommissariaten, Fabriken und Betrieben an Schlüsselpositionen gelangt. In ihrem Bemühen, im gesamten Lande die Entwicklung von nationalen Kadern voranzutreiben, waren die sowjetischen Führer häufig zu leichtgläubig und unkritisch vorgegangen.

Die Stimmung der Bevölkerung war zudem negativ geprägt von der Deportation einer riesigen Menschenzahl in den Osten der Sowjetunion. Acht Tage vor Beginn der Kriegshandlungen, am 13. Juni 1941, fanden im gesamten Baltikum, in Litauen, Lettland und Estland, anhand vorher erstellter Listen Massenarreste und Deportationen von Personen statt, die von der Sowjetmacht als unerwünschte Elemente bezeichnet wurden. Die Deportationen hielten eine ganze Woche an, während der die baltische Bevölkerung in Angst und Schrecken lebte. Rund um die Uhr wurden in den Städten und den Dörfern Leute festgenommen und zu Bahnhöfen gebracht, wo sie in bereitgestellte Güterwagen verfrachtet wurden. Lange Züge, bis zum Bersten mit Deportierten gefüllt (in den einen Waggons die Frauen und Kinder, in den anderen die Männer), rollten über die baltischen Eisenbahntrassen oder standen stundenlang an Knotenpunkten still. Die Waggontüren waren kreuzweise mit Brettern vernagelt; aus kleinen viereckigen Öffnungen, die unten in die Türen gebohrt waren, floß der Unrat ab.

Der Sommer war drückend heiß. Die in den Waggons wie Vieh zusammengepferchten Menschen gingen ein vor Enge, Durst und Hunger, doch die NKWD*-Wachmannschaften ließen niemanden durch, der ihnen Brot, Milch oder Wasser bringen wollte. Der Anblick war entsetzlich. Diese Deportationen hatten schwerwiegende Folgen für die sowjetischen Truppen zu Beginn der Kriegshandlungen, und sie wirkten sich auch auf das Verhalten der örtlichen Bevölkerung nach Ankunft der Deutschen aus. Für viele wurden die Deutschen zu wirklichen oder potentiellen Rettern vor der drohenden Deportation. Ohne irgendwelche Anstrengungen erwarben sich die Deutschen neue Freunde und bald darauf auch eifrige Vollstrecker ihrer Maßnahmen. Der Massenabtransport der Bevölkerung kam auch dem deutschen Heereskommando gelegen: Alle in den Ostseegebieten befindlichen Güterwagen waren mit Deportierten gefüllt; durchfahrende oder stehende Züge verstopften die Knotenpunkte. Als die Rote-Armee-Führung versuchte, im Schnellverfahren neue Kräfte ins Baltikum zu verlegen, gab es dafür weder Waggons noch freie Gleise.

Die Gelegenheit, im Feindesland einen Bevölkerungsteil gegen

* Abk. aus russ. Narodny Kommissariat Wnutrennich Del (= Volkskommissariat des Inneren; sowjetische politische Geheimpolizei 1934–1946, Vorläufer des KGB)

einen anderen aufzuhetzen, wird seit jeher von gegnerischen Lagern vor Kriegsausbruch genutzt. Die Entfachung von Antisemitismus spielt dabei oft eine wesentliche Rolle. Es ist wahrscheinlich, daß die berüchtigte Bejlis-Affäre*, die kurz vor Ausbruch des Ersten Weltkriegs für Aufsehen sorgte, unter Mitwirkung des deutschen Generalstabs inszeniert wurde. Vor dem Überfall der deutschen Armee auf Polen 1939 wurde vom deutschen Geheimdienst erneut eine antisemitische Kampagne angezettelt. Durch die Frau des Ministers Aleksander Prystor wurde im Sejm die unsinnige Frage über den Ritualmord von Vieh aufgeworfen. Mit Hilfe der polnischen Nationalisten kam es zu einem Boykott von jüdischen Waren und Industriebetrieben (vor den Eingängen zu jüdischen Läden wurden Posten mit Plakaten plaziert, auf denen stand: »Jeder zu seinem Volksgenossen!«). Provokateure stachelten die Menschenmenge dazu an, Juden auf der Straße zu verprügeln. Auch in der Studentenszene regte sich Antisemitismus; mitunter kam es zu Handgreiflichkeiten. Ein aufmerksamer Beobachter konnte mühelos erkennen, daß antisemitische Stimmungen im Baltikum 1941 im Anwachsen waren. Ungeachtet der Tatsache, daß das Land unter sowjetischer Herrschaft stand, war die Existenz von verdeckten nationalistischen Organisationen, die mit dem Nationalsozialismus sympathisierten, für viele kein Geheimnis.

In Wilna erfuhr man bereits am Morgen des 22. Juni 1941 vom Kriegsausbruch. Einige deutsche Soldaten waren um etwa 10 Uhr morgens vor der Stadt gesehen worden, doch hielt man sie für Rotarmisten, denn am Vortag hatte es eine Erklärung gegeben, daß eine Wehrübung abgehalten werden sollte und daß dabei auch der Fliegeralarm geprobt werden würde. Um 11 Uhr hielt Molotov eine Radioansprache. Um ungefähr 12 Uhr begannen deutsche Flugzeuge die Stadt zu bombardieren und verschiedene Ausflugsgebiete, wohin viele Wilnaer gefahren waren, um den

* In Kiew wurde 1913 der Jude Menachem M. Bejlis wegen Ritualmords an einem christlichen Kind zu Unrecht angeklagt. Der Prozeß endete mit dem Freispruch durch die Geschworenen.

Feiertag im Grünen zu verbringen. In der Stadt wurde es unruhig. Die zur Flucht Entschlossenen machten sich überstürzt für die Abreise fertig. Einige verließen die Stadt unverzüglich, sie machten sich auf Fahrrädern davon oder gingen zu Fuß in Richtung Osten.

Am Abend des 22. Juni wurde die Stadt heftiger bombardiert. Die Deutschen versuchten scheinbar die große Grüne Brücke über die Wilja zu zerstören, doch obwohl sie etwa 50 Bomben abwarfen, blieb die Brücke heil. Die Bomben beschädigten die umgebenden Häuser und das Gaswerksgebäude.

Am Tag darauf hatte die Unruhe in der Stadt weiter zugenommen. Auf dem Bahnhof herrschte ein ungeheures Chaos. Eine riesige Anzahl von Menschen, die am Vortag noch nicht an den Ernst der Lage geglaubt hatten, stand hier mit ihren hastig verschnürten Habseligkeiten gedrängt zusammen. Alle versuchten, auf den Bahnsteig zu gelangen, um dort einen Zug zu besteigen. Aus irgendeinem Grund hatten die litauischen Bahnbeamten das vergitterte Eisentor verschlossen, das direkt zum Bahnsteig hinführte. Die Leute drängten sich gegen die Absperrung und halfen sich gegenseitig über den Zaun. Als sowjetische Bahnangestellte das sahen, ordneten sie an, das Tor wieder zu öffnen. Die Menge strömte geradewegs auf den Bahnsteig. Auf Gleis 5 stand ein aus über 50 Waggons bestehender Zug, jedoch ohne Lokomotive. Auf Gleis 1 dagegen stand ein kleiner Zug, mit sechs Passagierwaggons, einem Güterwaggon und einer Lokomotive, aus der bereits Dampf stieg. In den langen Zug wurden alle Flüchtlinge hineingelassen, er war bald überfüllt. Der kleine Zug war nur für leitende Funktionäre mit Sonderausweisen. Besonders schwer war die Lage der Ehefrauen der Bolschewiken. Sie wollten mit ihren Kindern so schnell wie möglich mit dem Zug wegkommen, aber niemand beachtete sie oder kam ihnen zur Hilfe.

Plötzlich erschien über dem Bahnhof ein einzelnes deutsches Flugzeug. Ängstlich versteckten sich die Menschen in den Fußgängerunterführungen unter den Gleisen. Die sich auf dem Bahnhof aufhaltenden sowjetischen Soldaten begannen mit Gewehren und Pistolen auf das Flugzeug zu schießen, doch es flog sehr hoch. Es beschrieb einige Kreise über dem Bahnhofsgelände und drehte dann in Richtung Kowno ab, ohne auch nur eine Bombe abgeworfen zu haben. Auf dem Bahnsteig gingen litauische und sowjetische Bahnangestellte und auch eine Gruppe von Mitgliedern des Stadtexekutivkomitees auf und ab. Die litauischen Beamten versuchten die Abfahrt des Zuges mit allen möglichen Mitteln zu verzögern. Schließlich koppelten sie eine Lokomotive an den großen Zug. Der Zug fuhr ab, gefolgt von dem kleinen Zug mit den Vertretern der letzten sowjetischen Behörden.

Zum Abend hin wurde der Himmel über der Stadt von Leuchtraketen erhellt, die an Fallschirmen abgeworfen wurden. Deutsche Flugzeuge bombardierten Wohnhäuser im Stadtzentrum und am Stadtrand. Es waren praktisch keine sowjetischen Streitkräfte mehr in der Stadt. Sie waren schon ein, zwei Monate vorher zusammen mit Einheiten der litauischen Armee in ein Sommerlager abgerückt. Vereinzelte, durch die Stadt rasende sowjetische Militärlastwagen versuchten sich aus dem Staub zu machen. An einigen Stellen errichteten die Litauer Hinterhalte, von denen aus sie in der Nacht die vorüberfahrenden sowjetischen Fahrzeuge beschossen. Eine große Gruppe litauischer Soldaten versteckte sich gemeinsam mit litauischen Freiwilligen im Garten der Franziskanerkirche an der Trockskaja Straße, wo auch mehrere kleine litauische Kasernen standen. Von dort aus beschossen sie in der Nacht jeden vorbeifahrenden sowjetischen Lastwagen. Einen ähnlichen Hinterhalt hatten litauische Freiwillige und Soldaten bereits am hellichten Tag am Schloßberg angelegt, aber es war einem leichten sowjetischen Panzer gelungen, dort hochzufahren, und die verschanzte Gruppe wurde zusammengeschossen.

In der Morgendämmerung am Dienstag, den 24. Juni, marschierten die ersten deutschen Einheiten in die Stadt ein. Ihnen folgten mit Maschinengewehren bestückte Motorräder, auf denen je drei Soldaten saßen. Und im Anschluß daran rollte mehrere Tage und Nächte hindurch ununterbrochen, wie eine Stahllawine, die deutsche Armee durch die Stadt: die Infanterie, fast gänzlich auf Kraftfahrzeugen, und die motorisierte Artillerie, überwiegend auf Raupenketten montiert. Jede Einheit hatte eine bedeutende Anzahl von Flakgeschützen dabei, die für den mobilen Einsatz gerüstet waren. Kavallerie und große Panzer gab es vergleichsweise wenig.

Mit dem Erscheinen der ersten deutschen Einheiten in der Stadt begannen die sogenannten litauischen »Aktivisten«, von denen viele während der Sowjetherrschaft wichtige Posten bekleidet hatten, mit der Jagd auf Bolschewiken und Juden. Die Aktivisten schienen gut bewaffnet zu sein; sie trugen Hakenkreuzbinden an den Ärmeln. Auf den Straßen der Stadt und am Bahnhof verprügelten und verhafteten sie alle, nach denen ihnen gerade der Sinn stand. Einige der Festgehaltenen wurden an Ort und Stelle ohne Gerichtsverfahren erschossen. So manche aus der örtlichen Bevölkerung nutzten die Situation aus, um sich persönlich zu bereichern: Sie plünderten jüdische Wohnungen, nahmen den Juden Geld weg und suchten nach Gold und anderen Wertsachen.

Am Morgen des 24. Juni begannen die litauischen Aktivisten und Soldaten im Garten der Franziskanerkirche an der Trockskaja Straße (dort, wo sie sich in der Nacht zuvor in den Hinterhalt gelegt hatten) auf der Straße aufgegriffene oder mit Hilfe von Denunzianten festgenommene Juden und Sowjetsoldaten zu erschießen. Als erstes wurde eine junge jüdische Frau gefaßt. Sie war wohl auf dem Weg zur Arbeit gewesen, nicht ahnend, in welcher Gefahr sie sich befand. Sie wurde vor ein im Garten aufgebautes Maschinengewehr gebracht und sofort erschossen. Danach wurde eine Gruppe von sowjetischen Soldaten herbeigeführt, etwa 15 Mann. Mit erhobenen Armen wurden sie in eine Reihe gestellt und rasch durchsucht. Aus ihren Taschen entnahm man irgendwelche Papiere, und dann wurde einer nach dem anderen vor das Maschinengewehr gestellt. Sie machten einen seltsamen Hüpfer zur Seite und fielen dann von den Kugeln durchlöchert zu Boden, wie abgeschnittene Ähren. Wenig später wurden auf genau dieselbe Weise einige Kommandeure der Roten Armee umgebracht. Sie hatten sich scheinbar verirrt und ein paar neben der St. Nikolaus-Kirche stehende Litauer nach dem Weg gefragt. Diese Litauer, die in Wirklichkeit Aktivisten waren, erwiesen den Offizieren nur zu gerne einen Dienst, und anstatt sie aus der Stadt zu führen, brachten sie alle auf tückische Weise in den Garten der Franziskanerkirche, wo das Maschinengewehr bereitstand. Fortlaufend wurden Juden hierhin gebracht, die man irgendwo aufgegriffen hatte. Sie wurden lange verspottet, ins Gesicht geschlagen, aller ihrer Habseligkeiten beraubt und dann erschossen.

Innerhalb von wenigen Stunden waren im Kirchgarten einige Dutzend Menschen ermordet worden. Die Körper lagen offen auf der Erde und durften nicht weggeschafft werden. Es war ein besonders heißer Tag. Bald legte sich ein schwerer Leichengeruch über den Garten. Feuerwehrmänner kamen aus der Stadt und übergossen die sich bereits zersetzenden Leichen mit Wasser. Den ganzen Tag hindurch strömten festlich angezogene Menschen herbei, zumeist litauische und polnische Frauen, um sich die Ermordeten anzuschauen, als handle es sich um ein unterhaltsames Schauspiel. Das »Publikum« bekundete auf allerlei Art seine Zufriedenheit. Alle wetteiferten darum, wer die Bolschewiken und Juden am heftigsten beschimpfen konnte. Erst gegen Abend wurden die Körper der Erschossenen weggeräumt und aus der Stadt gebracht.

Die Menschen, die am Sonntag und Montag, den 22. und 23. Juni, zu Fuß, mit dem Fahrrad oder auf Fuhrwerken die Stadt verlassen hatten, kamen nur bis zur Stadt Radoschkowitsch. Dort, an der ehemaligen sowjetischen Grenze, wurden auch diejenigen festgehalten, die mit dem Zug geflüchtet waren. Auf dem Weg dorthin wurden sie mehrfach von deutschen Flugzeugen überrascht. Die Menschen sprangen aus den Waggons und verbargen sich im Gras, in den Roggenfeldern und in Gräben und Sträuchern am Wegesrand, doch die deutschen Flieger, die dicht über der Erde flogen, feuerten mit Maschinengewehren auf sie und warfen Bomben auf den Zug und auf die Menschen um ihn herum. Viele fanden den Tod auf dieser kurzen Reise. Und wie groß war die Verzweiflung der Flüchtlinge, die dennoch bis zur sowjetischen Grenze durchgekommen waren. Dort standen NKWD-Truppen bereit, die den Befehl hatten, auf jeden zu schießen, der versuchte, die Grenze zu passieren. Ausnahmen wurden nur für Personen gemacht, die über Sonderausweise verfügten, sowie für Mitglieder der Kommunistischen Partei nach Vorzeigen ihres Parteiausweises. Sonderausweise hatten nur sehr wenige, denn der Krieg hatte an einem Sonntag begonnen, als alle Behörden geschlossen waren. Und am Montag herrschte in der Stadt bereits so viel Verwirrung und Panik, daß es fast unmöglich war, an Papiere zu kommen. Das Gros der Flüchtlinge mußte an der Grenze wieder kehrtmachen. Das bedeutete, den Deutschen geradewegs in die Arme zu laufen, die bereits das gesamte Hinterland erobert hatten. Das absurde Verbot für die Flüchtlinge, die Grenze zu überqueren, ebenso wie die Deportation eines Großteils der örtlichen Bevölkerung vor Kriegsausbruch müssen nach dem Krieg Gegenstand einer Sonderermittlung werden. Beide dieser »Maßnahmen« haben viel zu viele Opfer gekostet.

Erschöpft, mit geschwollenen Füßen und des größten Teils ihres ohnehin nur geringen Fluchtgepäcks verlustig gegangen, schleppten sich die Flüchtlinge wenige Tage später wieder nach Wilna zurück. Einige suchten unterwegs in kleinen Städten oder Dörfern nach einer vorübergehenden Bleibe, weil sie aus dem einen oder anderen Grund nicht mehr zu ihrem früheren Wohnort zurückkehren konnten. Obwohl sie in diesen Tagen viel durchgemacht hatten, hatten sie nicht die geringste Vorstellung davon, welche Qualen und Leiden noch auf sie zukommen würden.

Die Juden wußten, daß sie in dem von der deutschen Armee eroberten Territorium einen schweren Stand haben würden, aber keiner ließ auch nur den Gedanken zu, daß es den meisten von ihnen überhaupt nicht beschieden sein würde, am Leben zu bleiben. Es schien, als würde nach einer beunruhigenden Übergangsphase alles wieder seinen gewohnten Gang gehen, als würden die friedlichen Bürger zu ihrem normalen Leben zurückfinden – ein vielleicht armes und schweres Leben, aber sie würden in jedem Fall am Leben bleiben.

Doch schon in der Verordnung Nr. 1 des ersten Militärkommandanten der Stadt Wilna, von Ostmann, über die Verhängung des Kriegsrechts in der Stadt (unter der Verordnung stand auch die Unterschrift des Vorsitzenden des Wilnaer Stadtrats, Stasys Žakevičius) hieß es im letzten der zehn Absätze, daß für die Ausführung der Verordnung 60 jüdische und 20 polnische Geiseln haften würden. Wenig später fuhren Vertreter der deutschen Obrigkeit mit Autos durch die Stadt und sammelten anhand einer von ihnen erstellten Liste die Geiseln ein. Man weiß nicht, wie die Verordnung Nr. 1 ausgeführt wurde, doch von den 60 ins Gefängnis abgeführten jüdischen Geiseln kehrte keine zurück …

Die deutsche Front bewegte sich rasch vorwärts, dahinter folgten in genau festgelegten Abständen die Militärbehörden. In der ersten Zeit wurde der Militärkommandant in der Stadt alle zehn Tage abgelöst. Jeder neue Kommandant machte sich sofort daran, seine eigenen Befehle an die Bevölkerung zu erteilen, wobei die Befehle des Vorgängers nicht selten aufgehoben oder abgeändert wurden. Von Ostmann, der erste von ihnen, erließ am 3. Juli 1941 eine Verordnung, wonach alle Juden ohne Unterschied des Alters und Geschlechts vom 8. Juli an auf ihren Mänteln (auf der Vor- und Rückseite, linkerhand auf Brust und Rücken) runde Aufnäher aus gelbem Stoff anbringen mußten. Der Durchmesser dieser Aufnäher hatte zehn Zentimeter zu betragen, und in der Mitte mußte ein »J« (für »Jude«) stehen. Muster für diesen Aufnäher wurden in allen Polizeirevieren ausgehängt. Einige Juden, die keinen gelben Stoff besaßen, bastelten dieses Kennzeichen aus weißen Laken und umrandeten es mit gelber Farbe oder einem gelben Band. Und obwohl die Juden wußten, daß diese Schandmale in Deutschland schon vor Jahren eingeführt worden waren, weinten viele bittere Tränen, als sie die gelben Zeichen an die Kleidung ihrer Angehörigen, insbesondere ihrer Kinder, annähten. In derselben Verordnung verbot von Ostmann den Juden,

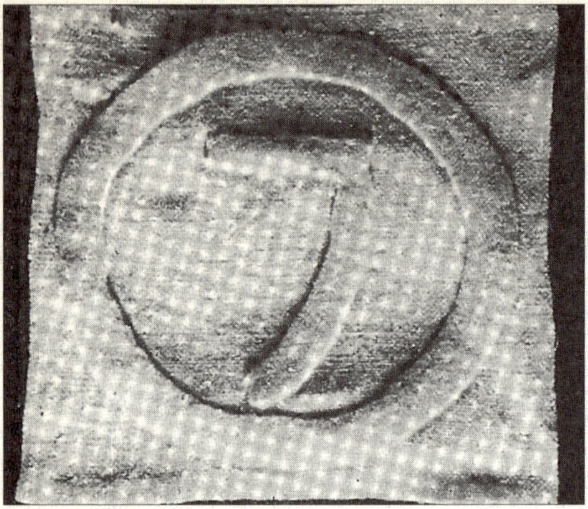

Die von Kommandant Zehnpfennig befohlene Armbinde, die von allen Juden getragen werden mußte

ihre Wohnungen zwischen 18 Uhr abends und 6 Uhr morgens zu verlassen. Verbotsmißachtungen wurden mit dem Tode bestraft.

Der nächste Kommandant, Zehnpfennig, schaffte die gelben Aufnäher auf dem Rücken und auf der Brust wieder ab. Statt dessen ordnete er an, am rechten Ärmel eine weiße Armbinde mit dem gelben Judenstern oder mit einem quadratischen Flicken, auf dem ein »J« in der Mitte stand, zu tragen. Selbst so eine Kleinigkeit wie das Tragen einer Armbinde anstelle eines Aufnähers an der Brust minderte die Kränkung, die die Juden wegen der Beleidigung ihrer Menschenwürde empfanden, und gab ihnen Hoffnung, daß sich ihre Lage bald wieder bessern würde. In seiner Verordnung legte Zehnpfennig fest, wer Jude war: »Jude ist, wessen Großväter und Großmütter von drei Generationen Volljuden abstammen. Jude ist außerdem, wer zwei jüdische Großväter und Großmütter hat. Jude ist ferner, wer a) am 22. Juni 1941 dem jüdischen Glauben angehörte; b) zum Zeitpunkt der Verkündung dieser Verordnung mit einem Juden getraut ist.«

Tag für Tag wurden den Juden neue Lehren erteilt, die ihnen klarmachten, daß sie nicht mehr dieselben Menschen waren wie die anderen. Da sich sofort mit Kriegsausbruch die Lebensmittelversorgung verschlechterte, bildeten sich vor den Läden, Bäckereien und Buden lange Schlangen. Zunächst standen die Juden dort mit den übrigen Einwohnern der Stadt zusammen. Doch bald begannen die Litauer und Polen sie unter Geschimpfe aus der Schlange zu stoßen: »Drecksjude!«, »Kommunist!«, »Hol dir dein Brot bei Stalin!« Die Beschimpfungen gingen häufig mit Prügel einher. Ab dem 5. Juli durften Juden nur noch in gesonderten Läden einkaufen. Dafür wurden 30 Läden und zehn Bäckereien bestimmt. In allen anderen Verkaufsstellen der Stadt wurde an Juden nichts mehr verkauft. Auch die Einkaufszeit für Juden wurde festgelegt: Sie betrug nur zwei Stunden am Tag, von 16 bis 18 Uhr, wenn die Waren in den Läden in der Regel schon fast ausverkauft waren. Außerdem wurde die rituelle Schlachtung von Vieh verboten, was bedeutete, daß man kein koscheres Fleisch mehr bekommen konnte.

Nichts Gutes versprach die massenhafte Entlassung von Juden aus ihren Arbeitsstellen. Nur in vereinzelten Betrieben durften für eine Weile noch Spezialisten behalten werden, ohne die der Betrieb nicht auskam, damit diese innerhalb kürzester Zeit ihre Erfahrung und ihre »Betriebsgeheimnisse« an ihre Nachfolger weitergeben konnten. Die meisten Juden standen jetzt ohne Arbeit und Unterhalt da.

Traurig war der Anblick, als kleine jüdische Waisenkinder aus ihren Heimen vertrieben wurden. Für Vollwaisen ersetzten die Heime das Elternhaus; hier lebten, lernten und spielten sie. Jetzt wurden die Kinder auf die Straße geworfen und ihrem Schicksal überlassen. In einer Denunziation, die als Grundlage für die Schließung eines Heims diente, hieß es, daß die kleinen »Verbrecher« unter der Sowjetmacht sowjetische Lieder gesungen hätten. Und nun war das Heim geschlossen.

Gruppenweise oder allein irrten die Kinder mit ihren kleinen Bündeln durch die Straßen und fragten die Passanten, wohin sie gehen sollten. Doch wer war bereit, seine Tür einem Waisenkind zu öffnen, wo die ganze Stadt vor Angst wie erstarrt war? Die Juden hatten sich wie die Mäuse in ihren Löchern verkrochen. Niemand traute sich aus dem Haus heraus, aus Furcht, festgenommen und erschossen zu werden. Allein lichtscheue Elemente waren am Frohlocken: Sie gingen stehlend und denunzierend durch die jüdischen Wohnbezirke, rächten sich für angebliche Kränkungen, die sie von ihren früheren Freunden erlitten hatten, und erpreßten sie zur Abgabe von Geld oder Eigentum. Kaum waren die Kinder aus dem Waisenhaus vertrieben, schon hatten deren Nachbarn ihre Proviantvorräte geplündert.

Von den Juden wie auch von den übrigen Einwohnern der Stadt wurden alle Fortbewegungsmittel – Autos, Motorräder und Fahrräder (für Männer) – beschlagnahmt. Radios wurden vornehmlich von der jüdischen Bevölkerung beschlagnahmt. Litauische Aktivisten, die auf dem Postamt Listen der registrierten Radioempfänger erhalten hatten, gingen von Tür zu Tür und befahlen den Eigentümern, ihre Radios eigenhändig zur Polizeibehörde auf der Dominikanskaja Straße 3 zu bringen. Häufig gingen Frauen dorthin; die Männer fürchteten, daß sie von der Polizei nicht mehr nach Hause gelassen würden. Bald darauf wurden den Juden die Telefone abgenommen.

Den Juden wurde verboten, sich von nichtjüdischen Ärzten sowie in allgemeinen Krankenhäusern behandeln zu lassen. Für sie wurde das Zweite Krankenhaus in der Zawalnaja Straße bestimmt, welches mit Mitteln der Jüdischen Gemeinde unterhalten werden sollte. In dieses Krankenhaus wurden alle kranken Juden aus den übrigen Krankenhäusern der Stadt gebracht. Jüdischen Ärzten wurde verboten, Personen nichtjüdischer Herkunft zu behandeln, und sie wurden in allen Krankenhäusern entlassen.

Eine Sonderverordnung untersagte es Juden, Nichtjuden zu grüßen.

Ein wichtiges Anliegen der deutschen Obrigkeit war die Beschlagnahmung von jüdischem Eigentum. Unter der Sowjetherrschaft waren die jüdischen Industriebetriebe und großen Geschäfte (und natürlich alle übrigen Großbetriebe auch) verstaatlicht worden. In die Hände der Deutschen fielen nun kleine jüdische Geschäfte und Werkstätten, die unter der Sowjetherrschaft ihren damaligen Eigentümern belassen worden waren; doch zusätzlich wurde angeordnet, alles jüdische Eigentum, das von den Sowjets verstaatlicht worden war, zu gesonderten Umschlagsplätzen zu bringen. Diese Arbeit wurde von Litauern geleitet, den ehemaligen Direktoren der verstaatlichten Betriebe und Fabriken, die fast alle noch unter der Sowjetmacht in diese Funktionen gekommen waren. Ein großer Teil der Einrichtung und Gegenstände wurde geplündert, ausgeräumt und versteckt. Zugleich erschien in der Zeitung *Neues Litauen* vom 5. Juli 1941 ein Artikel, der die Juden, nämlich die ehemaligen Eigentümer, für die Plünderungen verantwortlich machte und zu Massendurchsuchungen in den Wohnungen von Juden, in ihren Kellern und auf ihren Dachböden aufrief. Gemeinsam mit den Hausverwaltern, die ausschließlich Litauer waren, führten diese Durchsuchungen freiwillige Helfer durch, die im Volksmund »Greifer« hießen (mit demselben Eifer »ergriffen« sie auch die Juden selbst) und sich vollkommen skrupellos bereicherten. Ein Gutteil fiel auch den Hauswarten zu, denen man streng befohlen hatte, plündernde Juden zu verfolgen, damit keiner von ihnen irgendwelche Dinge weitergeben oder verkaufen könnte. Später erinnerten eigentümliche Anzeigen in litauischen und polnischen Zeitungen an das geplünderte jüdische Eigentum, wie zum Beispiel die folgenden Anzeigen: »Tausche verschiedenes Arztbesteck gegen Brennholz«, oder »Tausche Konzertflügel gegen Drehbank«.

Vom 21. Juli an wurde den Juden verboten, Wohnungen zu tauschen sowie ihren Hausrat an einen anderen Ort zu schaffen. Der Grund dafür war, daß einige Juden, in der Annahme, daß sie bald in ein Ghetto umgesiedelt werden würden, einen Teil ihres Hausrats nichtjüdischen Bekannten zur Aufbewahrung gegeben hatten. Die Deutschen vermuteten, daß ihnen zuviel jüdisches Eigentum durch die Finger ging, und ordneten in einem sehr strengen Befehl – unter Androhung schwerer Bestrafung – die Registrierung allen Eigentums an. Die Registrierung mußte von den Eigentümern selbst wie auch von den Personen, die jüdisches Eigentum zur Aufbewahrung übernommen hatten, durchgeführt werden.

Während Hausverwalter ausführlich alle in jüdischen Wohnungen befindlichen Gegenstände – Möbel, Kleidung, Geschirr, Gerätschaften usw. – auflisteten, unterbanden die Hauswarte jeglichen Versuch von seiten der jüdischen Bewohner, irgend etwas aus dem Haus zu tragen. Natürlich fanden sich nur wenige Menschen, die die deutschen Besatzer freiwillig darüber informierten, daß Juden ihnen Gegenstände zur Aufbewahrung gegeben hätten. Die meisten zogen es vor, sich diese Gegenstände einfach anzueignen. Um die Bedeutung der in der Verordnung angedrohten »schweren Bestrafung« zu illustrieren, erhängten die deutschen Machthaber im Puschkingarten auf dem Kathedralenplatz einen Mann, der für schuldig befunden worden war, jüdisches Eigentum an sich genommen zu haben, statt es registrieren zu lassen. Eine an seine Brust geheftete Tafel trug eine Aufschrift, die seine Schuld verkündete. Ungeachtet des sommerlichen Klimas war der Mann in einen warmen Mantel mit Pelzkragen gekleidet und trug einen steifen Hut. Sein Gesicht war gelb wie Wachs. Er hing am Ast eines Baumes und bot einen entsetzlichen Anblick.

Nach der »Provokation«: Umsiedlung ins Ghetto

August – Oktober 1941

Im August verlangte die deutsche Obrigkeit von der jüdischen Gemeinde in Wilna eine Kriegssteuer in Höhe von fünf Millionen Rubel. Für die Auszahlung dieser Summe, die innerhalb von 24 Stunden zu erfolgen hatte, hafteten die Leiter der Gemeinde mit ihrem Kopf. Diese Forderung war natürlich nicht erfüllbar: Die Einwohner der Stadt waren ausgeraubt, viele waren bereits weggebracht worden, und die Juden waren großen Einschränkungen in ihrem Kontakt zur übrigen Bevölkerung, in ihrer Bewegungsfreiheit innerhalb der Stadt und in ihrem Recht auf Eigentum unterworfen. Nach Verhandlungen mit den Deutschen erklärten sich diese bereit, die Zahlungsfrist um einige Tage hinauszuschieben. Die Gemeindeleiter wandten sich in Panik an die Juden und bedrängten sie, so viel wie möglich von ihrem Eigentum für die Kriegssteuer abzutreten. Zunächst nahmen sie nur Geld an, später jedoch auch Gold- und Silbererzeugnisse, Pelzmäntel und andere Pelz- und Lederkleidung. Die Deutschen, die diese Aktion leiteten, verwandten viel Sorgfalt darauf, die Gegenstände zu wiegen und zu schätzen und ihren Wert in Rubel zu übertragen.

Hier erblickten die Gemeindemitglieder erstmals Franz Murer, der in der Wilnaer Gestapo für alle jüdischen Angelegenheiten verantwortlich war. Als Doktor Wygodskij darum bat, die Zahlungsfrist für die Kriegssteuer noch einmal um drei Tage hinauszuschieben, schrie Murer: »Verdammter alter Jude!« und befahl ihm zu schweigen. Da wollte Frau Doktor Cholemowa etwas sagen, doch der Gestapomann brachte sie mit dem gleichen Fluch

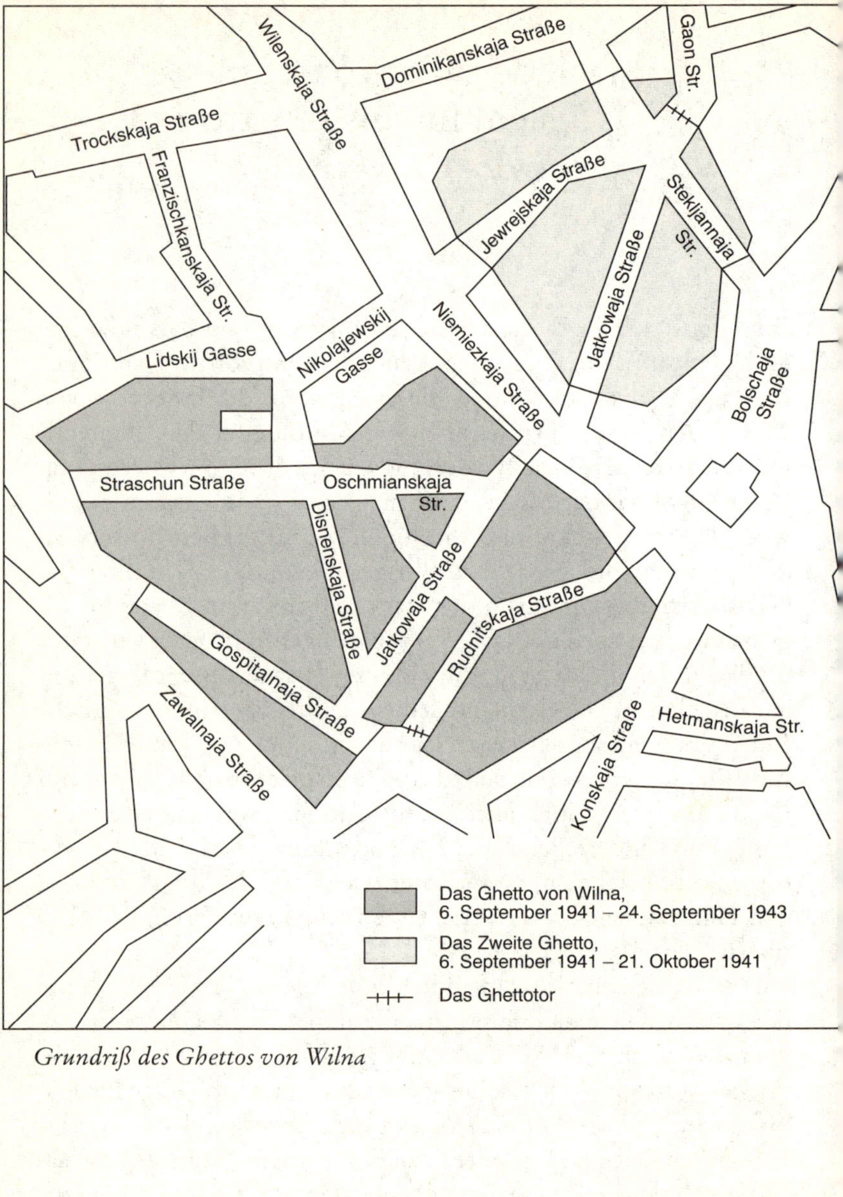

Grundriß des Ghettos von Wilna

zum Schweigen. Auch nach Verstreichen der Frist brachten die Juden noch einige Tage lang Geld und Wertsachen herbei. So mancher von ihnen hatte die kindliche Hoffnung, daß die Kriegssteuer den Juden das Leben retten würde, doch handelte es sich in Wirklichkeit nur um eine von vielen Maßnahmen zur »psychologischen Beeinflussung«. Murer forderte, daß von den Gemeindemitgliedern, die mit der Mittelbeschaffung für die Zahlung der Kriegssteuer befaßt waren, nur zehn Männer übrigbleiben sollten. Bis auf einen wurden sie alle verhaftet und an einen unbekannten Ort weggebracht.

Am Sonntag, den 31. August, ereignete sich ein Vorfall, den die Juden fortan als »die Provokation« bezeichneten. An jenem Tag betraten zwei in Zivil gekleidete litauische »Partisanen« eine Wohnung im Haus Nr. 29 an der Ecke der Stekljannaja Straße und der Bolschaja Straße (in der Wohnung lebte ein alter Mann christlichen Glaubens) und feuerten zwei Schüsse aus dem Fenster. Es war zwei Uhr nachmittags an einem Feiertag; unter dem Fenster vor dem Eingang zum Pan-Kino* (Udarnik-Kino) standen viele deutsche Soldaten. Die »Partisanen« rannten auf die Straße hinaus und riefen, daß die Schützen im Haus wohnende Juden seien. Zusammen mit deutschen Soldaten drangen sie in eine Wohnung ein, in der tatsächlich Juden lebten. Dort befanden sich zwei von den Bewohnern. Sie wurden auf die Straße geschleppt, erbarmungslos verprügelt und dann auf der Stelle erschossen. Dies diente als Signal für einen Pogrom und für die Säuberung des Viertels, in welchem, wie sich bald darauf herausstellte, das Zweite Ghetto eingerichtet werden sollte.

Die »Aktion« begann am Sonntag um 14 Uhr und setzte sich bis zum Montagmittag fort. Die ganze Nacht hindurch trieben litauische Aktivisten und »Partisanen« mit Kolbenschlägen die Bewohner der Stekljannaja Straße, der Jatkowaja Straße, der Gaon

* Pan (poln.) = Herr; Udarnik (russ.) = Vorarbeiter. Während der sowjetischen Herrschaft in Litauen war das Kino umbenannt worden.

Die Juden werden in das Ghetto hineingetrieben

Straße, der Jewrejskaja Straße (Judenstraße), eines Teils der Niemiezkaja Straße (Deutsche Straße), der Straschun Straße und der Gospitalnaja Straße wie auch der Nikolajewskij Gasse, der Lidskij Gasse und der Dominikanskaja Straße auf die Straße hinaus. Sie verbaten den Juden, auch nur irgend etwas mitzunehmen. Alle wurden hinausgetrieben – die Alten und die Kranken, die Kinder und die Frauen mit Säuglingen auf den Armen. Vielen wurde es nicht gestattet, sich anzuziehen; nur in ihrer Unterwäsche standen sie auf der Straße. Die Wohnungen blieben offen für alle, die sie zu plündern wünschten. In diesem Bezirk lebten seit Jahrhunderten nur arme Juden – Handwerker und Kleinhändler. Doch die litauischen »Partisanen« und Städter machten sich gründlichst über alles her, bis hin zu Küchengeschirr, Töpfen und Besen.

Ein Teil der festgenommenen Menschen wurde ins Gefängnis, ein anderer direkt nach Ponary geschafft; diesen Vorort von Wilna hatte man für die Erschießung der Wilnaer Juden bestimmt. Die Juden, die sich im Gefängnis befanden, wurden auf viehische

Weise verprügelt, Messer wurden ihnen in den Rücken gerammt. Die Überlebenden wurden einige Tage später auch nach Ponary gebracht. Die Männer mußten zu Fuß gehen, die Frauen und Kinder sowie alle, die aus eigener Kraft nicht gehen konnten, wurden auf Lastwagen dorthin gebracht.

Nur wenige wurden aus dem Gefängnis befreit, das sich damals in der Hand litauischer »Partisanen« befand. Dies geschah nur dank einer Intervention von Angehörigen der Wehrmacht; sie forderten die Freilassung von jüdischen Spezialisten, die zu jenem Zeitpunkt bereits in deutschen Betrieben arbeiteten. Es sollte anerkennend vermerkt werden, daß einige deutsche Militärs sich nicht nur für die Freilassung ihrer Arbeiter einsetzten, sondern auf deren Bitte hin die Liste der Freizulassenden auch mit Namen einiger anderer Menschen auffüllten, die dadurch gleichfalls vor der unmittelbaren Vernichtung gerettet wurden. Alle übrigen während der nächtlichen »Provokation« Festgenommenen – Tausende von Juden – wurden jedoch nach Ponary gebracht.

Eine Woche nach der »Provokation«, am 6. September 1941, begann eine an die finstersten Tage des Mittelalters gemahnende Umsiedlung der Juden ins Ghetto. In anderen baltischen Städten veranschlagte man dafür zwei Wochen, ja sogar einen Monat. In Wilna jedoch, so konnte einer Notiz in der deutschen Zeitung entnommen werden, beabsichtigten die litauischen Erfüllungsgehilfen der Nazis, diese Maßnahme innerhalb von 24 Stunden zu verwirklichen.

Zuerst war vorgesehen, zwei Ghettos zu bilden: das Erste Ghetto, dessen Territorium die Rudnitskaja Straße, die Disnenskaja Straße, die Mjasnaja Straße, die Gospitalnaja Straße, die Straschun Straße und später auch einen Teil der Lidskij Gasse umfaßte, und das Zweite Ghetto, zu dem ein Teil der Antokolski Straße, die Jewrejskaja Straße, die Stekljannaja Straße und die Gaon Straße gehörten.

Während sie die Juden zusammentrieben, ließen die Vollstrecker dieser Aktion ihrer Willkür freien Lauf. Viele Juden wurden ins Gefängnis gebracht, aus dem fast niemand mehr lebend

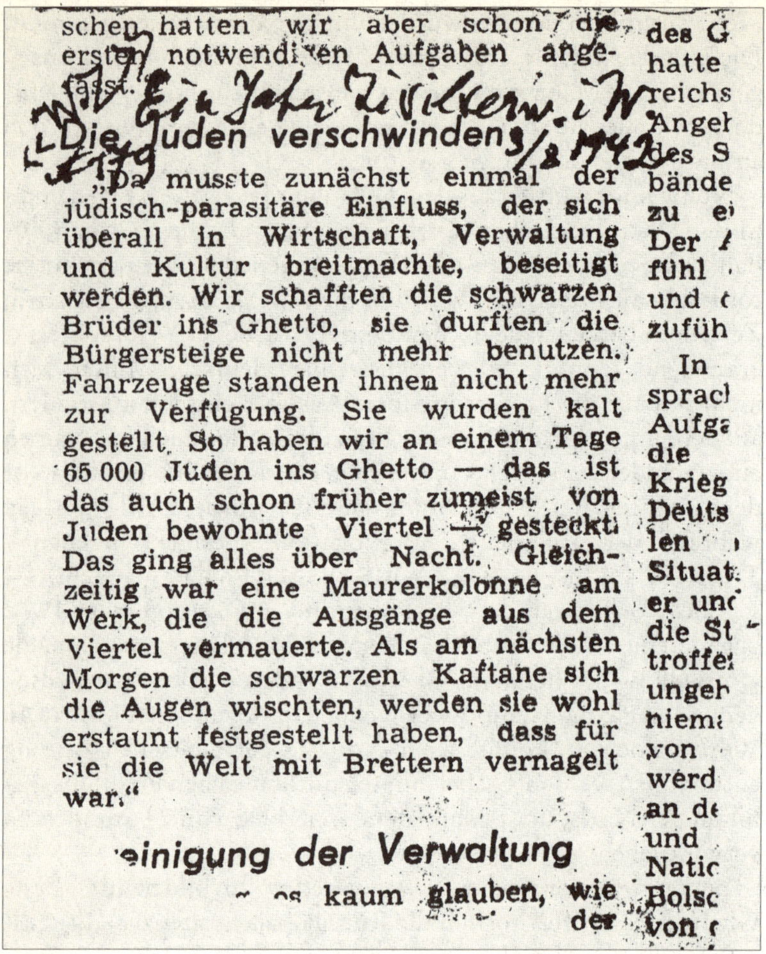
schen hatten wir aber schon die ersten notwendigen Aufgaben angefasst.

Die Juden verschwinden

„Da musste zunächst einmal der jüdisch-parasitäre Einfluss, der sich überall in Wirtschaft, Verwaltung und Kultur breitmachte, beseitigt werden. Wir schafften die schwarzen Brüder ins Ghetto, sie durften die Bürgersteige nicht mehr benutzen. Fahrzeuge standen ihnen nicht mehr zur Verfügung. Sie wurden kalt gestellt. So haben wir an einem Tage 65 000 Juden ins Ghetto — das ist das auch schon früher zumeist von Juden bewohnte Viertel — gesteckt. Das ging alles über Nacht. Gleichzeitig war eine Maurerkolonne am Werk, die die Ausgänge aus dem Viertel vermauerte. Als am nächsten Morgen die schwarzen Kaftane sich die Augen wischten, werden sie wohl erstaunt festgestellt haben, dass für sie die Welt mit Brettern vernagelt war."

…einigung der Verwaltung

… kaum glauben, wie der

Dieser Zeitungsausschnitt aus der W. Z. vom 9. 8. 1942 (ein Jahr nach Errichtung des Ghettos!) wurde unter den Aufzeichnungen des Autors gefunden

zurückkam; andere wurden ins Erste (das Viertel um die Rudnitskaja Straße) bzw. ins Zweite Ghetto (das Viertel um die Jewrejskaja Straße) gebracht. Mitunter schickten die Aktivisten aus einem Haus, ja aus einer Familie, eine Person ins Gefängnis und eine andere ins Ghetto. Zuweilen hing das Los der Juden auch von günstigen Gelegenheiten oder ihrer Auffassungsgabe ab. Einige drückten ihren Bewachern Geld oder am Körper versteckte Wertsachen in die Hand und entkamen dem verderblichen Gefängnis. Die Gefängniszellen, vor allem die Frauenzellen, waren überfüllt, und es herrschte dort ein so unbeschreibliches Gedränge und Durcheinander, daß zuweilen Personen, die auf Befehl der Deutschen herausgelassen werden sollten, einfach nicht gefunden werden konnten. In mehreren Fällen waren jüdische Spezialisten, die für die Arbeit in deutschen Betrieben freigelassen worden waren, nicht imstande, ihre Frauen und Kinder in den bis zum Bersten gefüllten Zellen ausfindig zu machen.

Die Bevölkerung des Ersten Ghettos umfaßte Anfang September 1941 ungefähr 29 000 Menschen, die des Zweiten Ghettos etwa 9000 Menschen (zu Kriegsbeginn lebten in Wilna mehr als 70 000 Juden).

Beide Ghettos waren überfüllt, wie Ameisenhaufen. Jeden Tag machte sich die Mehrheit der Bewohner in der Morgendämmerung auf den Weg zur Arbeit – zu Fabriken, Baustellen und deutschen Einheiten. Schwer hatten es jene, die in den Torfbrüchen arbeiteten oder bei der Verlegung der Eisenbahnschienen, beim Straßenbau oder als Lastenträger in den Lagerhäusern. Zur Arbeit gingen die Arbeiter in Reih und Glied, wie Soldaten, am rechten Rand der Fahrstraße. Jeder Arbeiter hatte eine weiße Bescheinigung, die mit den Worten »Der Jude ...« oder »Die Jüdin ...« begann. Weiter hieß es: »Soundso ist bei dem und dem Betrieb als ... (hier war der Beruf angegeben) beschäftigt und darf ohne Einwilligung der Feld-, Militär- oder Ortskommandantur nicht anderweitig verwendet werden. Dieser Ausweis hat nur Gültigkeit in Verbindung mit einem Personalausweis und ist befristet bis ... Nach Ablauf ist der Ausweis der ausstellenden Behörde zurückzugeben.« Die Menschen, die im Besitz solcher Arbeitsbescheinigungen waren, fühlten sich etwas sicherer, wenn die Aktivisten über sie herfielen. Aber es kam auch vor, daß ein Aktivist, der auf der Straße die Ausweise kontrollierte, eine Bescheinigung in aller

Ruhe in Stücke riß und die betreffende Person, die ihm aus irgendeinem Grund mißfiel, ins Gefängnis brachte.

Eine Zeitlang befanden sich in der Stadt Arbeitskommandos vom RAD (Reichsarbeitsdienst), die aus Deutschland eingetroffen waren. Das waren hauptsächlich junge Deutsche, die offiziell zur Ausführung unterschiedlicher Arbeitsaufgaben eingezogen worden waren, doch in Wirklichkeit erhielten sie zugleich eine verkürzte Militärausbildung und wurden dann an die Front geschickt. Diese jungen Soldaten verhöhnten die Ghettoarbeiter auf allerlei Art. Sie zwangen sie zum Beispiel dazu, bei jeder Begegnung mit ihnen den Hut zu ziehen und einen großen Bogen um sie zu machen. Wer nicht aufpaßte, wurde von ihnen ins Gesicht geschlagen. Sie schlugen mit Reitpeitschen und Stöcken. Schon die Arbeit an sich, die sie den Juden auftrugen, war häufig eine Art Verhöhnung. Sie zwangen beispielsweise die Männer dazu, mit Holzklötzen auf den Schultern einen Berg hochzurennen. Wer fiel, wurde ausgepeitscht. Den Frauen befahlen sie, mit ihren Händen Pferdemist aufzulesen, oder sie spannten sie vor Fuhrwerke und beförderten auf diese Weise das Baumaterial. Wenn sie den Frauen anordneten, die Kasernenhöfe zu fegen, gaben sie ihnen dafür keine Besen, so daß die Frauen die Arbeit mit von Bäumen abgerissenen Zweigen oder mit ihren bloßen Händen verrichten mußten. Wenn sie ihnen befahlen, die Böden, Fenster und Türen in der Kaserne zu putzen, gaben sie ihnen keine Putzlappen, so daß die Frauen dafür ihre eigenen Kleider benutzen mußten, die sie auszogen. Die Menschen ertrugen jede Foltermethode der »Radler« (so nannten sie die Deutschen vom RAD) sowie aller anderen Befehlshaber, weil ihre größte Furcht war, ihre Arbeitsbescheinigung zu verlieren und damit auch das Recht auf Leben.

Als die neuerliche Liquidierung einer großen Gruppe von Juden bevorstand, begann man vielen ihre weißen Arbeitsbescheinigungen abzunehmen, die einfach »Scheine« genannt wurden, unter dem Vorwand, daß nur Leute aus bestimmten, besonders benötigten Berufsgruppen an ihren Arbeitsstellen bleiben könn-

Ein Verhör am Eingang des Ghettos

ten. Jenen, denen man die Bescheinigungen abgenommen hatte, wurde verboten, das Ghetto zu verlassen, und da eine Sonderverfügung vom 10. Oktober es verbot, Lebensmittel aller Art ins Ghetto zu bringen, war die Lage dieser Menschen und ihrer Familien aussichtslos geworden.

Nur die Hälfte der früheren Arbeiter erhielt neue »Scheine«. Diese waren auch weiß, doch trugen sie den roten Stempelaufdruck »Facharbeiter«. Außerdem befand sich auf ihnen ein Stempel mit dem Aufdruck »Arbeitsamt Wilna« und einem Hakenkreuz. Es wurde bekanntgegeben, daß die Inhaber neuer Bescheinigungen im Ersten Ghetto untergebracht werden würden und alle übrigen im Zweiten, woraus man schließen konnte, daß das Zweite Ghetto vernichtet werden würde.

Am 15. September wurden 1200 Menschen aus dem Ersten Ghetto weggebracht. Am Abend des Jom Kippur (des Versöhnungstages), am 1. Oktober, folgten noch einmal 2300 Menschen. In der Nacht vom 3. auf den 4. Oktober wurden aus dem Zweiten Ghetto 2000 Menschen weggeführt, am 16. Oktober 3000 Menschen, und fünf Tage später 1300 Menschen (unter ihnen 60 Gelähmte und geistig Behinderte). Damit hörte das Zweite Ghetto auf zu existieren. In Wilna gibt es seitdem nur noch ein Ghetto.

Die »Säuberungen«
Oktober 1941

Gewöhnlich vollzog sich eine »Säuberung« folgendermaßen: Nachts wurden plötzlich alle Ghettobewohner durch jüdische Polizisten geweckt. Es folgte eine Verordnung, sich zwecks Registrierung der »Scheine« unverzüglich zum Judenrat zu begeben, der mit der Errichtung des Ghettos gebildet worden war. Gestapo-Offiziere überprüften die Arbeitsbescheinigungen; deren Besitzer und ihre Angehörigen wurden fortgelassen, und sie gingen zu ihren Arbeitsstellen. Nachdem diese Glücklichen gegangen waren, wurden litauische Soldaten, Polizisten und Geheimagenten in das Ghetto hineingelassen, wo sie ihr scheußliches Werk verrichteten. Alles war ihrer Willkür überlassen – sowohl das Leben der unglückseligen Menschen wie auch die Lage, in der sie sich befanden. Die litauischen Vollstrecker stürmten ins Ghetto herein, stürzten sich wie Raubtiere auf ihre Opfer, raubten sie aus, verprügelten und verschleppten sie.

Die aus ihren Wohnungen und auch aus aufgespürten Verstecken (sogenannten Malinen*) herausgeholten unglücklichen Menschen wurden auf der Straße von litauischen Soldaten umringt und unter Gebrüll und Stockschlägen ins Gefängnis ge-

* Maline: im Jiddischen die umgangssprachliche Bezeichnung für einen geheimen Unterschlupf. In diesen häufig sehr sorgfältig abgeschirmten Verstecken suchten zahlreiche Ghettobewohner während der von den Deutschen und Litauern durchgeführten Razzien Zuflucht. Im Wilnaer Ghetto wurden Malinen unter anderem in Kellerräumen, auf Dachböden, in Kaminen und hinter Wohnungswänden eingerichtet. Manche Malinen boten nur für einen Menschen Platz, andere konnten zahlreiche Familien aufnehmen. In der Maline auf der Karmeliterstraße 3 fanden bis zu 300 Menschen Platz (Anm. d. Übers.; Quelle: G. Agranovskij, I. Guzenberg: Litovskij Jerusalim. Vilnius 1992, S. 27).

bracht oder zuweilen auch direkt nach Ponary, wo sie erschossen wurden. Der eine oder der andere konnte mit Hilfe von Beziehungen aus dem Gefängnis gerettet werden, das heißt mit Hilfe von Geld, das durch die Hände geschickter Händler oder Vertreter der Militäreinheiten ging, unter deren Befehl der Verhaftete arbeitete. Aber die meisten Menschen, die während einer »Säuberung« ins Gefängnis geraten waren, gingen von dort aus nach Ponary.

Das Bild von Verwüstung, Plünderung und Pogrom nach dem Abzug der Litauer und der Wegführung ihrer Opfer war wahrhaft entsetzlich: zerschlagene Möbelstücke, zerfetzte Kopfkissen und Decken, eingeschlagene Wände, demolierte Öfen, beschädigte Fußböden und Decken, aufgerissene Koffer mit zerstörten Schlössern. Alle Sachen waren durcheinander geworfen und lagen verstreut auf dem Boden; überall in den Wohnungen und Höfen waren verstreute und verschüttete Essensvorräte. Oft wurden die Vorräte und anderen Sachen der zur Erschießung Weggeführten von den jüdischen Polizisten aufgesammelt, denn sie blieben als die Herren des Ghettos zurück.

Die »Säuberungen« wurden gewöhnlich an Samstagen oder an jüdischen Feiertagen durchgeführt.

Ein besonderer Alptraum war die »Säuberung«, die am wichtigsten Feiertag im Jahr, an Jom Kippur, stattfand. Diesen Tag, den 1. Oktober, beging die gesamte fromme Bevölkerung des Ghettos – in erster Linie die ältere Generation, aber auch viele jüngere Juden, die von den Ereignissen der vergangenen Monate seelisch erschüttert waren – traditionsgemäß mit Gebeten und strengem Fasten. Am Abend, als die Alten vom Gebet nach Hause kamen und die Jüngeren von der ihnen zugewiesenen Arbeit zurückkehrten, wurden sie von der Gestapo und von litauischen Partisanen überrumpelt. Diese verlangten vom Judenrat sowie von den jüdischen Polizisten und Hausverwaltern Schaufeln, Äxte und Fackeln. Die deutschen Soldaten und die Litauer, die die Aktion durchführten, begannen Keller, Depots und Böden aufzubrechen, um überall dorthin zu gelangen, wo sich die verängstigten

Menschen verstecken konnten. Es muß dazu gesagt werden, daß zu jener Zeit Ghettobewohner, denen die nötigen Arbeitsbescheinigungen fehlten, sich in Verschlägen zu verstecken begannen, die speziell in Kellern und Kammern und auf Dachböden eingerichtet worden waren. Solche Malinen wurden auch in bewohnten Zimmern und Korridoren hinter vorgestellten Schränken und falschen Wänden eingerichtet.

Wir erwähnten bereits, daß von den vielen Menschen, die zunächst über einen weißen Schein verfügten, nur wenige ausgewählt wurden, die diese weißen Scheine gegen Facharbeiterausweise umtauschen durften. Doch selbst die begrenzte Anzahl dieser weißen Scheine mit dem Stempelaufdruck »Facharbeiter« schien noch zu groß zu sein. Deshalb führten die Deutschen am 15. Oktober 1941 neue, sogenannte »gelbe Scheine« ein. Ihre Anzahl war auf 3000 Stück begrenzt, und für keinen Preis waren mehr zu bekommen. Darüber daß diese gelben Scheine zahlenmäßig eingeschränkt werden würden, hatte man schon mit großer Befürchtung gesprochen. Erstaunlich ist, daß die Menschen in allen Fällen bereits vorzeitig von dem auf sie zukommenden Unheil erfuhren; sie versuchten allerlei Rettungsmaßnahmen zu treffen, doch gewöhnlich blieben diese Maßnahmen fruchtlos. Und auch dieses Mal war es sehr schwierig, etwas Wesentliches zu bewirken, damit die Gesamtzahl der gelben Scheine erhöht würde.

Die Scheine wurden vom deutschen Arbeitsamt (das später in »Sozialamt« umbenannt wurde) ausgegeben, wo die Eigentümer genau registriert wurden. Praktisch ging die Ausgabe der gelben Scheine so vonstatten: Jede deutsche Organisation, die jüdische Arbeiter oder Arbeiterinnen hatte, bekam eine streng limitierte Anzahl von gelben Arbeitsbescheinigungen (die Pelzfirma Kailis bekam 1200 Scheine) und mußte infolgedessen die Zahl ihrer Arbeiter stark verringern. Auch der Judenrat verfügte über eine bestimmte Anzahl von gelben Scheinen; sie wurden an Facharbeiter ausgeteilt, die ein Diplom hatten oder zwei Zeugen vorweisen konnten. Für Unrecht und Spekulation tat sich hier ein weites

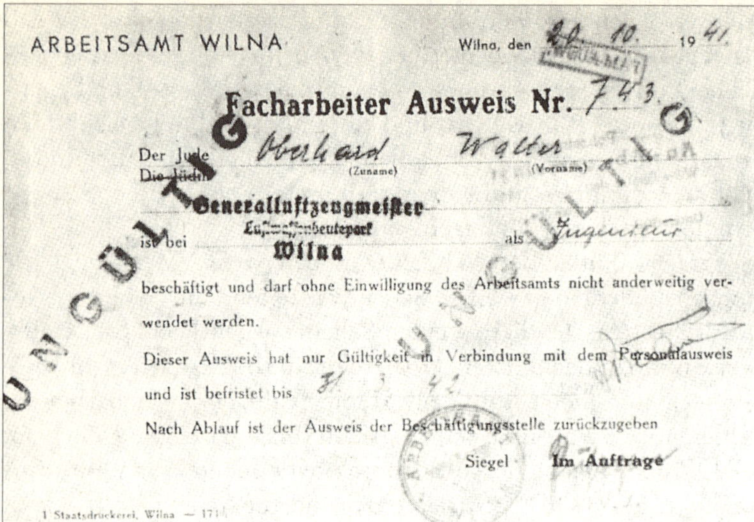

ARBEITSAMT WILNA Wilna, den 20. 10. 1941.

Facharbeiter Ausweis Nr. 743.

Der Jude ~~Die Jüdin~~ Oberhard (Zuname) Walter (Vorname)

ist bei Generalluftzeugmeister Luftwaffenbeutepark Wilna als Ingenieur

beschäftigt und darf ohne Einwilligung des Arbeitsamts nicht anderweitig verwendet werden.

Dieser Ausweis hat nur Gültigkeit in Verbindung mit dem Personalausweis und ist befristet bis 31. 3. 42.

Nach Ablauf ist der Ausweis der Beschäftigungsstelle zurückzugeben

Siegel **Im Auftrage**

1 Staatsdruckerei, Wilna — 171

UNGÜLTIG

UNGÜLTIG

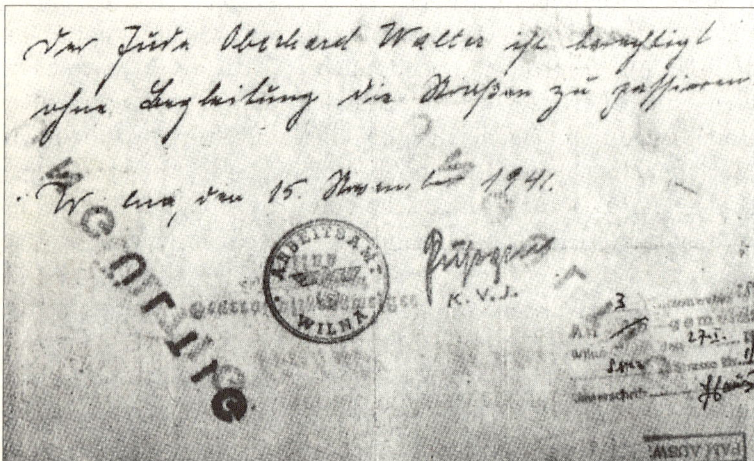

Der Jude Oberhard Walter ist berechtigt ohne Begleitung die Straßen zu passieren

Wilna, den 15. November 1941.

ARBEITSAMT WILNA

K.V.J.

UNGÜLTIG

Der gelbe Schein

Feld auf. Sehr häufig kam es vor, daß wirklich qualifizierte Fachleute übergangen und über Bord geworfen wurden, während nichtqualifizierte Personen durch allerlei Kniffe, meistens mit Hilfe von Geld, die wertvollen Scheine bekamen. Hierbei wurden viele dunkle Geschäfte abgewickelt, die dazu führten, daß jene, die die gelben Scheine nicht erhielten, mit ihrem Leben zahlen mußten. Später stellte sich nämlich heraus, daß diese Scheine so viel wert waren wie das Leben, denn bei weiteren »Säuberungen« waren es genau diese gelben Arbeitsbescheinigungen, die ihre Besitzer davor bewahrten, erschossen zu werden.

Bereits bei der Einführung der gelben Scheine hieß es, daß sie für ihre Besitzer von besonderer Bedeutung seien, doch konnte niemand ahnen, daß ihr Wert so hoch sein würde, wie er sich dann tatsächlich erwies.

Als die deutschen und litauischen Behörden im Herbst 1941 ausgewählten Arbeitern die gelben Scheine austeilten, maßen einige Arbeiter diesen Papieren nicht die gehörige Bedeutung bei, das heißt, sie nutzten nicht jede Möglichkeit, um an eine solche Bescheinigung zu kommen. Erst konnte man den gelben Schein noch kaufen (der Kurs stieg ständig an: zwischen 15 000 und 80 000 Rubel pro Schein), doch nach einiger Zeit waren die Scheine für Geld, ganz gleich wieviel, nicht mehr zu haben.

Nach Ausgabe dieser gelben Scheine wurden die großen »Säuberungen« vom 23. und 31. Oktober 1941 durchgeführt. Es hatte bereits zuvor mehrere »Säuberungen« gegeben, jedes Mal im Anschluß an die Einführung einer neuen Sorte von Bescheinigungen. Nach Ausgabe der ersten, der weißen Scheine (noch ohne den »Facharbeiter«-Aufdruck) wurden Tag und Nacht ununterbrochen Menschen aus ihren Wohnungen abgeholt – all jene, die keine weiße Bescheinigung hatten. Eine neuerliche »Säuberung« folgte auf die Einführung der Scheine mit dem »Facharbeiter«-Stempelaufdruck. Jetzt wurden die Besitzer der früheren weißen Scheine abgeholt, auf denen dieser Aufdruck fehlte. Und bei der »Säuberung«, die nach Einführung der gelben Scheine stattfand, wurden zuletzt auch jene abgeholt, die einen Facharbeiterausweis besaßen. Dieser Vorgang war eine auf Befehl von oben durchgeführte, planmäßige Ausrottungspolitik.

Es gab Fälle, in denen selbst der »Facharbeiter«-Aufdruck, der als Garantie fungieren sollte, jemanden nicht vor der Verhaftung und damit auch dem Tod retten konnte. Am 1. Oktober 1941, bei der »Säuberung« an Jom Kippur, tauchten im Ghetto litauische Funktionäre auf, viele von ihnen betrunken. Sie drangen in Wohnungen ein, klopften mit ihren Waffen auf die Tische und befahlen den Bewohnern, sich unverzüglich anzukleiden und auf die Straße zu gehen, wo litauische Soldaten auf sie warteten. Als den Funktionären Scheine mit der Aufschrift »Facharbeiter« vorgelegt wurden, rissen sie diese Bescheinigungen häufig in Stücke und befahlen deren Inhabern mitzukommen. Das rief unter den Besitzern solcher Scheine eine schreckliche Panik hervor; sie versuchten sich gemeinsam mit ihren Familien in Kellern oder auf Dachböden zu verstecken. Das Geschrei der Frauen und Kinder, die mit Gewehrkolben und Gummistöcken geschlagen wurden, war fürchterlich. Um die Schreienden zum Schweigen zu bringen, begannen die litauischen Soldaten ziellos und unkontrolliert zu schießen, bis die zu Tode erschrockenen Menschen tatsächlich aufhörten zu schreien. Alle Festgenommenen wurden auf die Straße gebracht und dann, von litauischen Soldaten umringt, nach Ponary weggebracht …

Alle im Herbst 1941 von der deutschen Obrigkeit angeordneten »Säuberungen« trafen die Ghettobewohner völlig unvermutet. Als zum Beispiel die »Säuberung« derer durchgeführt wurde, die keine gelben Scheine besaßen, tauchten nachts, während alle schliefen, unerwartet jüdische Polizisten in den Höfen auf und riefen, daß alle Besitzer von gelben Scheinen sich sofort zwecks Registrierung zum Judenrat begeben sollten. Ein schreckliches Chaos brach aus. Alle wußten, daß sich etwas Unheilvolles anbahnte, doch was die Registrierung genau zu bedeuten hatte, wußte keiner der Nichteingeweihten, während die »Eingeweihten« geheimnisvoll schwiegen. Es regnete. Die Nacht war stockfinster, man konnte die Hand vor Augen nicht sehen. Feuer zu machen war wegen der Luftangriffe strengstens verboten. Die Menschen eilten, einander schubsend und stoßend, durch die Finsternis. Alle hasteten zum Judenrat.

Schon auf der Straße vor dem Haus, in dem sich der Judenrat befand, war eine große Menschenmenge zusammengekommen. Doch auf dem Hof und im Treppenhaus, das zum zweiten Stockwerk führte, wo die Registrierung stattfand, war das Gedränge einfach unvorstellbar. In der stickigen Luft und ohne jede Möglichkeit, zum Zimmer vorzudringen, in dem die Registrierung stattfand, brachen einige Menschen entkräftet zusammen. Niemand, der nicht selbst dabei war, ist auch nur in der Lage sich vorzustellen, was sich dort abspielte. Das Chaos, Geschrei und Geheule, das Gedränge und die Raufereien trieben die Menschen in den Wahnsinn. Hinter kleinen Tischen saßen Sonderbevollmächtigte, die die Nummern der gelben Scheine und die Namen ihrer Besitzer sowie deren Angehörigen notierten. Für die Angehörigen wurden an Ort und Stelle einfache blaue Kärtchen ausgegeben, die mit einer kleinen Nummer versehen waren. Diese Kärtchen, so stellte sich später heraus, berechtigten ihre Besitzer während einer »Säuberung« zum Verlassen des Ghettos, und somit retteten diese scheinbar unbedeutenden Papierfetzen mit dem kleinen Nummernaufdruck Menschen das Leben. Unsägliche, herzzerreißende Szenen und Tragödien spielten sich in den engen Korridoren ab, wo Leute, die keine gelben Scheine besaßen, ihre glücklicheren Mitmenschen anflehten, ihnen das Leben zu retten und sie in ihrer Angehörigenliste aufzunehmen, damit auch sie eine dieser kleinen Nummern bekämen. Die Leute waren bereit, dafür alles, was sie hatten, herzugeben. Nicht jeder verhielt sich mit der gebotenen Menschlichkeit. Manche nahmen den Unglückseligen für die Nummer und die Listeneintragung Riesensummen ab – fünf- bis zehntausend Rubel – und versprachen nur, sie bis zum Ausgang zu begleiten, nicht weiter. Alle glaubten, daß es eine strenge Kontrolle geben würde, und hatten aus Sorge um das eigene Leben Angst, den Mitmenschen in ihrem Unglück zu helfen. Welch schreckliches Mißverständnis! Niemand wußte, wie leicht man das alles hätte bewerkstelligen können, wie leicht es im Grunde gewesen wäre, tausende Menschenleben zu retten. Wenn die panische Angst nicht gewesen wäre, diese im nächtlichen Chaos aufgekommene Angst vor dem Tod, mit dem die deutsche Obrigkeit so freigebig und erbarmungslos strafte, hätten die Menschen Tausende aus ihrer Mitte retten können und ihr Gewissen wäre rein geblieben. Diese alptraumhafte, chaotische Registrierung, die von niemandem, der sie durchlebt hat, vergessen werden kann, dauerte die ganze Nacht an. Im Morgengrauen mußten diejenigen, die keine Nummer bekommen hatten, sich in den Malinen verstecken, wo bereits all jene die Nacht in Todesangst verbracht hatten, die von vornherein keine Hoffnung gehabt hatten, sich bei irgend jemandem als Familienangehörige einzutragen.

Um sechs Uhr morgens ließ man die Inhaber von gelben Scheinen sowie deren Familien aus dem Ghetto zu ihren Arbeitsstätten gehen. All jene mit Kartennummern von 1 bis 2000 wurden durch das Tor an der Rudnitskaja Straße herausgelassen; diejenigen mit Nummern über 2000 gingen durch das Tor an der Mjasnaja Straße. Wenige hundert Schritte von den Toren entfernt standen hochrangige deutsche Gestapo-Offiziere und Mitglieder einer litauischen Sonderabteilung. Sie kontrollierten flüchtig die gelben Scheine sowie die Nummernkärtchen der Familienangehörigen. Die Identität der Inhaber der gelben Scheine wurde in keinster Weise überprüft, denn die Juden mußten keinen Paß oder irgendwelche anderen Ausweise besitzen – alles was sie benötigten, war dieser numerierte gelbe Zettel für sie selbst und die kleinen Kärtchen mit dem Nummernaufdruck für ihre Familienangehörigen, das heißt für ihre Frau und ihre Kinder unter 16 Jahren …

Neben den Ghettotoren standen schaulustige Deutsche und Litauer. Die herauskommenden Juden mußten eine Formation von Sicherheitsbeamten durchlaufen und dabei ihre gelben Scheine und ihre Nummernkärtchen hochhalten. Die Kontrolle bestand im wesentlichen daraus, daß das Alter der mitgeführten

Die Torwache am Haupteingang zum Ghetto an der Rudnitskaja Straße: in der Mitte Meir Levas

Familienangehörigen festgehalten wurde. Ihre Kinder über 16 Jahre und ihre Eltern durften die Inhaber von gelben Scheinen nicht mitnehmen. Sowohl die älteren Kinder wie auch die Eltern (deren Alter aufgrund ihres Äußeren geschätzt wurde) wurden schonungslos festgehalten; sie wurden in die Einfahrt des letzten Hauses vor dem Ghettoausgang hineingestoßen und später zur Schlachtbank geführt. Am Ghettotor wurde ein elfjähriges Mädchen dafür erschossen, daß es versuchte, ohne Nummer durchzuschlüpfen. Es gab viele Tragödien beim Abschied der Kinder von ihren Eltern und der Eltern von ihren älteren Kindern. Mehrfach versuchten Menschen auch, mit Gift Selbstmord zu verüben. Am Ghettoeingang standen bereits mehrere hundert litauische Soldaten bereit, die zur »Säuberung« hineingelassen wurden, sobald der letzte »gelbe Schein« das Ghetto verlassen hatte. Es standen auch Lastwagen bereit, in welche die Frauen, Kinder und Alten gestoßen wurden – alle, denen das Leben dieses Mal nicht bewahrt wurde. Die »Glücklichen«, die das Ghetto verlassen durften, wußten, was die von ihnen zurückgelassenen Angehörigen erwartete, die sich überall, wo sie nur konnten, versteckten. Einige der Zurückgelassenen versuchten, über Zäune und Dächer zu fliehen; sie wurden sofort erschossen.

Die zweite »Säuberung« (im Oktober 1941) dauerte volle drei Tage und drei Nächte an. In dem Zeitraum durchlitt das Ghetto fürchterliche Qualen. Menschen, die in verschiedenen Verstecken nach Unterschlupf suchten und sich dabei oft hinter Wänden einmauern ließen, waren in der Enge am Ersticken und drohten aus Mangel an Luft, Wasser und Lebensmitteln umzukommen. Zugleich lebten sie in Furcht, jede Minute entdeckt und zur Schlachtbank abgeführt zu werden. In den Malinen spielten sich unvorstellbar schlimme Tragödien ab. Wenn in den Kellern, die mit Hilfe von Ziegelsteinen und Putz rasch gegen Lärm abgedichtet worden waren, das Geschrei oder Weinen eines Kindes ertönte, erwürgten die in der Maline versteckten um ihr Leben bangenden Menschen – manchmal waren es die Eltern selbst – die Kinder mit ihren eigenen Händen. Die Mutter beweinte das gestorbene Kind mit bitteren Tränen ... Es gab nicht wenige Fälle, in denen diese Geheimverstecke entdeckt wurden, zufällig oder auf Hinweis von jemandem; dann wurden all die unglückseligen Menschen aus ihrem Versteck herausgebracht, geschlagen und erschossen. Hinweise auf diese Verstecke gaben zuweilen käufliche und niederträchtige jüdische Polizisten, die sich bei der deutschen Obrigkeit andienen wollten. Manchmal kamen diese Hinweise aber auch aus dem Kreis von zufluchtsuchenden Menschen, die man nicht ins »Depot« aufnehmen konnte oder wollte. In ihrer Verzweiflung erblickten die solcherart Abgewiesenen keine Rettung mehr für sich, und aus einem Gefühl blinder Rache stürzten sie all jene ins Verderben, die selbst im Versteck saßen und ihre Mitmenschen nicht retten wollten. Die in ihren Verstecken entdeckten Menschen wurden größtenteils direkt nach Ponary, das heißt in den Tod, geschickt.

Manchmal wurden die Menschen zuerst in das Lukischki-Gefängnis gebracht, in einigen Fällen – wie nach der »Säuberung« des Ersten Ghettos, als das riesige Gefängnis bereits überfüllt war – aber auch ins Zweite Ghetto, wo die meisten Bewohner bis zur endgültigen Liquidierung des Ghettos und damit auch ihres eigenen Lebens viel Leid durchstehen mußten.

Während einer der »Säuberungen« kam es zu folgendem Zwischenfall. Eine junge Frau mit dem Namen Rechtdik, die keinen gelben Schein besaß, war bereits in die Toreinfahrt hineingestoßen worden, in welcher sich die Menschen befanden, die zur Exekution weggebracht werden sollten. Jakob Gens, der den Judenrat vertrat, bat darum, ihr Leben zu schonen, und sagte dem Gestapomann Göring, der die »Säuberung« leitete, daß sie eine sehr gute Pianistin sei. Göring erklärte sich bereit, sie am Leben zu lassen, wenn sie wirklich talentiert sei. Ein Klavier, das man irgendwo aufgetrieben hatte, wurde an den Ort des Unheils gebracht; die scheinbar bereits zum Tode verurteilte Frau spielte wunderschön und mit großer Hingabe die Rhapsodie von Liszt (einige der Anwesenden bezeugten danach: »Sie spielte wie vor ihrem eigenen Tod«). Göring zeigte sich zufrieden und gab ihr einen rettenden Schein.

In dem Zeitraum zwischen den beiden »Säuberungen«, deren Ziel darin bestand, alle aufzuspüren, die keinen gelben Schein besaßen, wurde jenen, die zuvor weiße Scheine erhalten hatten, eine Falle gestellt. Jüdische Polizisten gingen von Hof zu Hof und verkündeten, daß all diese Personen ins Zweite Ghetto umgesiedelt werden würden, welches von nun an ausschließlich für sie bestimmt sei. Von dort aus würden sie zur Arbeit gehen können, genauso wie die Besitzer von gelben Scheinen vom Ersten Ghetto aus. All jenen, die freiwillig sofort umzogen, wurde gestattet, ihr gesamtes Eigentum mit sich zu führen (selbst Fuhrwerke wurden ihnen dafür bereitgestellt) und sich die besten Wohnungen im Zweiten Ghetto auszusuchen. Die von dem anhaltenden Grauen der »Säuberungen«, den nächtlichen Razzien und weiteren drohenden Ängsten erschöpften Menschen glaubten der Bekanntmachung und machten sich sofort auf den Weg ins Zweite

Ghetto, obwohl dieses zu Recht im Ruf stand, als Vorhof zum Schlachthaus zu dienen. Als ein großer Teil der »weißen Scheine« mitsamt ihrem Gepäck, das sie auf zweirädrige Karren aufgeladen hatten, das Tor zum Zweiten Ghetto auf der Mjasnaja Straße durchschritten hatte, tauchte plötzlich vor dem Haupteingang zum Ersten Ghetto auf der Rudnitskaja Straße ein Verband litauischer Soldaten auf, der aus Versehen hierhin gekommen war, statt sich ins Zweite Ghetto zu begeben. Der Verband machte unverzüglich kehrt und marschierte zu seinem wirklichen Bestimmungsort. Aus bitterer Erfahrung wußte man bereits, was diese litauischen Soldaten zu bedeuten hatten. Allen wurde sofort klar, daß die Menschen, die sich leichtgläubig ins Zweite Ghetto begeben hatten, in ein geschickt ausgelegtes Netz geraten waren, und so verhielt es sich auch in Wirklichkeit. Alle, die freiwillig dorthin gegangen waren, wurden von den litauischen Soldaten sofort gefaßt und zur Exekution weggebracht. Am Leben blieben nur ganz wenige Menschen, die es geschafft hatten, sich gut zu verstecken oder sich mit Geld oder Wertsachen freizukaufen.

Freikäufe kamen nur in wenigen Einzelfällen vor und waren eine höchst unsichere Angelegenheit. Der eine oder andere hatte damit Erfolg, doch geschah es häufig, daß die litauischen Soldaten gleich nach Erhalt des Lösegelds ihre »Arbeitskollegen« losschickten, die von denselben Personen ein neuerliches Lösegeld forderten. Die Sache ging so lange weiter, bis das Opfer nicht mehr zahlen konnte und letztendlich doch den Henkern in die Hände fiel.

Vor der endgültigen Liquidierung des Zweiten Ghettos waren die Mitarbeiter des jüdischen Krankenhauses – die Ärzte Schapiro, Scher, Berliner, Antokoletz, der Elektrotechniker Segalowitsch und zwei oder drei Krankenschwestern – dorthin gegangen. Sie hatten Krankenbahren und weiße Arztkittel mitgenommen. Innerhalb von zwei Tagen gelang es ihnen, aus dem bereits nicht mehr zu rettenden Ghetto einige Dutzende zum Tode verurteilte Menschen herauszubringen. Einige steckten sie in die weißen Kittel und führten sie als Krankenhelfer verkleidet aus dem Ghetto heraus, andere wurden wie Kranke auf den Bahren herausgetragen. Als die am Eingang zum Ersten Ghetto stehenden litauischen Soldaten die »Sanitäter« nicht durchlassen wollten, ging Doktor Pejsachowitsch (er war aus Schauljay und konnte gut Litauisch sprechen) zum 4. litauischen Polizeirevier, das für die Bewachung des Ghettos zuständig war, wo er eine offizielle Genehmigung zur Evakuierung der Kranken erwirkte.

Einige Zeit nach der Liquidierung des Zweiten Ghettos ging das Krankenhauspersonal zum Ort, an dem das Krankenhaus früher gestanden hatte, um nach zurückgelassenen Teilen der Einrichtung zu schauen. Sie fanden dort zahlreiche erschossene und an Entkräftung gestorbene Menschen vor, aber auch eine kleine Zahl von wie durch ein Wunder am Leben gebliebenen Kranken, die »aus Versehen« nicht zur Erschießung weggeschafft worden waren. Verwilderte Katzen streunten auf den Straßen, in den Höfen und in den Treppenhäusern umher. Wenn sie den Katzen folgten, konnten die Ärzte herausfinden, wo noch weitere unentdeckte Leichen lagen. Die Katzen ernährten sich von den getöteten Menschen – bei vielen Toten waren die Gesichter ausgefressen. Die Sanitäter trugen die Leichen in einen leeren Laden auf der Gaon Straße.

Im Zweiten Ghetto gab es viele Malinen, denn in diesem Stadtteil stehen uralte Häuser mit Kellern, Gewölben und unterirdischen Gängen. Sie stammen noch aus der Zeit des mittelalterlichen Ghettos, das in denselben Straßen gelegen hatte. Während die Ärzte durch diese Straßen gingen, riefen sie alle, die am Leben geblieben waren, dazu auf, aus ihren Verstecken zu kommen.

Jedes Mal, wenn ein Beschluß gefaßt wurde, eine weitere Gruppe von Juden in den Tod zu schicken, wurde unter den Bewohnern des Ghettos vorsätzlich Panik erzeugt. Ein krasses Beispiel hierfür war die Verwirrung vor der »Säuberung« vom 24. Oktober 1941, die durch die Umsiedlung von Menschen innerhalb des Ghettos, von einer Straße in die andere und von einem Haus ins andere, hervorgerufen wurde. Gerade erst hatten die Bewohner des Ghettos in Winkeln, auf dem Boden oder auf Pritschen einigermaßen Platz gefunden; obwohl dicht zusammengedrängt, hatten sie sich dennoch eingerichtet und »lebten« nun in einem winzigen Stückchen Wohnraum, und sei es nur in Durchgängen oder Löchern, die zwischen zwei Straßen in die Mauer geschlagen worden waren. Da wurde ihnen unversehens (wie bei allen Maßnahmen der Deutschen) befohlen, in Häuser umzuziehen, die von nun an für bestimmte Arbeitergruppen reserviert waren, die in ein und demselben Betrieb arbeiteten. Wenn in einem Betrieb zu wenig Arbeiter arbeiteten, um ein ganzes Haus zu füllen, wurden in dem Haus Arbeiter verschiedener Betriebe untergebracht. Diese Häuser wurden »Blöcke« genannt. Arbeiter, die vorher in Häusern lebten, welche nun zu Blöcken erklärt wurden, mußten in andere Häuser umziehen, die ihren jeweiligen Betrieben zugewiesen worden waren. Diejenigen, die nicht bei einem Betrieb angestellt waren, wurden auf die übriggebliebenen Häuser verteilt.

Jeder Betrieb versuchte mit allen möglichen Mitteln, bei der Wohnungsverwaltung des Ghettos das beste Haus für sich zu bekommen. Dazu beriefen sie sich auf deutsche Bekannte (zumeist Feldwebel) oder legten mit offiziellem Briefkopf und Stempel versehene Briefe von deutschen Militäreinheiten vor, oder sie gingen einfach schreiend und zeternd in die Wohnungsverwaltung und »erhandelten« sich die zuvor schon ausgesuchten begehrten Häuser, die zumindest noch ein Minimum an Komfort zu bieten hatten. Hier in der Wohnungsverwaltung herrschte den ganzen Tag hindurch bis in die tiefe Nacht hinein ein lärmendes Gedränge und Geschiebe. Die Menschen feilschten um die beste Stätte für ihr Nachtlager, während sie nicht einmal wußten, ob sie überhaupt am Leben bleiben würden. Aber so ist eben die menschliche Psyche beschaffen...

Diese lärmende und quälende »große Völkerwanderung« hatte wiederum ihren verborgenen Zweck. Erstens ging es darum, im Vorfeld der »Säuberung«, die am Tag nach dem Umzug in die Blöcke stattfand, die Bewohner zu erschöpfen und in die Irre zu führen. Und zweitens sollten all die Nichtarbeitenden, das heißt alle, die nur den weißen Schein hatten, in bestimmten Häusern konzentriert werden. Es ging also darum, alle »überflüssigen« Menschen, alle ehemaligen Arbeiter sowie ihre Frauen, Kinder und Eltern aus dem Ghetto herauszufischen und noch einmal mehrere tausend unschuldige Menschen zu erschießen, die nicht das Glück oder die Möglichkeit hatten, an den rettenden, lebensentscheidenden gelben Schein zu kommen.

Das Ghetto
1942

Im Zuge der anhaltenden »Säuberungen« nahm die Einwohnerzahl im Ghetto immer weiter ab. Die Ausgabe der gelben Scheine stürzte all jene, die sie nicht erhalten hatten, ins Verderben. So wurden am 23. Oktober 1941 alle Besitzer solcher Scheine zusammen mit ihren Familien zu ihren Arbeitsstellen geschickt. An dem Tag wurden von den im Ghetto Zurückgebliebenen etwa 5000 Menschen zu ihrer Hinrichtung weggeführt. Am 3. November wurden alle, die eine gelbe Bescheinigung hatten, in das ehemalige Zweite Ghetto gebracht. Dort verbrachten sie drei Tage, im Laufe derer aus dem Ersten Ghetto nochmals 1200 Menschen fortgeschafft wurden. Am 3. und 4. Dezember wurden 78 Menschen nach Ponary gebracht. Bei einer Kontrolle eines Blocks, in dem Juden lebten, die für Wirtschaftsabteilungen der Gestapo arbeiteten, verlor das Ghetto noch einmal 300 Menschen. Zuletzt wurde zwischen dem 20. und 22. Dezember eine allgemeine Wohnungskontrolle im Ghetto durchgeführt, bei der 400 Menschen festgenommen wurden.

Im September 1941 betrug die Bewohnerzahl des Ersten Ghettos 29 000 Menschen und die des Zweiten Ghettos 9000 Menschen. Zusammen waren das also 38 000 Menschen. Bis zum Frühjahr 1942 war diese Zahl auf 15 000 zurückgegangen, was sich durch die Zahl der für März ausgegebenen Brotkarten belegen läßt (15 216 Stück). Die Zahl der jüdischen Einwohner von Wilna, die vor dem Kriegsausbruch bei mehr als 70 000 Menschen gelegen hatte, war innerhalb von weniger als einem Jahr auf ein Fünftel zurückgegangen.

Das Leben im Ghetto ging derweil seinen »gewohnten Gang«,

wobei sich bestimmte Konturen herausbildeten. In den fünf kleinen Sträßchen, die das Ghetto ausmachten, wurde ein ganzes System zur Organisierung, Unterstützung und Erleichterung des Lebens der wenigen Tausend Menschen geschaffen, die vorläufig noch am Leben geblieben waren. Alles was nur möglich war – und das war fast alles, was nötig war – wurde für den kleinen »Staat im Staat« getan, zu dem sich das Ghetto entwickelte. Es gab Ämter in den Bereichen Arbeit, Gesundheit, Sozialamt, Verpflegung und Wohnraum, darüber hinaus eine Polizei, einen Gerichtshof, eine Post, Schulen, ein Krankenhaus, eine Apotheke, Werkstätten, Bäder, Friseure usw.

Das Arbeitsamt war das wichtigste Amt im Ghetto. Es war, mit den Worten des Ghettoleiters (oder »Ghettovertreters«, wie er genannt wurde) Jakob Gens vom 12. Juni 1942 die Existenzgrundlage der Juden. In diesem Amt wurde eine Kartei für alle jüdischen Arbeiter geführt. Hierhin richteten die deutschen und die litauischen Behörden ihre Anfragen nach Arbeitskräften, und von hier aus wurde dann die geforderte Anzahl von Arbeitern entsandt. Hier wurden im Oktober 1941 die rettenden gelben Scheine ausgeteilt und später, ab dem 18. April 1942, die (rosafarbenen) Arbeitsausweise. Die in den Arbeitsausweisen enthaltenen Bestimmungen besagten, daß ein Arbeiter jede ihm angebotene Arbeit anzunehmen und strikt auszuführen hatte. Arbeitsverweigerung oder Nichtausführung von Arbeit wurden mit dem Tod bestraft. An all dies brauchte man die Juden jedoch nicht zu erinnern, denn sie gaben sich alle Mühe, so gut wie möglich zu arbeiten. Ihr sehnlichster Wunsch war, zu überleben und den Anbruch besserer Zeiten zu erleben.

Es gab im Ghetto ein Sozialamt, das mit seinen Mitteln die Armen und Bedürftigen unterstützte und für ihre Miete, ihre Behandlung im Krankenhaus, ihre Arzneimittel sowie für Dienste, die ihnen von anderen Einrichtungen gewährt wurden, aufkam. Als im Juli 1942 die deutsche Obrigkeit anordnete, alle alten Menschen sowie all jene, die nicht selbständig ihren Unterhalt bestreiten konnten (mit anderen Worten all jene, die vom Sozialamt unterstützt wurden), zu erfassen, begannen die Leute, die bisher vom Amt Zuwendungen erhalten hatten, einen großen Bogen um es zu machen. Es ging selbst der bittere Scherz um, daß manche Leute bereit waren, dafür zu zahlen, daß man sie von der Liste der Zuwendungsempfänger strich.

Weiter gab es ein Finanzamt, das vom ehemaligen Bankdirektor S. Kaschuk geleitet wurde. Alle Juden im Ghetto, die einer Arbeit nachgingen, mußten Steuern zahlen. Die »Kopfsteuer« wurde folgendermaßen berechnet: Zehn Reichsmark (100 Rubel) für Männer zwischen 18 und 20 sowie zwischen 50 und 60 Jahren; 15 Reichsmark (150 Rubel) für Männer zwischen 20 und 50 Jahren; acht Reichsmark (80 Rubel) für Frauen zwischen 18 und 20 Jahren, und 12 Reichsmark (120 Rubel) für Frauen zwischen 20 und 40 Jahren. Für Kinder bis 16 Jahren, die von ihren Eltern unterhalten wurden, wurden 15 Prozent dieses Betrags erhoben. Bei Nichtzahlung der Steuer wurde immer dieselbe Eintreibungsmethode gewählt: Dem Schuldigen wurden die Lebensmittel entzogen, die rationiert waren und in sehr geringer Menge ausgeteilt wurden. All dies berührte nur die Menschen, die im Besitz von Arbeitsausweisen waren. Von den Menschen im Ghetto, die keine Arbeitsausweise hatten und nicht arbeiteten, wurde überhaupt nicht geredet – sie existierten offiziell gar nicht.

Die Polizei, sowohl die uniformierte wie auch die geheime, wachte über die Ordnung auf der Straße und in den Häusern und führte Untersuchungen bei Diebstählen und anderen Strafhandlungen durch. Die Polizisten unterstanden zunächst dem Judenrat und nach dessen Auflösung (im Juli 1942) dem Ghettoleiter Jakob Gens, der zur gleichen Zeit als Polizeichef betrachtet wurde. Es wurden ein Hauptquartier und drei Polizeireviere gebildet, die nach dem Vorbild der litauischen und der deutschen Polizei funktionierten. Tag und Nacht wurde hier gearbeitet, hier befanden sich auch die notwendigen Dokumente, und die Diensträume waren entsprechend ausgestattet (mit Plakaten, Instruktionen, Regeln und dergleichen). Die Polizisten trugen auf dem linken Ärmel eine blaue Binde mit einem weißen Judenstern. Bei den niederen Rängen stand eine Nummer auf der Armbinde, die Ranghöheren hatten noch zusätzliche Zeichen.

Abgesehen von den Armbinden hatten die Polizisten keine speziellen Uniformen, sondern trugen ihre eigene Kleidung und ihre eigenen Stiefel. Hierzu muß gesagt werden: gute Kleidung und gute Stiefel. Die Polizisten waren damit beschäftigt, die Wohnungen der zur Hinrichtung weggebrachten Menschen auszuräumen und sich die dort gefundenen Gegenstände anzueignen, die sie zum Teil für sich behielten und zum Teil verkauften. Ihre Funde waren mitunter sehr bedeutsam: Neben Kleidung, Schuhen, Lebensmittelreserven und Haushaltswaren entdeckten sie auch Geheimverstecke mit Geld und Wertsachen. Hierüber zu schreiben fällt schwer; es sind leider schlimme Tatsachen.

Innerhalb der Polizei wurde eine spezielle Torwache eingerichtet, unter der die Bewohner des Ghettos besonders litten. Die Wachposten kontrollierten alle Personen beim Hinein- und Herausgehen und verdienten am allgemeinen Elend, indem sie den Menschen alles wegnahmen, wonach ihnen gelüstete. Die Wächter rechtfertigten ihre Gemeinheiten mit der Notwendigkeit, den Deutschen ständig ihren Eifer beweisen zu müssen. Andernfalls, sagten sie, würde es den Juden weit schlimmer ergehen, denn dann würden litauische oder deutsche Soldaten ans Tor gestellt werden.

Die Post nahm Ende 1941 zögerlich ihren Betrieb auf. Ihre Rolle war sehr begrenzt, da es den Juden untersagt war, eigenständige Kontakte zur Außenwelt zu pflegen. Die Post verkaufte Postwertzeichen; sie schickte anfangs auch Briefe zum Hauptpostamt und erhielt von dort Briefe, die an Juden gerichtet waren. Wenn Briefe eintrafen, hing das Postamt auf der Straße Listen mit den Namen derjenigen aus, die Post erhalten hatten. Doch bald wurde jeglicher Briefverkehr mit dem Ghetto eingestellt, und im April 1942 hörte die Post als solche auf zu existieren. Einige der Mitarbeiter nahmen jedoch die Zustellung von Briefen auf sich – von Reisenden aus anderen Orten mitgebrachte Grüße und Notizen, die von guten, tapferen Menschen, die Zutritt zum Ghetto hatten, eingeschmuggelt wurden.

Das Amt für Technik, das von M. Schrejberg geleitet wurde, richtete verschiedene Modellwerkstätten ein. In den Möbelateliers wurden sowohl einfache Einrichtungsgegenstände wie auch elegantestes Mobiliar hergestellt. Die deutschen Führer bestellten ihre Möbel mit Bedacht bei den Ateliers im Ghetto. Die elektrotechnischen Werkstätten reparierten allerlei Haushaltsgeräte. Die Bausektion beschäftigte sich mit der Reparatur von Wasserrohren und der Kanalisation. Die Handwerker aus dieser Sektion erhielten häufig Aufträge in der Stadt. Es wurden Genossenschaften von Schustern, Schneidern, Uhrmachern usw. gebildet, die nicht nur Altes ausbesserten, sondern aus dem von den Kunden mitgebrachten Material auch neue Teile anfertigten. Die Handwerker achteten besonders auf die Bedürfnisse des Ghettos. Die Schreiner beispielsweise stellten eine große Anzahl von Holzschuhen (Klumpen) her, die aufgrund des Mangels an Lederschuhen weit verbreitet waren. Maschinenbauer und Techniker konstruierten Öfen, die wenig Feuerholz verbrauchten. Feuerholz war sehr teuer und durfte ebenso wie Lebensmittel unter keinen Umständen ins Ghetto gebracht werden. Die im Ghetto gebauten Öfen waren im Vergleich zu denen, die in der Stadt verkauft wurden, sehr billig (50 bis 70 Rubel gegenüber 250 Rubel). Das Amt für Technik erhielt Aufträge für Öfen von deutschen und litauischen Behörden und durch deren Vermittlung auch von privaten Organisationen. Weil die Handwerker und Genossenschaften sehr erfolgreich arbeiteten, zahlte der Judenrat den Leitern der Genossenschaften ein Gehalt; er stellte ihnen ferner Räume, Beleuchtung und Heizmaterial zur Verfügung und nahm dafür 60 Prozent des Erlöses. 40 Prozent verblieben bei den Arbeitern.

Das Wohnungsamt war für die Verteilung von Wohnraum unter den Ghettobewohnern zuständig und sorgte mit Wohnungsverwaltern und Hauswarten für Ordnung und Sauberkeit in den Häusern. Die Hauswarte, die in den meisten Fällen nicht ahnten, daß sie einmal eine solche Tätigkeit verrichten müßten, führten ihre Aufgabe dennoch sehr gut aus. Sie säuberten die Aborte, kehrten und schrubbten die Straßen, im Winter räumten sie

Schnee, und im Sommer entfernten sie den Staub. Die Deutschen waren überrascht, wie sauber es im Ghetto war.

Das Verpflegungsamt hatte die Aufgabe, die Ernährung der Ghettobevölkerung sicherzustellen. Es gab vier Läden, in die alle ins Ghetto gelangenden Essensvorräte geliefert wurden, die gegen Lebensmittelkarten ausgegeben wurden, und fünf Küchen, in denen täglich 4000 Mahlzeiten bereitet wurden. Das Essen für die Küchen wurde durch kleine Abzweigungen von den festgelegten Lebensmittelrationen ermöglicht. Wenn jemandem zum Beispiel 700 Gramm Brot pro Woche zustanden, wurden ihm nur 550 Gramm ausgeteilt, und anstatt von 50 Gramm Butter bekam er 40 usw.; der Rest ging an die Küchen. Auf dieselbe Weise gelangten auch Graupen, Salz und andere Lebensmittel dorthin (wie es im russischen Sprichwort heißt: Ein Stückchen Zwirn von jedem beschert dem Nackten ein Hemd). Doch nicht allen wurden diese Mahlzeiten zuteil, die im übrigen den Hunger kaum stillen konnten. Die Menschen waren unterernährt, ihre Bäuche blähten sich auf, und allmählich verhungerten sie. Darum bemüht, dem Verpflegungsamt zu helfen, errichtete das Amt für Gesundheitswesen Teeküchen, wo man für ein paar Groschen kochendes Wasser erhalten konnte. Das war eine große Hilfe, vor allem im Winter, als es sehr schwer war, auch nur an ein wenig Brennholz heranzukommen (die Menschen verfeuerten in den Öfen alles, was man nur verbrennen konnte ihre eigenen Sachen wie auch gestohlene Dinge; sie nahmen Holzbauten auseinander und zerlegten bisweilen auch Treppenhäuser.)

Überhaupt bewirkte das Amt für Gesundheitswesen, gemessen an den Bedingungen des Ghettos, wahre Wunder. Das alte, hervorragend ausgerüstete jüdische Krankenhaus, das genau in dem Bezirk lag, in dem das Ghetto errichtet worden war, funktionierte gut. Es hatte 165 Betten, doch in der Anfangsphase des Ghettos waren alle Gänge im Gebäude von Menschen überfüllt. Kranke und Gesunde suchten hier gleichermaßen Zuflucht; sie versuchten, so dicht wie möglich in der Nähe dieses Gebäudes zu bleiben. Vielen schien, daß der Aufenthalt im Krankenhaus auf irgendeine Weise ihre Sicherheit garantierte. Doch die Deutschen bereiteten diesem Irrglauben schnell ein Ende. Sie forderten immer häufiger und immer mehr die Vernichtung gerade der Kranken. Der Ort, der wie eine verläßliche Zufluchtsstätte erschien, wurde zu einer besonderen Gefahr, und jetzt machten sich viele wirklich kranke Menschen daran, das Krankenhaus übereilt zu verlassen. Die Poliklinik mit ihren verschiedenen Abteilungen für ambulante Patienten und der Erste-Hilfe-Abteilung arbeitete weiter und funktionierte dabei hervorragend. Es gab viele Ärzte im Ghetto; die erste Zeit behandelten sie ihre Patienten kostenlos, doch als das Leben im Ghetto schwerer wurde, gingen sie dazu über, Honorar zu verlangen.

Das Amt für Gesundheitswesen eröffnete zwei Bäder und Desinfektionsräume mit einer Kapazität für 14 000 Menschen pro Monat, in denen man sich zunächst für drei, später für zehn Rubel waschen und seine Kleidung desinfizieren lassen konnte. Anfangs wurden im Bad auch Seifenstücke ausgegeben, doch stieg später der Preis für Seife stark an, so daß jeder, so weit das möglich war, seine eigene Seife mitbringen mußte. Es wurde außerdem eine Wäscherei eingerichtet, die 100 Kilogramm Wäsche am Tag bewältigen konnte. Da Seife sehr schwer erhältlich und auch teuer war, standen vor der Wäscherei stets lange Schlangen.

Besonders tatkräftig arbeitete die Hygiene- und Seuchensektion des Amts für Gesundheitswesen. Im Winter, als alle Aborte, alle Durchgänge und Durchbrüche zwischen den Straßen, Häusern und Höfen mit menschlichem Unrat und anderem Abfall angefüllt waren, dachte man mit Entsetzen an die kommende warme Jahreszeit. Wenn man noch die Enge des Wohnraums und die körperliche Schwäche der Menschen einbezog, schien der Ausbruch von Seuchen unabwendbar zu sein. Doch dank der Bemühungen der Sektion wurde das Territorium schnell und gründlich gereinigt, und das Ghetto empfing den Frühling mit sauberen Straßen und Höfen.

Es ist nur schwer vorstellbar, wie sehr die im Ghetto eingeschlossenen Juden hätten verwahrlosen können, wenn es nicht ein solch reges Amt für Erziehungswesen und Kultur gegeben hätte. Das Ghettoleben wirkte sich besonders verderblich auf die Kinder aus. Sie erlebten aus nächster Nähe die schrecklichsten Vorfälle, Folterungen und Mord; ihr Leben war von Elend, Enge und Hunger gezeichnet. Im Ghetto wurden vier Schulen für Kinder ab sieben Jahren eröffnet, zwei Kindergärten für Kinder von drei bis sechs Jahren und ein Internat für obdachlose Kinder. Ferner wurden Kurse für ältere Kinder, die bereits das Gymnasium besucht hatten, eingerichtet. Für die im Ghetto auftauchenden obdachlosen, vagabundierenden Kinder wurden Arbeitsbrigaden gebildet. Gegen Arbeit erhielten die Kinder dort Essen und Unterkunft. Es war für sie natürlich kein süßes Leben, doch immerhin bekamen sie eine Mahlzeit, bestehend aus einem Hauptgericht, Suppe, Brot und manchmal auch Milch. All diese Einrichtungen arbeiteten ohne Unterbrechung, ganz normal, wie in der guten alten Zeit, als hätte sich nichts verändert. Die Lehrer waren abgesehen von der Vermittlung von Kenntnissen vor allem darum besorgt, die künftige Generation vor moralischem Verfall zu bewahren. Sogar eine Musikschule existierte im Ghetto. In ihr gab es elf Lehrer und um die 100 Schüler. Die Deutschen traten zuweilen als Wohltäter und Kunstkenner auf und gaben den Juden die Möglichkeit, an ihre Musikinstrumente und Noten zu kommen, die sie bei der Umsiedlung ins Ghetto am 6. September 1941 in ihren Wohnungen zurückgelassen hatten. Am 17. April 1942 befahl der Polizeichef des Ghettos allen Bewohnern, ihre Musikinstrumente registrieren zu lassen – sowohl ihre eigenen wie auch die, die sie in den von ihnen belegten Wohnungen vorgefunden hatten. Gemäß dieser Verordnung sollten alle nichtregistrierten Instrumente beschlagnahmt und ihre Besitzer bestraft werden.

In Betrieb war außerdem die alte Bibliothek der »Gesellschaft für die Verbreitung von Kenntnissen« (die Mefitzei-Haschkalah-Bibliothek) an der Straschun Straße 6, in der es nach der auf deutschen Befehl hin durchgeführten Entfernung von Büchern kommunistischen Inhalts noch viele herrliche Bücher gab – Bücher in

Mitglieder des Judenrats, unter ihnen Jakob Gens und Saul Dessler, sehen sich einen Sportwettkampf an

verschiedenen Sprachen und aus vielen Wissensgebieten, auch Belletristik. Die Bibliothek hatte einen Lesesaal. Wie schön war es, die jungen und alten Menschen zu sehen, die, in ihre Lektüre versunken, an den langen Tischen saßen. Einige kamen sogar, um hier ihre eigenen Werke zu schreiben.

Es existierte im Ghetto ferner ein Theater, in dem Konzerte und später auch Theaterstücke aufgeführt wurden. So seltsam das auch scheinen mag, die Eintrittskarten waren häufig schon lange vor Vorstellungsbeginn ausverkauft. Im August 1942 wurden in beiden Blöcken der Kailis-Fabrik, auf dem Dachboden und in der Baracke, Kindervorstellungen gegeben.

Am erstaunlichsten war jedoch der Sportplatz. Im Hof des Hauses an der Straschun Straße 6 wurde der alte Fleischmarkt abgerissen und der Boden eingeebnet. Pfosten und Netze wurden aufgestellt, und so verwandelte sich der alte Hof in einen weitläufigen, sauberen Sportplatz. Hierher kamen täglich junge Männer und Frauen, um zu turnen oder Wettkämpfe abzuhalten. Man wollte seinen Augen nicht trauen und ausrufen: »Ist das ein

Traum, oder ist es wahr?« Angesichts des paradoxen Geschehens konnte man gleichzeitig lachen und weinen. Wer weiß, vielleicht haben jene recht, die so leben, als gebe es den Alptraum um sie herum nicht, die die uns umgebende Mauer nicht sehen wollen, als hätten sie vergessen, daß wir uns auf der Fläche einer eisernen Hand befinden, die sich jeder Zeit schließen kann und uns alle wie Fliegen zerquetscht.

Oskar Glick

Januar 1942

Der Name Oskar Glick wird ohne Zweifel mit der Geschichte des Wilnaer Ghettos verbunden bleiben. Dieser noch junge Mann (er war etwa 40 Jahre alt) ist in Polen geboren, doch schon in seiner frühen Kindheit zog er mit seinen Eltern nach Wien, wo er aufwuchs und zur Schule ging. Nach dem »Anschluß« an Hitlerdeutschland begann in Österreich die Judenverfolgung, und Oskar Glick siedelte zusammen mit vielen anderen Flüchtlingen erst nach Warschau um, von dort aus nach Riga und zuletzt nach Wilna.

Hier traf Oskar Glick in den ersten Tagen der Besetzung zufällig einen Jugendfreund, einen Arier, der in der deutschen Armee diente. Sein alter Freund verschaffte ihm eine Arbeitsstelle, erst in der Eisenbahndirektion und später als Zulieferer der Pelzfabrik Kailis. Es gelang Oskar Glick, seine jüdische Herkunft zu verbergen, an einen neuen, »reinen« Paß zu kommen und den entsprechenden Eintrag im Einwohnerregister korrigieren zu lassen. Er begann sich wie ein Deutscher aus Wien zu verhalten, bestrebt, in dieser Rolle so viele Juden wie möglich vor dem Untergang zu bewahren. Da er im engen Kontakt zur örtlichen deutschen Obrigkeit stand, erfuhr er frühzeitig von der Vorbereitung verschiedener antijüdischer Bestimmungen, aber am wichtigsten war, daß ihm früher als vielen anderen klar wurde, daß es bei diesen Maßnahmen um die allmähliche Ausrottung der gesamten jüdischen Bevölkerung ging.

Da ja schon in den ersten Tagen nach der Ankunft der Deutschen viele Facharbeiter zusammen mit den übrigen Juden getötet wurden und damit eine Anzahl von Betrieben, die für die deutsche Armee von Wichtigkeit waren, zum Beispiel die Lederfabrik, vor der Schließung standen, stellte Oskar Glick dem in Riga befindlichen Bezirksversorgungsleiter, Major Hausler, ein Projekt zum Wiederaufbau dieser Fabrik sowie zur Erhöhung der Kriegsproduktion der Pelzfabrik vor. Er schlug vor, eine bedeutende Anzahl von Arbeiterfachkräften und deren Familien aus dem Ghetto zu holen und in gesonderten Häuserblöcken unterzubringen (dort, dachte Oskar Glick, würde ihr Schicksal weniger von der Willkür der Gestapomänner und deren örtlichen Helfershelfern abhängen). Glicks Projekt wurde in Berlin geprüft und angesichts der kriegswirtschaftlichen Bedeutung dieser Betriebe gebilligt. Durch die Billigung dieses Projekts wurde nicht nur das Leben von mehreren Tausend Arbeitern der beiden Fabriken gerettet oder zumindest verlängert, mittelbar blieben dadurch auch noch an die 20 000 Juden am Leben, die im Ghetto zurückgeblieben waren. Denn mit der Annahme des Projekts stoppten die Zentralbehörden die allgemeine Vernichtung der jüdischen Bevölkerung und ordneten an, eine bedeutende Anzahl von Fachkräften, darunter Tischler, Maler, Schuster, Elektromonteure, Schlosser, Mechaniker, Gerber und Kürschner, für die Bedürfnisse der Kriegsproduktion abzustellen. Hierzu wurden 3000 zusätzliche gelbe Scheine ausgegeben, von denen Oskar Glick 1000 Stück erhielt, um sie persönlich zu verteilen. In den Besitz eines solchen Scheins zu kommen war für die Juden eine Frage von Leben oder Tod, und diejenigen, die noch Geld oder Wertsachen jeglicher Art besaßen, waren bereit, alles herzugeben, nur um an dieses Papier zu kommen; doch es ehrte Oskar Glick, daß er die rettenden Bescheinigungen selbstlos und großzügig austeilte, ohne nach Gegenleistungen zu fragen, worum es ihm vornehmlich ging, war, Personen auszuwählen, die einen verdienten Ruf als anständige Menschen hatten.

Oskar Glick leitete die Wirtschaftsabteilungen der Leder- und der Pelzfabrik, doch dank seiner hervorragenden Beziehungen zu Vertretern der deutschen Verwaltung (er erledigte für sie diverse »kommerzielle« Aufträge, fuhr in einem von ihnen zur Verfügung gestellten schönen Auto umher und verbrachte häufig seine Freizeit mit ihnen) leitete er faktisch diese Betriebe und war der oberste Chef der Wohnblöcke, deren Bewohner er eifrig gegen die ihnen drohende Gefahr zu schützen suchte.

Das Ende des Wirkens und Lebens von Oskar Glick wurde durch einen Brand in der Pelzfabrik am 18. Januar 1942 eingeleutet. Die Brandursache war ein großes elektrisches Bügeleisen, das nicht abgeschaltet worden war. Ob dies Zufall war oder ob Brandstifter am Werk waren, konnte nicht geklärt werden. Der Brand brach an einem Sonntagabend aus; auf Befehl der deutschen Obrigkeit wurde in der Fabrik erstmals an einem Feiertag gearbeitet. Viele der polnischen Arbeiter waren über die Verordnung entrüstet und tranken an ihren Arbeitsstellen demonstrativ Wodka. Möglicherweise ließ einer von ihnen beim Verlassen der Fabrik versehentlich das Bügeleisen an. Drei Tage später, am 21. Januar, kamen Gestapomänner zur Fabrik und verhafteten 39 Gerber, ausnahmslos Juden. Sie wurden zehn Tage in den ungeheizten Kellern des Lukischki-Gefängnisses festgehalten. Einigen von ihnen erfroren die Zehen, und alle waren erschöpft von Kälte, Hunger, den Verhören und der Angst vor dem Tod. Aus den Fragen, die den Gefangenen im Verlauf der Untersuchung gestellt wurden, ging klar hervor, daß Oskar Glicks Schicksal besiegelt war. Allen wurde nachdrücklich dieselbe Frage gestellt: ob sie wüßten, daß Oskar Glick Jude sei. Die Gefangenen antworteten, sie hätten angenommen, daß er Deutscher sei. Freunde aus der deutschen Verwaltung hatten Oskar Glick inzwischen bereits gewarnt, daß er bei der Gestapo als Jude denunziert worden sei, und sie rieten ihm, sich aus Wilna davonzumachen. Doch Glick glaubte, daß es ihm gelingen würde, sich zu rehabilitieren.

Es wurde schließlich bekannt, daß Oskar Glick von zwei nichtjüdischen Vorarbeitern der Pelzfabrik, Eduard Visciulis von der mechanischen Abteilung und Kern von der Schneiderei, denunziert und ins Verderben gerissen wurde. Sie hatten gemeldet, daß sie von Glick antinazistische Sprüche gehört hätten und daß er auf irgendeiner Hochzeit in betrunkenem Zustand deutsche Geldnoten zerrissen und angeblich sogar »Nieder mit Hitler!« gerufen hätte.

Oskar Glick wurde in der Wohnung des Militärkommandanten festgenommen und kurz darauf erschossen. Wenige Tage später, am 28. Januar, wurde seine Frau Mina Dolgitzer verhaftet und ebenfalls erschossen.

Sittenverfall im Ghetto
Juni 1942

Viele Städte und Dörfer Litauens und Weißrußlands sind inzwischen vollständig von Juden gesäubert, ausgenommen einige wenige Menschen, die wie durch ein Wunder überlebt haben und sich bis jetzt noch in Wäldern, in Höhlen und Gruben oder bei menschenfreundlichen Bauern verstecken, die sie gegen Geld oder aus reiner Freundschaft bei sich unterbringen und damit ihr eigenes Leben aufs Spiel setzen.

In einigen Ortschaften, beispielsweise in Ignalina, drang man nachts bei den Juden in die Häuser ein und erschlug sie direkt in ihren Betten. Die Juden aus den Dörfern um Troki wurden auf eine Insel gebracht, auf der ein historisches Schloß steht. Dort hielt man sie neun Tage lang ohne Nahrung fest, woraufhin sie so geschwächt waren, daß sie ohne besondere Anstrengung erschossen werden konnten. Auf dem Militärschießplatz bei Pabradzi wurden Juden zwölf Tage lang ohne Nahrung festgehalten und dann – im ohnehin schon halbtoten Zustand – umgebracht. Man sagt, daß in Nowo-Wilejka dem Rabbiner freigestellt wurde, den Ort zu verlassen und zu gehen, wohin er nur wollte, während die übrigen Juden nach Wieliutschiany abgeführt und erschossen werden sollten. Er aber wollte seine Gemeinde nicht im Stich lassen und ging ihr wie ein richtiger Hirte voraus, und er war auch der erste, der sich auf Befehl hin auszog und vor das Erschießungskommando trat.

Der größte Teil der Juden aus Wilna und den umliegenden Städten und Ortschaften wurde bei Ponary ermordet, in riesigen Gruben. Ursprünglich waren diese Gruben von der russischen Armee zur Lagerung von Treibstoff ausgehoben worden, doch mit der Ankunft der Deutschen wurden sie einem neuen Zweck zugedacht. Als die Gruben bis oben hin voll mit Leichen von erschossenen Juden waren, mußten weitere Gruben ausgehoben werden. Im Anschluß an die berüchtigte »Provokation« und die Massensäuberungen von 1941 wurden in großen Gruppen mehrere tausend Juden nach Ponary verschleppt. Einige wurden aus ihren Wohnungen direkt dorthin gebracht, andere kamen erst einmal für mehrere Tage ins Gefängnis, wo sie von den litauischen Wärtern geschunden und geschlagen wurden. Die Kräftigsten unter ihnen mußten zu Fuß zu ihrer Hinrichtung gehen, alle anderen sowie Frauen und Kinder wurden auf Lastwagen geladen.

Auf einem von Stacheldraht umzäunten Waldgelände trafen die Ankömmlinge auf Einheiten von Litauern (Partisanen, Aktivisten, Freiwillige), die fast alle betrunken waren. Sie verspotteten ihre Schlachtopfer auf vielfache Art, schlugen ihnen mit Pistolen- und Gewehrkolben oder einfach mit Holzknüppeln auf die Köpfe. Dann sonderten sie die Männer von den Frauen und Kindern und trieben sie in die Gruben. Dort wurden alle gezwungen, ihre Kleider auszuziehen. Unmittelbar danach begann die Schießerei. Die Männer wurden als erste erschossen, dann wurden die Kinder vor den Augen ihrer Mütter umgebracht. Um Munition zu sparen, schlugen sie den kleinen Kindern die Köpfe an Baumstämmen ein und ertränkten die Säuglinge in Wassereimern. Die Frauen wurden als letzte erschossen.

Es kam vor, daß Menschen, die bei dem Massenmord nicht ums Leben gekommen waren, nachts aus dem Leichenhaufen herauskrochen, sich über den Zaun stahlen und in die Stadt zurückkehrten. Eine Frau, die von einer Kugel an der Hand getroffen worden war und in der Grube lag, hörte, wie ein betrunkener Litauer einen anderen fragte, ob sie erst die Ermordeten mit Erde zuschütten oder gleich Wodka trinken sollten. Dann stiegen sie aus der Grube und gingen weg. Anschließend kroch auch die Frau aus der Grube. Sie zog sich an, verband ihre Wunde und schlich unbemerkt fort. Ihr Kind ließ sie in der Grube zurück, in der Annahme, daß es tot sei, obwohl sie keine äußere Verletzung an ihm erkennen konnte. Es war wohl erstickt worden oder lag in einer tiefen Bewußtlosigkeit. Die Frau konnte sich trotzdem nicht verzeihen, daß sie ihr Kind in der Grube zurückgelassen hatte. Sie gelangte zur Straße, bat eine ihr entgegenkommende Bäuerin um ein Tuch, eine Sichel und ein Bündel Holz (um die verletzte Hand zu verbergen), und schlug sich so bis nach Wilna durch. Diese Menschen, die es schafften zu entkommen, erzählten den anderen, was sie gesehen und durchgemacht hatten.

Nach Ponary wurden häufig Menschen gebracht, die durch Schläge, Erschöpfung, Hunger und Angst so sehr geschwächt waren, daß sie kaum mehr Widerstand leisten konnten. Einmal brachte eine Abteilung litauischer Soldaten eine Gruppe von 200 Menschen aus dem Gefängnis nach Ponary. Sie alle waren durch das grausame Gefängnisregime geschwächt; mehrere Tage hatte man sie einfach hungern lassen. Unterwegs schlugen die Soldaten die Juden fortwährend mit Peitschen und trieben sie unnachsichtig an, damit sie schneller in den eigenen Tod gingen. Ein ungefähr achtzehnjähriger Bursche, der ohnmächtig geworden war, wurde noch lange weitergeschlagen, obwohl er bereits auf dem Boden lag; dann wurde den übrigen befohlen, ihn aufzuheben und weiterzutragen. Hinter der Kolonne folgte auf einem Fahrrad ein einzelner Deutscher. Ein andermal wurde ein solcher Trupp von einem Taxi, in dem Deutsche saßen, überholt. Sie hielten an, beschimpften die litauischen Begleitsoldaten wegen ihrer Grausamkeit und befahlen, den Trupp anzuhalten und den Menschen eine Verschnaufpause zu geben. Doch sobald sich das Taxi wieder in Bewegung setzte und aus dem Blickfeld verschwand (die Deutschen schauten noch lange aus den Autofenstern zurück), gingen die Litauer noch grausamer mit den Menschen um, die sie in den Tod schickten.

Während die Dörfer von Juden gesäubert waren, wurden in den großen Städten die Ghettos noch stehengelassen, aber jetzt völlig geschlossen, das heißt mit Mauern und Stacheldraht abgeriegelt. Früher hatten die Juden in einigen Städten das Recht, das Ghetto zu verlassen, sich auf den Straßen zu bewegen und auf den

Märkten einzukaufen. Doch in keinem geschlossenen Ghetto ging es so streng zu wie in Wilna, wo die Polizisten, angeführt vom Chef der Torwache, Meir Levas, jeden ins Ghetto Zurückkehrenden erbarmungslos verprügelten, bei dem sie ein Stückchen Brot oder zwei, drei winzige Kartoffeln fanden. Alle paar Tage erschienen Gestapomänner am Tor, um den Mißhandlungen zuzuschauen und Verhaftungen vorzunehmen.

Meir Levas

Die verheerenden »Säuberungen« wurden übrigens überall durchgeführt. In Lida brachte die deutsche Obrigkeit alle Juden auf ein Feld außerhalb der Stadt. Dort wurde ihnen befohlen, »nach links«, »nach rechts« und »geradeaus« zu gehen. Diejenigen die »nach links« gingen, blieben am Leben, während jene, die »nach rechts« oder »geradeaus« gingen, mit Maschinengewehren niedergemäht und mit Handgranaten beworfen wurden. Danach wurden die Toten und auch die Verletzten, die noch am Leben waren – insgesamt etwa 5000 Menschen – in eine riesige Grube geworfen und begraben. Ein Panzer fuhr über die mit einer dünnen Erdschicht bedeckte Grube und zerquetschte alle, die noch lebten.

Im Zuge einer der in Lida vorgenommenen »Säuberungen« kam es zu folgendem Vorfall: Ein gewisser Jankel Awidan, der an der Beraubung eines Priesters beteiligt gewesen war und nach seiner Festnahme vom örtlichen Judenrat an die deutsche Obrigkeit ausgeliefert wurde, teilte den Deutschen aus Rache mit, daß der Judenrat Wilnaer Juden, die während der fürchterlichen »Säuberungen« nach Lida geflüchtet waren, Papiere ausgehändigt hatte, die sie als Einwohner von Lida auswiesen. Die Deutschen trieben daraufhin die jüdischen Einwohner von Lida auf einem Platz zusammen. Jankel Awidan kam hinzu und zeigte auf alle ihm bekannten Wilnaer Flüchtlinge; sie wurden sofort erschossen. Danach wurde Awidan die Möglichkeit gegeben, nach Wilna zurückzukehren, wo er als Jude im Ghetto leben mußte. Dort wurde er von einigen Juden erkannt, denen es gelungen war, aus Lida zu entkommen (sie hatten begriffen, daß sie besser dran täten, dem Aufruf der Deutschen, auf dem Platz zu erscheinen, nicht zu folgen). Sie zeigten Awidan beim Judenrat an, und er wurde verhaftet.

Zur selben Zeit waren im Ghetto fünf Juden zum Tod durch den Strang verurteilt worden. Sie waren von jener Sorte Verbrecher, die man als »Abschaum« zu bezeichnen pflegt. Während arbeitende, ehrliche und gebildete Menschen reihenweise umgebracht wurden, verbargen sich diese Gestalten als Diebe, dienten sich der Obrigkeit an, wickelten dunkle Geschäfte ab, sogar mit den Deutschen und den Litauern, denen sie beispielsweise gestohlene Waren verkauften; manchmal raubten und mordeten sie auch.

Am 3. Juni wurde im Keller des Hauses an der Schawelskaja Straße 1 ein nackter, geköpfter Leichnam gefunden. Wie sich herausstellte, handelte es sich um einen jungen Mann, der seinerzeit aus Polen nach Wilna geflüchtet war, mit verschiedenen Dingen Handel getrieben und irgendwo auch Goldmünzen erworben und weiterverkauft hatte. Wie man später herausfand, schlug ihm die Diebesbande einen »einträglichen Handel« vor: den preiswerten Kauf von goldenen Zehnrubelstücken. Hierfür lieh er sich eine große Geldsumme, aber im letzten Moment beschloß er, das Geld bei einer Bekannten zu lassen und erst die »Ware« in Augenschein zu nehmen. Die Bande lockte ihn in einen der Keller, von denen es im Ghetto so viele gibt. Sie schlugen ihm auf den Kopf und erstachen ihn, dann trennten sie ihm den Kopf ab und vergruben den Körper. Als der Mann nicht wiederkehrte, erstattete die Bekannte, welche er gebeten hatte, das Geld für eine kurze Zeit aufzubewahren (es heißt, sie sei seine Verlobte gewesen) bei der Polizei eine Vermißtenanzeige. Eine Reihe von polizeilich bekannten Verbrechern wurde vor die Wahl gestellt, entweder mit ihren Familien zusammen nach Ponary verschickt zu werden oder die Mörder zu verraten. Sie nannten einige Männer, die dann ihrerseits – nachdem sie verhaftet und schrecklich geschlagen worden waren – die übrigen Bandenmitglieder verrieten.

Am 4. Juni 1942 um 4 Uhr nachmittags erhängten die Juden im Beisein der deutschen Obrigkeit bei sich im Ghetto die Mörder. Die Deutschen waren sehr zufrieden: Die Juden hatten von sich aus den Henkerberuf erlernt. Welch ein Sittenverfall! Das Ghetto, wo alle gleich sind in fortwährender Erwartung des Todes, hatte seine eigenen Diebe, Mörder, Provokateure, Denunzianten und deutschen Geheimagenten, und nun erschienen sogar seine eigenen Henker. Es wurden sechs Menschen erhängt. Fünf von ihnen – Isaak und Ilja Giwusch, Jakob Politkowskij, Hirsch Wytuchawskij und Lejb Grodzenskij – wurden wegen Mordes an Josef Gerstejn (so hieß der junge Mann) und wegen eines früheren Mordes verurteilt, den die Verbrecher im Verlauf der Ermittlungen zugegeben hatten; sechs Wochen zuvor hatten sie den seitdem als vermißt gemeldeten Herzl Lides ermordet und seinen Leichnam im Keller des Hauses an der Straschun Straße 9 versteckt. Der sechste Erhängte war Jankel Awidan. Offiziell wurde er beschuldigt, einen jüdischen Polizisten verprügelt zu haben, doch in Wirklichkeit büßte er für den Untergang von mehreren Hundert Wilnaer Juden in Lida, die durch seinen Verrat vernichtet worden waren.

Die Hinrichtung fand im Hof des ehemaligen Fleischmarkts statt. Die Mörder wurden an Haken gehängt, an denen zu Friedenszeiten geschlachtete Rinder hingen. Die Bewohner des Ghettos konnten sich bis um sechs Uhr abends am Anblick der Erhängten »weiden«.

Der Jahrestag
24. Juni 1942

Heute vor einem Jahr wurde Wilna von den Deutschen besetzt. Der von der deutschen Armee an dieser Stelle in Litauen den russischen Truppen zugefügte Schlag war vernichtend. Es schien damals, als würden die Russen den deutschen Vorstoß nicht aufhalten können, als würde Moskau bald erobert werden und als wäre ein blitzartiger deutscher Sieg bereits gewiß. Doch ist seitdem ein Jahr vergangen – Moskau ist nicht eingenommen; die russische Armee lebt und kämpft. Das erscheint wie ein Wunder, wie ein wunderbarer Traum. Man will es nicht glauben, doch so ist es.

Als der Krieg begann, konnte sich niemand vorstellen, daß in der Mitte des 20. Jahrhunderts all die Schrecken geschehen könnten, unter denen die Juden zu leiden haben. Allein in Wilna sind von den über 70 000 Juden, die am Tag des Kriegsausbruchs in der Stadt lebten, nur noch 15 000 bis 16 000 am Leben. Alle übrigen sind im vergangenen Jahr systematisch und planmäßig vernichtet worden.

Wer darüber nachdenkt, dem stellt sich sofort die tragische Frage: Wie war es denn möglich, daß Tausende von Menschen sich völlig widerstandslos umbringen ließen?

Das von den Deutschen zur Judenvernichtung verwendete System gründet sich auf die alte Taktik von »divide et impera« – teile und herrsche. Sie verschleppten nicht alle zur gleichen Zeit, sondern führten Kategorien ein und unterschieden zwischen Bevorzugten und Nichtbevorzugten. Die Besitzer von weißen Arbeitsbescheinigungen hielten sich anfangs für die Auserwählten, für die Glücklichen, die am Leben gelassen würden, weil sie für die Deutschen arbeiteten. Sie wußten, daß sie den Deutschen von unbestreitbarem Nutzen waren und vom Staat gebraucht wurden. Was hingegen die anderen anging, die Pechvögel, was konnte man da schon tun? Es war schwierig – es herrschte Krieg. Doch bekanntlich sahen sich die Glückspilze wenig später betrogen. Die »Facharbeiter«-Aufdrucke wurden eingeführt, und nun wurden die noch gestern Bevorzugten wie nutzlose Elemente zum Schlachthof geführt. Anschließend wurden die neuen Glückspilze mit dem »Facharbeiter«-Stempel ebenfalls liquidiert, und die Rolle der Glückspilze nahmen nun die Besitzer gelber Scheine ein. So wurden Tausende von Menschen – Alte und Junge, Frauen und Kinder, Reiche und Arme, Wissenschaftler und einfache Leute – von den Deutschen nacheinander zusammengetrieben und erschossen.

Die Zweiteilung in »Bevorrechtigte« und »Übrige« ist im Ghettoleben ständig bemerkbar. Wenn die im einen oder anderen Betrieb beschäftigten Juden in Kolonnen zur Arbeit marschieren, wird einer von ihnen zum Leiter der Kolonne ernannt. Er muß darauf achten, daß niemand in seiner Gruppe gegen die den Juden auferlegten Verbote verstößt: daß niemand Eßvorräte ins Ghetto mitbringt, niemand sich mit jemandem auf der Straße unterhält oder Fremden erlaubt, sich der Kolonne anzuschließen. Diesem Arbeiter wird eine weiße Binde mit der Aufschrift »Kolonnenführer« gegeben, die er am rechten Arm zu tragen hat. Und es muß gesagt werden, daß die mit diesen Binden Ausgezeichneten in ihrer Nichtigkeit glauben, solch wichtige Persönlichkeiten zu sein, daß sie sich ihren Kameraden gegenüber allerlei Gemeinheiten erlauben können. Sie schreien sie an, beschimpfen sie und tragen zuweilen auch dem am Tor stehenden jüdischen Polizisten zu, daß ein bestimmter Arbeiter in der Kolonne unter seiner Kleidung Essen versteckt hält und ein anderer überhaupt nicht zur Gruppe gehört, sondern sich unterwegs in die Kolonne eingereiht hat, um sich ins Ghetto zu schleichen. Die jüdischen Polizisten stehen den Litauern bei der Bestrafung von Schuldigen häufig um keinen Deut nach. Von den Deutschen mit der »Macht« über ihre Mitbrüder ausgestattet, verhalten sie sich dermaßen abscheulich, daß zuweilen nicht nur Juden, sondern auch umstehende Beobachter mit Entrüstung auf ihre Handlungen reagieren.

Das ist noch nicht alles. Die Juden, die unversehens aufgegriffen und aus dem Ghetto ihrem Tod entgegengeführt wurden, konnten lange Zeit nicht glauben, daß man sie wirklich in den Tod trieb; daß Menschen umgebracht werden würden, die sich überhaupt nichts zuschulden hatten kommen lassen. Diesen absurden Gedanken konnte ihr Verstand einfach nicht zulassen. Die zum Sterben Verurteilten hofften, daß es irgendeine Untersuchung geben würde oder das Gericht intervenieren würde; daß vielleicht diejenigen, die Verbindungen zum Kommunismus hatten oder sonst irgendein Verbrechen begangen hatten, bestraft würden. Sie hofften auf eine »gewöhnliche« Strafe; man konnte doch nicht einfach alle umbringen ... Mit solcherlei Gedanken und Hoffnungen gingen die unglücklichen Menschen zum Waldgelände von Ponary, um dort den Tod zu finden. Und keiner von ihnen hatte eine Waffe bei sich.

Es gab unter diesen Umständen nur sehr wenige Widerstandsmöglichkeiten. Man könnte sich mitten auf der Straße hinlegen und sich weigern weiterzugehen, selbst wenn dafür alle auf der Stelle erschossen werden würden. Oder man könnte auch in verschiedene Richtungen rennen und dabei vielleicht sogar die Begleitsoldaten entwaffnen. Dabei würden freilich mehrere hundert Menschen ums Leben kommen, während die übrigen vorläufig dem Tod entrinnen würden. Allerdings wären hierfür Freundschaft, Übereinstimmung und ein gemeinsamer Gedanke vonnöten, der die tapferen Menschen verbände. Doch leider existierte von all dem nicht das geringste. Die Menschen gingen vereinzelt zur Schlachtbank, wie eine Schafherde, völlig apathisch. Niemand bekundete auch nur den geringsten Protest, und alle klammerten sich bis zur letzten Minute an die trügerische Hoffnung, daß sie auf irgendeine Weise am Leben bleiben würden, daß ein Wunder geschehen und ihnen der Tod erspart werden würde.

Jakob Gens
Juli 1942

5. Juli 1942. Im ganzen Ghetto gibt es nicht eine einzige Familie, in welcher der schreckliche Orkan nicht einen oder mehrere Bäume entwurzelt hätte. Von den einen wurden die Väter, Männer oder Kinder mitgenommen; häufig wurden sie direkt aus dem Bett abgeführt und trugen nur ihre Unterwäsche. Von den anderen verschwanden für immer in Ponary die Frauen, Mütter, Töchter oder Schwestern; sie wurden im Zuge der »Provokation« verschleppt, während ihre Männer, Väter und Brüder irgendwo zum Torfstechen oder zur landwirtschaftlichen Arbeit abkommandiert waren. Wie viele gebrochene Herzen, wie viele vergossene Tränen, welch unermeßlicher Schmerz …

Am schrecklichsten jedoch war das Los der kleinen Kinder, die ohne Väter und Mütter, ohne Brüder oder Schwestern völlig allein zurückblieben, die durch irgendein Wunder in diesem Meer des Todes am Leben geblieben waren. Hier ist einer von ihnen, ein sechsjähriger Junge. Man hat ihn auf dem Dachboden versteckt. Hier liegt er auf einer Holzpritsche bei den Leuten, die ihm Unterkunft gewährt haben, und mit einem rührenden Märchen, das er sich selbst erzählt, wiegt er sich in den Schlaf. Er murmelt etwas von einem Häuschen, einem Bettchen und seiner Mutter. Seine Mutter, sein Vater, seine beiden Brüder und seine Schwester sind durch Verbrecherhand ums Leben gekommen. Leise und monoton redet der kleine Junge vor sich hin, bis er zuletzt einschläft. Wessen Herz hält diesen Anblick aus, wer bricht dabei nicht in Tränen aus? Ich konnte es nicht aushalten, länger zu bleiben und weiter auf die Person zu warten, mit der ich hier verabredet war. Ich stieg vom Dachboden, wo der Junge schlief, herunter. Als ich auf die Straße hinauskam, flossen mir die Tränen von den Wangen.

Eine weitere Tragödie im Ghetto ist der Wahnsinn. In den meisten Fällen sind es Frauen und Mädchen, die von psychischen Erkrankungen heimgesucht werden. Bereits die erste Verordnung, in der Öffentlichkeit die erniedrigenden gelben Flicken zu tragen, verursachte bei einigen von ihnen Geistesstörungen. Diese Frauen stürzten sich auf vorbeigehende Menschen, die die gelben Aufnäher trugen, und forderten, daß sie die schändlichen Sklavenmale abrissen und zertrampelten. Besonders viele Fälle von Geistesstörungen traten jedoch nach den Massensäuberungen und Exekutionen auf. Heute sah ich so ein Mädchen. Vor kurzem erst stand es noch zusammen mit seinem Vater, seiner Mutter und seinen beiden Brüdern in einer Gruppe von Menschen, die zum Tod abgeführt wurde. Irgend jemandem gelang es auf wundersame Weise, es aus der Menge der Verurteilten herauszureißen und ihm das Leben zu retten. Doch was für ein Leben war das! Dieses schöne Mädchen, mit pechschwarzem Haar und großen, tiefblickenden Augen, es liegt auf einer Pritsche bei guten Menschen, die es zu sich genommen und zusammen mit ihrer eigenen Tochter untergebracht haben. Seine schwarzen Augen sind geöffnet, doch es sieht nichts, hört nichts und antwortet auf keine Frage. Seine Verbindung zur Außenwelt ist abgerissen. Seine innere Welt hingegen ist mit Bildern gefüllt, die nur es kennt und versteht. Es erzählt unaufhörlich von irgendeinem schwarzen Hund, der es beißen will, und ruft nach seinem Bruder Zelik, damit er es zur Mutter bringe, denn es hätte der Mutter etwas Wichtiges zu sagen. Die Tränen fließen aus seinen weit geöffneten, stumpf vor sich hin blickenden Augen. Und gemeinsam mit ihm – über sein Los – weinen die Menschen, die ihm Schutz geboten haben, und es weint auch seine zufällige Freundin, die Tochter dieser Menschen.

Alle, die den Verstand verloren haben, werden von den Deutschen aus Privatwohnungen und dem Krankenhaus eingesammelt und unverzüglich erschossen.

12. Juli 1942. Bis zu diesem Tag stand das gesamte Ghettoleben unter der Leitung des Judenrats. Doch am 11. Juli wurde der Judenrat von der deutschen Obrigkeit aufgelöst. Es gab nichts mehr zu beratschlagen, zu erörtern oder zu beschließen. Alles mußte von nun an in militärischem Stil, auf der Grundlage von Befehlen geschehen, die ein einzelner zu erteilen hatte. Im Ghetto erschien die folgende Bekanntmachung: »Vom morgigen Tag, dem 12. Juli 1942 an, werde ich auf Befehl des Stadtkommissars von Wilna, Herrn Hingst, die Leitung des Wilnaer Ghettos übernehmen. Zu meinen Stellvertretern werden ernannt: 1. für Verwaltungsangelegenheiten Ingenieur Anatolij Fried 2. für polizeiliche Aufgaben Saul Dessler. Gez. Jakob Gens, Ghetto-Vertreter und Chef der jüdischen Polizei. 11. Juli 1942.«

Die Bekanntmachung löste unter den Ghettobewohnern großen Tumult aus. Bang vor der geringsten Veränderung, erblickten sie in jeder neuen Maßnahme den Beginn der Liquidierung der gesamten jüdischen Bevölkerung. Durch eine Ansprache von Gens wurden die Juden wieder einigermaßen beruhigt. Er erklärte, daß sich lediglich die Verwaltungsform ändern würde: Die Deutschen wollten, daß ihre Befehle genau und schnell ausgeführt würden, und das sei nur dann möglich, wenn ein den Behörden alleinverantwortlicher Mensch dem Ghetto vorstünde. Jakob Gens sprach den früheren Mitarbeitern im Judenrat seinen Dank aus und hielt an den meisten von ihnen als ihm persönlich unterstellte Abteilungsleiter fest. Die leitenden Personen des Ghettos wurden in einem seiner ersten Dekrete benannt. Zum Leiter des Amts für allgemeine Angelegenheiten wurde Abram Notes berufen, das Amt für Technik leitete Ingenieur Grigorij Guchman, das Wohnungsamt Josef Glasman, das Amt für Gesundheitswesen Schepsel Milkapowitskij und das

Jakob Gens

Sozialamt Benjamin Srolowitsch. Das Amt für Erziehungswesen und Kultur ging an Grigorij Jaschunskij, das Verpflegungsamt an Chaim Trapido und das Amt für Handwerkswesen an Joel Fischman. Marian Nisbaum leitete das Arbeitsamt. Herr Brojdo wurde weiterhin mit der Aufgabe betreut, die Verbindung zwischen diesem Amt und dem deutschen Arbeitsamt sicherzustellen. Im gleichen Dekret hieß es, daß alle genannten Personen vom Vertreter der Gestapo, Herrn Murer, gebilligt worden seien. Um die verschreckten Bewohner des Ghettos zu beruhigen, verkündete der neue Alleinherrscher über das Ghetto eine »Amnestie« und ließ einige Menschen frei, die im Arresthaus des Ghettos in der Lidskij Gasse saßen. Es hieß auch, daß der Stadtkommissar auf Bitten von Herrn Gens sich zur »Amnestierung« einiger Juden bereit erklärte, die sich im Lukischki-Gefängnis befanden. Es machten sogar Gerüchte die Runde, wonach die Deutschen das Ghettogelände auf die Häuser in den angrenzenden Straßen erweitern würden, weil der Wohnraum im Ghetto unvorstellbar gedrängt war – ein bis anderthalb Quadratmeter pro Bewohner.

Die Unruhe unter den Bewohnern ließ ein wenig nach, und das »Leben« verlief wieder wie zuvor. Nach wie vor hieß das, daß von halb sieben Uhr morgens bis vier oder fünf Uhr nachmittags gearbeitet wurde und daß man ständig mit neuerlichen »Säuberungen« rechnen mußte. Nach wie vor war es verboten, Essensvorräte ins Ghetto hereinzubringen, nach wie vor wurde jeder, der solch ein »Verbrechen« beging, am Ghettotor grausam geschlagen und verhaftet; und nach wie vor kamen einige leitende Personen im Ghetto sowie die Würdenträger der jüdischen Polizei über Spekulanten zu Lebensmitteln und hielten ihre Gelage ab. So beliefen sich die Kosten für den Ball, der für Gens, Fried und Dessler im Zusammenhang mit der Neuordnung der Verwaltung im Ghetto veranstaltet wurde, auf zehntausend Rubel. Gereicht wurden Gänse, Fisch, kostbare Weine, Wodka und verschiedene Torten. Wenn es der jüdischen Ghettoverwaltung gelang, einen Menschen aus dem Gefängnis freizubekommen, der wegen unerlaubten Aufenthalts auf der Straße oder wegen Umhergehens ohne gelbe Aufnäher festgenommen worden war (daß alle Juden über sieben Jahre unter Androhung von Gefängnisstrafe – in den meisten Fällen war das gleichbedeutend mit der Todesstrafe – verpflichtet waren, auf Brust und Rücken den sechszackigen Stern zu tragen, daran erinnerte Herr Gens auch in einem seiner ersten Dekrete), mußten die Verwandten und Freunde des Freigelassenen – über das für diese »Arbeit« verlangte Geld hinaus – das Ereignis mit einem »Ball« für die Führerschaft begehen.

17. Juli 1942. Heute sind alle Bewohner des Ghettos erneut in großer Unruhe. Nach einer verhältnismäßig langen Ruhephase ist wieder eine »Säuberung« angesagt. Die deutsche Obrigkeit fordert diesmal »nur« 500 Menschen. Es heißt, die Deutschen hätten vor kurzem verlangt, daß man ihnen alle Kinder unter 13 Jahren »herausgebe«, daß der Judenrat aber die Ausführung dieser Verordnung unter allerlei Vorwänden verschleppen konnte. Manche behaupten sogar, daß dies der Anlaß für die Auflösung des Judenrats gewesen sei. Diesmal »betrauen« die Deutschen die neuen Ghettoführer mit der Erstellung von Listen der zur Vernichtung verurteilten Menschen. Jakob Gens hat eine nüchterne Einstellung zum Befehl: Lieber opfert man eine begrenzte Anzahl von Menschen, als daß man alle verliert. Dafür ist es ihm gelungen, die Herausgabe von Kindern vorläufig zu stoppen und sie durch die Auslieferung und Verurteilung von alten, schwachen und kranken Menschen zu ersetzen, von all jenen also, die nicht arbeiten und selbständig leben können und von der Sozialhilfe abhängen.

Mit Hilfe der erstellten Liste ging die jüdische Polizei zwischen drei und vier Uhr morgens durch die Wohnungen, sammelte alle zum Tode Verurteilten ein, ungefähr hundert an der Zahl, und brachte sie ins Arresthaus in der Lidskij Gasse. Um die Ghettobewohner zu beruhigen, wurde den unglückseligen Menschen, die auf die Liste geraten waren, wie auch ihren Angehörigen gesagt, daß alle ausgesonderten Personen zur körperlichen Stärkung in ein Sommerheim gebracht werden würden; und damit die

Lüge glaubhafter klang, wurden sie gebeten, Bettwäsche und ein wenig Geschirr mitzunehmen. Darüber hinaus wurden ungefähr 20 Personen, deren Verwandte sich verpflichtet hatten, für ihren Unterhalt zu sorgen, im Ghetto gelassen. Am Mittag des 17. Juli brachte die jüdische Polizei die restlichen 80 in die Ortschaft von Pospieschki, wo sich früher ein Sommerheim für jüdische Kinder von der TOZ-Vereinigung* befunden hatte.

Die jüdische Polizei behauptet, daß in einigen Tagen deutsche Ärzte dorthin kommen werden, um zu entscheiden, wer im Heim bleiben dürfe und wer ins Ghetto zurückgeschickt würde. Die Polizisten erzählen auch, daß in diesen Tagen eine Kommission des Internationalen Roten Kreuzes in Wilna erwartet werde und daß die deutsche Obrigkeit dies zum Anlaß nehmen wolle, ihre Menschlichkeit zu demonstrieren und der ganzen Welt zu beweisen, daß es sich bei dem Gerede von den Erschießungen von Juden um eine von den Feinden Deutschlands propagierte Lüge handle. Ob diese Geschichten stimmen, wird sich in nächster Zukunft erweisen, und als erste werden es die Menschen im Sommerheim erfahren. Bisher glaubt niemand, daß sie zurückkehren werden. Wer aus dem Ghetto weggebracht wird, kommt nicht mehr zurück. Alle sind wie gelähmt vor Angst vor der kommenden Nacht und dem darauffolgenden Tag, vor dem Nahen der neuerlichen Katastrophe.

24. Juli 1942. Bis jetzt ist noch keiner der nach Pospieschki gebrachten Juden zurückgekommen. Es heißt jedoch, daß sie noch am Leben sind und in ihren Lumpen im Gras liegen. Sie werden dort von sechs jüdischen Polizisten bewacht, die schichtweise Wache schieben. Sie bekommen Essen ausgeteilt. Währenddessen werden im Ghetto Tag und Nacht nacheinander weitere Gruppen von Kranken und Schwachen eingesammelt, Menschen, die sich nicht selbst versorgen können oder die einfach nur alt aussehen. Die Aktion verläuft bisher noch nicht mit »aller Schärfe«; wenn

* TOZ: Abkürzung für »Vereinigung für den Schutz der Gesundheit«

es beispielsweise Verwandte gibt, die sich bereit erklären, für den Unterhalt eines Insassen des Arresthauses in der Lidskij Gasse zu sorgen, wird die betreffende Person freigelassen und nicht ins Heim gebracht. Die Zahl der »Pensionäre« wächst unterdessen allmählich an, und es gibt Gerüchte, daß man sie wegbringen wird, sobald die verlangte Quote erreicht ist, und daß bereits Gruben für ihr Begräbnis ausgehoben worden sind. Allerdings muß zugegeben werden, daß die langsame Selektionsmethode der Opfer auf die übrigen Ghettobewohner beruhigend wirkt. Der Ghettodiktator, Herr Gens, hat alle »Kolonnenführer« (die die Arbeitergruppen zu ihren Arbeitsstellen führen) versammelt und vor ihnen eine Ansprache gehalten. Er hat erklärt, daß er die Forderung der deutschen Obrigkeit, alle Kinder herauszugeben, kategorisch ablehne und daß, solange er, Gens, das Ghetto leite, diese Forderung nicht erfüllt werde. Die Alten und Kranken indessen sowie alle, die sich nicht selbst ernähren könnten, werde er einsammeln lassen und ausliefern. Was bedeutet das eigentlich?

27. Juli 1942. Man könnte bereits sagen: finita la commedia. Die im TOZ-Sommerheim festgehaltenen Alten, Kranken und Schwachen sind nicht mehr am Leben. Nur drei Glücklichen unter ihnen war es beschieden, in dieser Zeit eines natürlichen Todes zu sterben. Die übrigen wurden in drei Ladungen in einem geschlossenen Lastwagen nach Ponary gebracht und erschossen. Gestern nacht wurde ihre Bettwäsche durch das Tor an der Lidskij Gasse 9 zurückgebracht. So wurde ein weiteres Kapitel in der Geschichte des Ghettos geschlossen.

30. Juli 1942. Die Bestimmung, abends nicht auf der Straße zu rauchen und nur noch Taschenlampen mit blauem und rotem Glas zu benutzen, wurde von den Ghettobewohnern als ein Schritt zu neuerlichen Verschärfungen gedeutet; um so mehr, als die Verordnung erging, nachdem einige deutsche Offiziere plötzlich ins jüdische Krankenhaus gekommen waren und erklärt hatten, daß aus den Fenstern des Krankenhauses, die auf die Zawalnaja Straße hinausblickten, Leuchtsignale an die die Stadt überfliegenden sowjetischen Bomber abgegeben worden seien. Der Ghettovertreter, Herr Gens, wies die Beschuldigung zurück. Doch es war offensichtlich, daß die deutsche Obrigkeit und insbesondere die Gestapomänner Murer und Weiss, die als Herren über Leben und Tod der Wilnaer Juden walten, nach einem Vorwand für ein neuerliches Losschlagen suchten und daß die Atmosphäre wieder gespannter war.

Nach der Ermordung der Alten und Kranken im Sommerheim begannen sich wieder unheilvolle Gerüchte zu verbreiten, wonach die Deutschen weitere Schlachtopfer forderten. In alle militärischen und Zivilbehörden, in denen Juden angestellt waren, wurden Formulare verschickt, worin gefragt wurde, ob sie gut arbeiteten, ob sie einer Arbeit nachgingen, die ihrer Ausbildung und Qualifikation entsprach, und ob man sie nicht durch nichtjüdische Fachkräfte ersetzen könnte. Was das bedeutete, war allen klar. Die Juden, die nicht mehr gebraucht würden, würden erschossen werden.

Am Abend des 30. Juli rief Jakob Gens die jüdischen Polizisten zusammen und erklärte ihnen, daß die Gerüchte über die neuen »Säuberungen« jeder Grundlage entbehrten und daß jeder, der sie verbreite, festzunehmen sei. Er versicherte seinen Zuhörern, daß das Ghetto weiterexistieren würde, daß die kürzlich durchgeführte »Säuberung« der alten, kranken und alleinstehenden Menschen bereits vor seiner Übernahme der Ghettoverwaltung geplant worden sei und daß es ihm zudem geglückt sei, die Zahl der Opfer weit unter die ursprünglich vorgesehene Quote zu drücken. Diese Ansprache vor den Polizisten zeitigte ihre Wirkung. Die entkräfteten, ausgehungerten Menschen, die in steter Anspannung und Sorge leben, wollen beruhigt werden und sind glücklich über jeden Strohhalm, den sie ergreifen können.

Widersprüche
August–November 1942

20. August 1942. Paradox und nicht in Einklang mit der umgebenden Wirklichkeit schien die Erlaubnis zu sein, den Juden an einer bestimmten Stelle in der Wilija das Baden zu gestatten. Diese Bekanntmachung erschien in der deutschen Zeitung *W. Z.* und befremdete alle. Wie sollte man das verstehen? Den Juden, die ihrer elementarsten Menschenrechte beraubt waren, selbst der Rechte, die den Tieren gegeben wurden, die die Gehsteige nicht betreten und nicht mit öffentlichen Verkehrsmitteln fahren durften, denen es sogar untersagt war, mit Ariern zu reden – diesen Juden wird plötzlich erlaubt, im Fluß zu baden, und obendrein in einem hübschen Wäldchen! Wozu war das nötig, und warum wurde es in der Zeitung bekanntgegeben? Augenscheinlich befand es jemand für nötig, daß man weiß, daß die Juden noch leben und sogar das Recht haben, im Fluß zu baden (in einem Flußabschnitt freilich, wo das Wasser sehr dreckig war). Es sollte der Eindruck enstehen, daß es den in Wilna lebenden Juden gut ginge, daß man sich um sie kümmerte, ja, ihnen selbst das Baden und Spazierengehen im Wald erlaubte. Ja, es war merkwürdig, äußerst merkwürdig und für die Juden unbegreiflich. Der Nachricht war schlicht nicht zu glauben. Sie ging einfach nicht in die Köpfe hinein.

Nach dem Erscheinen der Zeitungsmeldung vergingen einige Wochen. Und wahrhaftig, den Juden wurde außer samstags und sonntags an einer bestimmten Stelle im hintersten Winkel des Waldes von Zakrety, an einem ungefähr 400 Meter langen Abschnitt der Wilija das Baden erlaubt. Dorthin und zurück ging es in festgelegter Kolonnenformation (drei in einer Reihe) unter Leitung des Kolonnenführers, der eine Binde am Arm trug und die Juden wie gewöhnlich auf der rechten Seite der Fahrstraße anführte.

Als die wie wilde Tiere gejagten, erniedrigten, moralisch zerrütteten Juden – und vor allem die jüdischen Kinder unter Leitung ihrer Lehrer – zum ersten Mal aus dem Ghetto hinausgeführt und in den Wald gebracht wurden, erschien das ihnen allen wie ein Traum und nicht wie die Wirklichkeit. Die Menschen gingen im Wald umher, betrachteten das grüne Gras, die hohen Bäume, den echten Fluß; sie blickten sich gegenseitig an – und konnten ihren Augen einfach nicht trauen. Einige schauten sich ängstlich um, befühlten die Baumstämme, das Gras und sich selbst, als wollten sie sich vergewissern, daß sie nicht träumten. Geräuschlos und langsam entkleideten sich die Menschen, freudlos gingen sie ins Wasser, die Kinder erhoben kein fröhliches Geschrei. Niemand glaubte dem friedvollen Schein. Die Erwachsenen befürchteten eine Falle, viele Eltern ließen ihre Kinder gar nicht erst von sich. Nur ein Jahr war es her, als alles noch so anders gewesen war! Und dann plötzlich dieser tragische, verhängnisvolle Wandel. Wird es diesen Unglückseligen noch vergönnt sein, ein neues, menschliches Leben zu beginnen? Hier kommen einem die Worte eines Dichters in den Sinn:

Wüßte das Herz, daß in der ungewissen Ferne
Kein leuchtender Stern freundlich strahlt,
Würde es sofort den Kerker fliehn,
Die Lebensbande mühelos zertrennend.
Doch ein tiefes Geheimnis umfängt die stumme Ferne,
Die das Herz stets aufs neue lockt...
So siecht es dahin, zaghaft hoffend,
Daß in der Ferne das Morgenrot erscheint.

Ja, wenn es die Hoffnung nicht gäbe, diesen kleinen wärmenden Funken, den Glauben an Rettung, an ein besseres Leben, dann hätten vor langem schon Hunderte von Menschen mit dem Leben abgerechnet und sich von der quälenden, alptraumhaften

Wirklichkeit befreit. Doch die Menschen leben und hoffen auf eine bessere Zukunft. Werden sie diese noch erleben?

23. August 1942. Am Sonntag, den 23. August um 16.30 Uhr wurde die gesamte Rudnitskaja Straße vom Ghettotor bis zum entgegengesetzten Ende, das von einem großen Holzzaun umgeben war, unerwartet von allen Juden gesäubert, die dort an Sonntagen gewöhnlich in dichten Trauben standen. Niemand durfte die Straße betreten, weder in Richtung der angrenzenden Mjasnaja Straße noch in die entgegengesetzte Richtung. Die Straße wurde für jeglichen Verkehr geschlossen. Es war selbst verboten, aus den Fenstern der der Straße zugewandten Häuser zu schauen; vor allem aus dem Haus Nr. 6, in dem sich der Konzertsaal des jüdischen Theaters befindet. »Was wird hier geschehen?« fragten die Menschen besorgt. Diesmal zum Glück nichts Schlimmes. Den Juden wurde befohlen, ein Konzert für auserkorene Deutsche, für die Leiter verschiedener Truppenabteilungen und für die Gruppe Rosenberg (des Theoretikers des Nationalsozialismus) zu geben. Die Deutschen wollten, daß die Juden, die bekanntlich von jeglicher Teilnahme am wirtschaftlichen und kulturellen Leben ausgeschlossen waren, ein Konzert für die Großen und Starken dieser Welt gaben. Welch ein Paradox! Den Deutschen verlangt es nach reiner, hoher Musik und begabtem Spiel, und sie kommen dafür ins jüdische Ghetto, wo am Zaun neben dem Eingangstor ein Schild mit der Aufschrift hängt: »Achtung, Ansteckungsgefahr! Pest! Zutritt für Unbefugte verboten!« Die Deutschen kommen zu diesen verpesteten, aussätzigen, verstoßenen Juden, um an deren Spiel ihre Seelen zu laben – ihre Seelen, die überlaufen vor Haß gegen dieselben Juden …

Und wie kann man diese beiden Welten, diese beiden Extreme miteinander vereinbaren – die zauberhaften symphonischen Klänge (von Liszt und Schubert) und die viehischen Gefühle von Menschen, die auf die Vernichtung ihrer Mitmenschen abzielen, ja mehr noch, auf die Vernichtung genau jener begabten Musiker, denen sie zugleich zuhören wollen? Oder ist es möglich, daß die

Leute, die gekommen sind, um das Konzert zu hören, überhaupt niemanden vernichten wollen? Vielleicht ist es ja so, daß weder die Leute, die jetzt im kleinen Saal des Ghettos sitzen und auf den Beginn des Konzerts warten, noch viele andere dies wirklich wollen; sie wollen diesen Menschen, die nichts verbrochen haben, nichts Böses zufügen, doch ein anderer hat sie aus ihren friedlichen Alltagssorgen und -gedanken herausgerissen, hat ihre Herzen mit Zorn und Haß gegen ihre Mitmenschen gefüllt und will sie als Waffe benutzen für die Erreichung seiner eigenen barbarischen und unmenschlichen Ziele, für die Realisierung von neuen, lügenhaften Doktrinen ...

In letzter Minute, als die Musikanten, 27 an der Zahl, in ihrer abgerissenen Arbeitskleidung bereits auf der Bühne saßen und ihre Instrumente stimmten und als Durmaschkin, der Dirigent, mit dem Konzert beginnen wollte, wurde die Aufführung auf Befehl von oben plötzlich abgeblasen; die im Saal sitzenden Deutschen entfernten sich sofort. Irgend jemand »ganz oben« hatte sich plötzlich besonnen. Die Tatsache allein, daß die Juden am 23. August 1942 um fünf Uhr nachmittags im Ghetto ein Symphoniekonzert speziell für die Deutschen geben sollten, war paradox, und auf ebenso paradoxe Weise wurde das Konzert in letzter Minute verboten ...

Am Freitag, den 28. August 1942, wurde das Ghetto durch eine neuerliche Aktion in Aufregung versetzt. Es ist bemerkenswert, daß die Deutschen fast alle ihre gegen die Juden gerichteten Aktionen in der Nacht von Freitag auf Samstag durchführten, in der Nacht vor dem wöchentlichen jüdischen Feiertag, dem heiligen Tag für alle Juden. Daraus bezogen die Deutschen einen besonderen Genuß – den Juden genau an ihrem Feiertag Böses zuzufügen. So auch dieses Mal: Als die Juden am Freitagabend von der Arbeit zurückkehrten, wie gewöhnlich in Kolonnenformation, wurde am Ghettoeingang jede Gruppe einzeln zur Kontrolle der Arbeitsausweise festgehalten. Von all jenen, die nicht gemäß ihrer eigentlichen Ausbildung bei den deutschen Einheiten und in litauischen Einrichtungen arbeiteten, wurden die Arbeitsauswei-

Der Innenhof des Gebäudes, in dem der Judenrat untergebracht war: Rudnitskaja Straße 6

se eingezogen, und sie erhielten den Befehl, sich am nächsten Morgen, also am Samstag, bei der Ärztekommission in der Rudnitskaja Straße 6, dem Gebäude des ehemaligen Judenrats, zu einer medizinischen Untersuchung zu melden. In derselben Nacht kontrollierte die jüdische Polizei die Arbeitsausweise von allen im Ghetto befindlichen Männern und behielt dabei etwa 700 Ausweise ein. Ungefähr 100 Männer (gefordert waren 138) wurden von einer Ärztekommission für eine von den Deutschen vorgesehene Arbeit als tauglich befunden, und mit kleinen Bündeln in den Armen wurden sie unter der Bewachung von Deutschen, die zum SD (Sicherheitsdienst) gehörten, an einen unbekannten Ort gebracht. Man sagte, daß sie für irgendwelche Schwerarbeiten nach Wierschbolowo verschickt würden. Doch in anderen Bezirken hatte es zuvor schon solche Verschickungen von Arbeitern gegeben, und wie es hieß, hielten selbst die Kräftigeren unter ihnen die Arbeitsbedingungen nicht aus und starben, während die Schwachen einfach abgeknallt wurden. Es herrschte ein Zuchthausregime: Morgens und abends bekam man kochendes Wasser mit Kaffee-Ersatz, mittags Suppe und zweihundert Gramm Brot pro Tag. Fast niemand konnte das lange aushalten. Kein Wunder daher, daß die im Ghetto Zurückbleibenden weinend von den Abgeführten Abschied nahmen und daß man dabei überall Szenen von trostloser Verzweiflung beobachten konnte.

Sorge ergriff auch die Frauen, denn es hieß, daß auch sie in den nächsten Tagen an der Reihe sein würden. In der Stadt erschien eine Bekanntmachung der deutschen Obrigkeit, wonach sich alle nichtarbeitenden Frauen ab 14 Jahren für landwirtschaftliche Zwangsarbeit registrieren lassen müssen. Von dieser Pflichtarbeit sind Frauen, die Säuglinge nähren oder zwei oder mehr Kinder haben, sowie Schwangere ausgenommen. Alle übrigen Frauen waren zur landwirtschaftlichen Zwangsarbeit verpflichtet. Die Registrierung wird vom 27. August bis zum 4. September 1942 stattfinden.

Diese Verordnung betraf freilich nicht nur die Juden, sondern alle Stadtbewohner; die Juden wurden ja gerade nicht zur »Einwohnerschaft« gerechnet, denn sie waren im Ghetto, in einer Art Gefängnis, und standen außerhalb der Gemeinschaft; doch die Juden begriffen, daß die Verordnung sie mehr noch als alle anderen betreffen würde und daß sie früher als alle anderen auf rücksichtsloseste Art zur Zwangsarbeit abkommandiert werden würden. Viele Frauen, die aus Erfahrung wußten, daß es am besten war, sich zu verstecken, begannen in Malinen zu nächtigen. Doch die Malinen waren schlechte Schlupfwinkel, weil jüdische Polizisten, die beinahe alle Malinen kannten, auf die Suche nach den sich dort versteckt haltenden Menschen gingen. Deshalb kletterten einige heimlich über die Ghettomauer; diejenigen, denen sich eine solche Möglichkeit bot, übernachteten bei ihren Bekannten in der Stadt und warteten darauf, bis sich die Dinge klären und das über dem Ghetto hängende Gewitter sich verziehen würde.

Die Unruhe unter den Bewohnern des Ghettos nahm weiter zu, als die Ausgänge des Ersten Ghettos plötzlich zugemauert wurden. Bald nach dem 6. September 1941, dem Tag, an dem man die jüdischen Einwohner von Wilna ins Ghetto getrieben hatte, waren alle acht Ausgänge des Ghettos mit einfachen Brettern vernagelt worden. Doch jetzt, im August 1942, wurden diese hölzernen Absperrungen durch feste Steinmauern ersetzt. Solange die Ghettoausgänge noch durch dünne Bretter versperrt waren, durch deren Ritzen man sogar die verlassenen Straßen der Stadt sehen konnte, schien es, als würde dies nicht ewig so bleiben, als könnte man, wenn es darauf ankäme, die Bretter ohne weiteres zerschlagen und in der Stadt in verschiedenen Richtungen das Weite suchen. Doch als die Menschen sahen, wie die Maurer begannen, eine feste Steinmauer zu errichten, ergriff alle im Ghetto ein Gefühl von tiefer Traurigkeit. Man konnte etwas zutiefst Unheilvolles in diesem scheinbar unbedeutenden Ereignis spüren, von dem der Ghettovertreter, Herr Gens, in der ersten Ausgabe des seit dem 24. August 1942 erscheinenden Ghettobulletins erklärte, daß es sich um eine Verschönerung handelte: »Demnächst werden mit dem Einverständnis des Gebietskommissars die Holzzäune des Ghettos durch eine geschmackvollere Einfriedung ersetzt werden.« Freilich ging es hier nicht um eine Frage des Geschmacks, um die »Schönheit der Form«, sondern um die Errichtung eines noch geschlosseneren Gefängnisses, um eine noch systematischere Isolierung der Juden von der Außenwelt. Die Ghettobewohner entdeckten hierin zu Recht ein schlechtes Vorzeichen. Sie irrten sich nicht.

Am Montag, den 31. August 1942, begann tagsüber die Jagd auf die Frauen. 400 Frauen im Alter von 16 bis 26 Jahren mußten ausgeliefert werden. Im Ghetto wurde am folgenden Tag eine Bekanntmachung von Herrn Gens ausgehängt, wonach sich alle nichtarbeitenden Frauen im Alter von 16 bis 25 Jahren registrieren zu lassen hätten. Über die Registrierung von Frauen über 25 Jahren würde gesondert berichtet werden. Hieraus konnte man erkennen, daß die Aktion noch nicht beendet war. Als am Tag zuvor, am Montag, die Jagd auf die Frauen begann, wurden ihnen zunächst nur ihre (weißen, rosafarbenen und blauen) Scheine abgenommen, die Frauen selbst blieben unbehelligt. Doch da die Anzahl der abgenommenen Scheine gering war und niemand freiwillig dem Aufruf zur Registrierung folgte, führte in der Nacht

Am Ghettotor wird kontrolliert, wer im Besitz eines jüdischen Scheins ist. Für all jene, die keinen haben, heißt das Ziel Ponary

von Mittwoch auf Donnerstag – vom 2. auf den 3. September – die jüdische Ghettopolizei eine Personenkontrolle in allen Wohnungen durch; einige Frauen von 16 bis 25 Jahren wurden mitgenommen; diejenigen Frauen, denen zuvor schon ihre Scheine abgenommen worden waren, mußten sich beim Arbeitsamt melden. Ein schweres Schicksal erwartete diese Frauen. Vom Hunger geschwächt, abgerissen und ausgemergelt warteten sie darauf, zu einem unbekannten Arbeitseinsatz an einen unbekannten Ort abtransportiert zu werden. Wann sie zurückkehren würden, wie viele von ihnen zurückkommen würden oder ob überhaupt jemand zurückkehren würde, diese Fragen lasteten wie ein Alptraum auf den Frauen, die darauf warteten, abgeführt zu werden, und auf allen anderen, die Zeugen dieser »Verschickung« waren.

5. September 1942. Vor einem Jahr, auch an einem Samstag, am 6. September 1941, hatte man die Juden aus ihren Wohnungen vertrieben und ins Ghetto gesperrt. Als hätte er vor, dieses historische Datum, den Geburtstag des Wilnaer Ghettos, zu begehen, erschien am Ghettotor der Gebieter über Leben und Schicksal der Juden, der allmächtige Herr Murer. Er war in Zivil und schlich sich unbemerkt von den Umstehenden, die das Geschehen beobachteten, immer näher an das Tor heran. Dort angelangt, befahl er plötzlich, alle Männer und Frauen, die gerade von der Arbeit zurückkehrten, zu durchsuchen. Jene, bei denen auch nur die geringste Menge Brot oder andere Essensvorräte vorgefunden wurden, befahl er zu verprügeln. Einige der Juden bekamen ab und zu auf ihrer Arbeitsstelle einige Lebensmittel zugesteckt: ein bißchen Brot oder Fisch. Die Schuldigen wurden in einen leeren Raum unweit des Ghettotors oder in das Wachhaus der jüdischen Polizei gebracht, ausgezogen und geschlagen. Die Frauen kamen mit verweinten Gesichtern aus diesen Folterkammern heraus und zupften sich ihre Kleider zurecht; die Männer hielten ihre noch heruntergelassenen Hosen fest, sie schwiegen und bissen in ohnmächtiger Wut die Zähne zusammen. Geschlagen wurden sie von jüdischen Polizisten, dem Chef der Torwache, Levas, und seinem Gehilfen, dem Polizisten Schmilgowskij. Neben ihnen stand Murer, er leitete die Züchtigung und ergötzte sich am Anblick der geschändeten, beleidigten und erniedrigten Menschen. Diese unglücklichen und hilflosen Menschen wurden auf niederträchtige Weise bestraft, bloß weil sie den Wunsch verspürten, ein Stück Brot zu essen und etwas Nahrung für ihre Kinder ins Ghetto zu bringen. Ungefähr 150 Menschen wurden verprügelt. Anschließend erschien eine Bekanntmachung von Gens, in der er verkündete, daß das Mitbringen von Lebensmitteln ins Ghetto strengstens verboten sei. In der Tat durfte in den darauffolgenden Tagen niemand bei der Rückkehr von der Arbeit irgendwelche Essensvorräte mit sich führen. Die Ghettobewohner begannen zu hungern. Zwei Tage später kam es wieder zu einer Strafaktion, die aber nicht dasselbe Ausmaß hatte wie die erste. Nun wurden ungefähr 30 Menschen verprügelt – all jene, die sich nicht beherrschen konnten und trotz des Verbots Brot mit sich führten.

12. September 1942. Samstag. Heute ist das Jüdische Neujahr. Die Juden begingen es in Trauer. Alle waren verpflichtet, zur Arbeit zu gehen. Die Ghettoverwaltung hatte angedroht, daß jeder, der an diesem Tag nicht zur Arbeit erschien, streng bestraft würde. Die Juden kamen um drei Uhr nachmittags von der Arbeit zurück und gingen dann zum Beten. Die Frauen saßen still und trauernd zuhause. Statt der gewöhnlichen Festtagsstimmung herrschte überall in den gedrängten und dunklen Wohnungen Trostlosigkeit und Verdruß. Die Menschen begingen den Feiertag wie zum Tode Verurteilte, freudlos und ohne Hoffnung auf Erlösung. Tiefe Trauer umgab das Ghetto an seinem ersten Geburtstag.

Darum klangen die Aufschriften auf den Tüchern, die über dem Ghettotor (auf der Innenseite natürlich) aufgespannt waren, ironisch und spöttisch; darauf prangten die Neujahrswünsche der Torwache: »Wir wünschen allen Juden ein frohes Neues Jahr.« Auf Jiddisch klangen diese Glückwünsche folgendermaßen: »Wir winschen ale Jdn a hsimo ihsimo Toyve. Die toyer Wach«*. Dies stand auf dem Tor an der Rudnitskaja Straße. Und bei dem an der Gospitalnaja Straße: »Alle Jdn, alle Jdn a gut Jor, winscht di toyer Wach.« Auch der Ghettovertreter Gens schickte einen Glückwunsch an alle Juden. In einer Sonderbotschaft, die an den Hauswänden des Ghettos sowie an den Wänden von beiden Blöcken des Kailis-Arbeitslagers klebte, schrieb er: »Ich grüße alle Bewohner des Ghettos aus Anlaß des Neuen Jahrs. Ich wünsche allen Gesundheit, Ruhe und eine glückliche Zukunft. Neujahr, 12. September 1942. Wilna, Ghetto.«

Während man die Wünsche von Gens wohlwollend und mit Vertrauen annehmen konnte, da er den Juden wirklich nur Gutes wünschte, wirkten die Grüße der Torwache wie ein schlechter Scherz. Das ganze Jahr hindurch hatten die Polizisten die Juden geschlagen und durchsucht, sie hatten den Ghettobewohnern die kleinsten Kleinigkeiten abgenommen, die ihnen das Leben ein

* »Wir wünschen allen Juden ein gutes Anschreiben. Die Torwache.« (Entsprechend der jüdischen Religion macht Gott jedem Juden ein »Schicksalanschreiben« für das neue Jahr.)

Die Neujahrswünsche am Ghettotor

bißchen versüßen könnten. Somit hatten die Polizisten allen Grund, sich bei ihren unglücklichen »Klienten« zu bedanken, die sie dazu zwangen, ihre mit Blut und Demütigungen bezahlten Waren an sie abzugeben.

Zehn Tage später, am 22. September 1942, brach am Abend der wichtigste Feiertag des ganzen Jahres, Jom Kippur, an. An diesem Tag fasten die Juden. Gewöhnlich arbeiten Juden dann nicht, sie essen und trinken nicht und verbringen den Tag mit Beten. Diesmal jedoch erschienen an den Hauswänden Bekanntmachungen von Gens, daß alle Juden unverzüglich zur Arbeit gehen sollten und niemand unter irgendeinem Vorwand zu Hause bleiben dürfte, andernfalls würde es schwere Auswirkungen für alle haben. Außerdem wurden alle Synagogen im Ghetto geschlossen, so daß die Menschen nicht dorthin zum Beten gehen konnten. Und so verlief dieser für die Juden wichtigste Feiertag wie ein gewöhnlicher Arbeitstag. Die Menschen gingen zur Arbeit und verbrachten den Rest des Tages in Tränen, in traurigem Andenken an die Angehörigen, die vor einem Jahr weggeführt und umgebracht worden waren. Doch es war eigentlich besser, in diesem Jahr zu arbeiten, als den Feiertag so zu begehen wie im vergangenen Jahr, als viele Juden am Abend in den Tod getrieben wurden …

Jakov Gerschtejn

28. September 1942. Gestern ist der Musiklehrer Jakov Gerschtejn gestorben. Das Wilnaer Ghetto geleitete den geliebten Lehrmeister, der dreißig Jahre lang das Ewige, Lichte und Vernünftige säte, auf seiner letzten Reise. Gerschtejn war ein aktiver Mann auf dem Gebiet der jüdischen Kultur gewesen, er hatte die neue Generation geformt. Man hatte ihn in vielen Wilnaer Schulen gekannt, besonders lange und fest war er dem Neuen Jüdischen Gymnasium und dem Jüdischen Seminar verbunden gewesen. Jakov Gerschtejn war auch der Gründer des Schulchors und des Volkschors, die in der Stadt wohlbekannt waren. Sein feinfühliges Herz konnte die sich abspielende Tragödie nicht ertragen und hörte an diesem traurigen Sonntag, den 27. September, auf zu schlagen.

19. Oktober 1942. Im Anschluß an die Vernichtung der Alten, die zur »Erholung« nach Pospieschki gebracht worden und dort umgekommen waren, war es bis zu diesem Tag in Wilna ruhig geblieben. Doch jetzt, am 19. Oktober 1942, an einem Montag, zog eine »Strafexpedition« von Wilna nach Oschmjany. Der Zweck dieser Expedition war die »Säuberung« in Oschmjany. Frevelhaft und schändlich war es, daß die Expedition aus Juden bestand, die die »Säuberung« selbst durchführen mußten. Der Zynismus – oder besser gesagt, Sadismus – der Deutschen bestand genau darin, daß die Juden selbst diese schreckliche Tat verübten. Erst am Tag zuvor, am Sonntag, den 18. Oktober, war Martin Weiss von der Gestapo ins Ghetto gekommen und hatte Uniformmützen von litauischen Soldaten mitgebracht, auf denen sich nur ein metallenes Zeichen mit dem Judenstern befand. Am gleichen Tag nahmen jüdische Polizisten jüdischen Passanten auf den Straßen vom Ghetto ihre Ledermäntel ab. Die Mäntel wurden für die »Strafexpedition« der jüdischen Polizisten benötigt. Nicht genug, daß die Polizisten an diesem abscheulichen Einsatz teilnahmen, sie wollten dabei noch Eindruck schinden und »stark« aussehen. Insgesamt wurden 22 Polizisten mit Uniformmützen ausgestattet. Am Morgen des 19. Oktober fuhren sie, angeführt von Dessler, dem stellvertretenden Leiter des Polizeiamts im Ghetto, und unter der Leitung von Weiss nach Oschmjany, um den Ort von Juden zu »säubern«.

Die »Arbeit« lief darauf hinaus, daß die jüdischen Expeditionsteilnehmer 406 Juden aussuchen mußten, die später auf die kaltblütigste und zynischste Art erschossen wurden. Es ist sinnlos, nach dem Warum dieser Tat zu fragen. Die Sache war ganz einfach. Ursprünglich hatte die Gestapo 1500 junge Frauen und Kinder verlangt – die Ehefrauen und Kinder von den tausend jungen Männern, die im vergangenen Jahr in Oschmjany »liquidiert« worden waren. Doch dank der Bemühungen von Gens gelang es, »billiger wegzukommen«: Es wurden 404 ältere Menschen und

Martin Weiss

Saul Dessler

zwei kleine Kinder ausgewählt und den Henkern übergeben. Das hielt man für einen »Erfolg« ... Der Anblick der zurückkehrenden jüdischen Polizisten mit den litauischen Uniformmützen zeigte, wie tief Menschen sinken können, wenn sie sich ihren Mördern andienen. Sie – die jüdischen Polizisten – hatten sich sichtlich in ihre Rolle hineingefunden, waren unverschämt, frech, grob und grausam und kamen sich wie die wirklichen Gebieter über Leben und Tod ihrer unglücklichen Brüder in Not vor. Sie kamen sich fast wie Deutsche von der Gestapo vor und glaubten, daß sie sich durch ihre Niedertracht und ihren Gehorsam das Leben retten würden. Doch wissen wir auch, daß die Gestapo in Baranowitschi das gesamte jüdische Ghetto mit ungefähr 9000 Menschen, darunter auch alle Polizisten sowie den Kommandanten und den Judenrat, abgeschlachtet hat.

29. Oktober 1942. Berichten zufolge, die aus Warschau eingetroffen sind, wurden dort ungefähr 400 000 Juden, die bislang im Ghetto gelebt hatten, vernichtet. Von den ursprünglichen 450 000 Juden, die im Ghetto gelebt hatten, blieben nur noch etwa 50 000 übrig, die übrigen wurden aus dem Ghetto geschafft und vernichtet, und das Ghetto selbst wurde liquidiert. Die Menschen wurden auf zweierlei Weise ermordet: entweder durch gewöhnliches Erschießen mit dem Gewehr oder Maschinengewehr oder durch Vergasen in geschlossenen Waggons. Genaue Angaben gibt es jedoch nicht.

30. Oktober 1942. In umliegenden Ortschaften – Druja, Opsa, Widzy, Dryswiaty, Kazany und vielen anderen – wurden »Säuberungen« durchgeführt, das heißt, man trieb eine kleine Anzahl von arbeitsfähigen Juden in ein zentrales Ghetto in Swienciany, während die übrigen – Kinder, Frauen und ältere Männer – erschossen wurden. Aus diesen Ortschaften flüchteten junge Menschen ins Wilnaer Ghetto und entrannen damit dem Tod. Doch hier ließ der Leiter Gens alle Neuankömmlinge festhalten, durchsuchen und das bei ihnen gefundene Geld einbehalten; anschließend schickte er die Flüchtlinge nach Swienciany zurück. So lautete die Forderung der deutschen Obrigkeit und der Gestapo. Vor einer Versammlung von Kolonnenführern erklärte Gens, daß er so hatte handeln müssen, denn bei den jungen Leuten, die für die Deutschen arbeiten, dürften auch am Leben gebliebene ältere Menschen wohnen. Mit anderen Worten: in Swienciany könne nach dem Vorbild des Wilnaer Ghettos ein eigenständiges Ghetto errichtet werden, das genau so lange existieren würde wie das Wilnaer Ghetto. Ob diese Rechnung aufgehen wird, weiß man natürlich nicht. (Sie ist aufgegangen. 23.2.1943.) Heute sind im Ghetto und in den beiden Arbeiterblöcken von Kailis die Wohnungen durchsucht worden. Gesucht wurde nach Neuankömmlingen aus den Ortschaften, in denen die »Säuberungen« stattfinden.

Zeitgleich mit der andauernden Vernichtung der Juden auf dem gesamten von den Deutschen besetzten Territorium findet die gewaltsame Umsiedlung von anderen ansässigen Volksgruppen, von Polen und Litauern, statt. Ihnen wird befohlen, ihren Grundbesitz und ihre Höfe aufzugeben und wegzuziehen, wobei sie weder Inventar, noch Vieh, noch Teile der frischen Getreideernte, noch ihre besten Möbel mitnehmen dürfen. Man durfte lediglich Wäsche, Kleidung und einige billige Möbelstücke mitnehmen. Auf den Höfen der gewaltsam vertriebenen und in Todesangst geflohenen Landwirte werden Deutsche aus Deutschland angesiedelt. Die aus ihren angestammten Gegenden vertriebenen Litauer beginnen zu murren; sie begreifen langsam, daß sich die Deutschen nicht im geringsten um sie scheren und sie nicht wie treue Helfershelfer behandeln in Anerkennung ihrer großen Unterstützung bei der Eroberung des Landes, beim Kampf gegen die russische Armee. Sie begreifen langsam, daß die Zeit, in der sie als Eßhilfe dienten – so wie die Brotkante, die Kinder benutzen, um die Suppe vom Teller zu kratzen –, inzwischen vorüber ist und daß sie bald selbst an der Reihe sind, von den Deutschen verschlungen zu werden …

1. November 1942. Heute hat die Gestapo vier jüdische Mädchen verhaftet. Sie wurden beschuldigt, intim mit Deutschen verkehrt zu haben. Die Mädchen sind erschossen worden. Sie hatten in deutschen Militäreinrichtungen gearbeitet, wo viele jüdische Frauen angestellt sind; sie putzten die Zimmer von den Offizieren, Unteroffizieren und Feldwebeln. Es gibt keinen einzigen Beleg dafür, daß diese Mädchen tatsächlich mit Deutschen geschlafen haben, doch wäre es auch nicht verwunderlich, wenn es stimmte. Wie sollen sich junge Mädchen denn gegen die Forderungen – ja zuweilen auch unverhüllte Gewalt – der Deutschen wehren? Doch sie selbst sind es, die dafür mit ihrem Leben büßen müssen …

Einige Worte über das Intimleben im Ghetto selbst. In einer anormalen Situation – in überfüllten Wohnungen, auf Dachböden, in Treppenhäusern und in Torwegen – finden die Menschen dennoch die Zeit, um einander zu treffen, um miteinander einen auch noch so kurzen Moment zu verbringen.

Unter den jungen Leuten kommt es zuweilen zu den erhabensten und feurigsten Romanzen, doch häufig sind es auch einfache körperliche Beziehungen, die sich in schlaflosen Nächten auf den gemeinschaftlichen Holzpritschen in den überfüllten, finsteren Räumen abspielen, mit dem schweigenden Einverständnis der Zimmernachbarn. Um am Leben zu bleiben, haben in vielen Fällen Frauen, deren Männer umgebracht oder verschleppt worden waren, sich als die Ehefrauen von Männern registrieren lassen, die über Arbeitsbescheinigungen verfügen und deren eigene Frauen bereits erschossen worden sind. Solche Verbindungen kommen häufig wie ein gewöhnlicher Handel zustande, sogar unter Einsatz von Geld, doch anschließend wandeln sie sich zu einer Liebesbeziehung. Es kommt allerdings auch vor, daß ein Mann, der eine Frau hat, sich für eine alleinstehende Frau zu interessieren beginnt, deren Mann fortgebracht worden ist; und plötzlich entwickelt sich eine echte Romanze mit Betrug, Eifersuchtsszenen usw. An das Kinderkriegen denkt niemand, mit allen möglichen Mitteln sucht man das zu vermeiden. Die deutsche Obrigkeit duldet keinen Zuwachs der jüdischen Einwohnerschaft. Und wenn trotzdem ein Kind geboren wird, so wird es im Krankenhaus in einem gesonderten, kellerähnlichen Raum zur Welt gebracht, aus dem das Geschrei und Geweine des Neugeborenen nicht zu hören ist. Manchmal muß der Säugling umgebracht werden. Nur wenn die Eltern heftig dagegen protestieren, bleibt das Kind am Leben.

Vielleicht kommt es im Ghetto häufig auch zu schnell zu Intimbeziehungen. Ungewißheit darüber, was der morgige Tag bringen wird, begünstigt diese gedankenlose Haltung. »Lebe, solange du leben kannst, nimm von diesem schrecklichen Leben alles, wozu du heute imstande bist, morgen wirst du vielleicht schon nicht mehr am Leben sein.« Dabei erweist sich der Lebensdrang, die Jugend, stärker als der Tod und das Alter. Bei der kleinsten Gelegenheit brechen die Lebenskräfte durch die schwarze Kruste des ständig erwarteten Untergangs …

5. November 1942. Die Tragik dessen, was hier zur Zeit geschieht, ist kaum vorstellbar. Kann man sich eine solche Lage überhaupt vorstellen, in der Juden freiwillig Menschen für ein Vergehen zum Abschlachten freigeben, wobei sie genau wissen, daß diese Menschen völlig unschuldig sind? Genau das ist heute passiert.

Am Freitag, den 30. Oktober, hatten vom Holzfällen zurückkehrende jüdische Arbeiter Lebensmittel bei sich, die sie von Bauern auf dem Dorf im Tausch gegen Kleidung erhalten hatten. Am Bahnhof wurden sie festgehalten und durchsucht. Ihre Eßvorräte wurden abgenommen, doch die Arbeiter selbst wurden dank der Fürsprache der deutschen Soldaten, der Leiter dieser Gruppe, nicht festgenommen, sondern ins Ghetto zurückgelassen. Doch dann erfuhr die Gestapo von diesem Vorfall und verlangte einige Tage später vom Ghettovertreter, daß er die hundert Menschen ausliefere, damit sie wegen des von ihnen begangenen »Verbrechens« erschossen würden. Unter Anführung aller möglichen Begründungen ersuchte der Ghettovertreter die Gestapo, die Bestrafung zu mildern. Nach einem langen Handel »verständigte« man sich auf zehn Frauen, die mit dem Vorfall am Bahnhof nicht das geringste zu tun hatten. Wie abartig das einem geistig gesunden Menschen auch erscheinen mag – die Nachricht, daß es gelungen war, die Sache »so leicht abzuschließen«, wurde freudig aufgenommen. Sogleich wurden zehn alleinstehende Frauen gefunden, deren Männer zuvor schon fortgeschleppt worden waren, und an Weiss ausgeliefert. Alle zehn sind erschossen worden.

8. November 1942. Heute fand die feierliche Beerdigung des jüdischen Polizisten Noson Schliosberg statt. In der letzten Zeit hatte er das jüdische Arbeitslager für Holzfällerarbeiten im Dorf Sorok Tatar [deutsch: 40 Tataren], 23 Werst von Wilna entfernt, geleitet und war dort umgebracht worden. Es heißt, daß sowjetische Partisanen ihn getötet hätten. Schliosberg ging despotisch und grausam mit den Arbeitern um, und er hielt sie unter elendsten Bedingungen. Selbst lebte er in großem Wohlstand und kam sich im Lager wie ein kleiner Kaiser vor. Als die unbekannten Menschen, vermutlich Partisanen aus dem Wald, zu ihm kamen, fanden sie in seiner Wohnung mehrere Arbeiter vor. Sie schickten die Arbeiter hinaus und verkündeten einen Richtspruch über den Polizisten: Wegen grausamer Behandlung der Arbeiter und Verhöhnung seiner Mitbrüder würde er zum Tod durch Erschießen verurteilt. Ihm wurden die Stiefel ausgezogen, alle übrigen Sachen und auch sein Geld wurden nicht angetastet (womit die offizielle Version, daß Schliosberg einem Raubmord zum Opfer gefallen sei, widerlegt ist), und anschließend wurden acht Kugeln auf ihn abgefeuert. Schwer verletzt wurde er ins Gestapo-Krankenhaus von Wilna gebracht, wo er starb.

Das Begräbnis von Schliosberg wurde wahrlich mit sehr viel Prunk begangen. Die vom Krankenhaus bis zum Ghettotor führenden Straßen waren für den Umzug freigemacht worden. Hinter dem Katafalk schritten die »wichtigsten« Personen des Ghettos: Jakob Gens, sein Gehilfe Dessler, der Chef der Torwache Levas und andere. Feuerwehrmänner in bronzenen Helmen, die zur Feuerwehr des Ghettos gehörten, trugen brennende

Fackeln. Die Polizisten hatten ihre Uniformen mit schwarzem Krepp »dekoriert«. Die auf den Straßen und Gassen des Ghettos aushängende Bekanntmachung lautete: »Am 7. November 1942 verstarb der Oberpolizist Noson Schliosberg. Als Leiter des Arbeitslagers in der Ortschaft Sorok Tatar war er von Räubern schwer verletzt worden und starb nach schwerem Leiden. Schliosberg kam bei der Ausübung seiner Dienstpflichten ums Leben. Ehre seinem Andenken. Die Beerdigung findet am Sonntag, den 8. November, um 9 Uhr morgens statt. Gez. J. Gens, Ghettovertreter und Polizeichef.« Doch die Ghettobewohner teilten nicht die Trauer ihrer Führer. »Ein Hund verdient einen hündischen Tod«, und: »So wird es ihnen allen ergehen« – solche Sprüche waren in der Menge zu hören.

Am selben Tag um drei Uhr nachmittags fand ein ganz anderes Begräbnis statt. Im Krankenhaus des Ghettos war Doktor Geller, der im Statistischen Amt gearbeitet hatte, still verschieden. Sein krankes Herz hatte versagt. Ein guter Mensch war von dannen gegangen. Doktor Geller war bekannt als ein würdiger und absolut rechtschaffener Mensch. Alle erkannten ihn gleich an seiner gebeugten Gestalt (er hatte einen Buckel), er sprach wenig, doch seine Augen waren immer voller Teilnahme für jeden, der sich mit einer Bitte oder Frage an ihn wandte. Er litt unaufhörlich und schwer an der ausweglosen Lage, in der sich die Juden befanden. Erst kürzlich hatte er für alle Interessierten zwei Vorträge zur Geschichte der jüdischen Ghettos gehalten. Die Beerdigung von Doktor Geller verlief sehr bescheiden – kein Vergleich zum prächtig zur Schau gestellten und für jeden zu besichtigenden Katafalk des Polizisten. Doch wird dieser vorbildliche Mensch noch lange im Gedächtnis der Wilnaer Juden bleiben, vorausgesetzt freilich, daß sie selbst am Leben bleiben.

Die Wohnung
Dezember 1942

Um uns ein Bild von den Wohnungen zu verschaffen, in denen die Juden leben – oder viel mehr die »Glückspilze«, die bisher noch nicht vernichtet worden sind dank der Tatsache, daß sie in Betrieben arbeiten, die die deutsche Armee beliefern –, wollen wir einen Blick in eines der besten Häuser, einen sogenannten Block, werfen, das den bevorzugten Arbeitern der Pelzfabrik als Wohnraum zur Verfügung gestellt wird. Dieses Haus befindet sich gegenüber dem Fabrikgebäude auf der Scheptitzki Straße 7.

Die von uns besichtigte Wohnung besteht wie die meisten Wohnungen in diesem Haus aus zwei Zimmern und einer Küche. Wenn wir die Wohnung betreten, kommen wir zunächst in die Küche, die fünf mal drei Meter mißt. In der Küche leben 16 Menschen. Die Wände, die Decke und der Boden – alles hat beinahe die gleiche Farbe – sind dunkel, feucht und dreckig. Die Wände und die Decke sind mit Schimmel bedeckt; der Boden ist fast immer naß, vor allem dort, wo der Wasserkran und der Ausguß stehen. In der Ecke gegenüber der Tür steht ein großer Ofen, der einen Quadratmeter Fläche einnimmt. Mitten im Raum und entlang den Wänden sind hölzerne Pritschen aufgestellt, die aus allen möglichen, irgendwo aufgetriebenen Brettern zusammengenagelt wurden. Auf den Pritschen – dort, wo es keine Pritschen gibt, direkt auf dem Boden – liegen allerlei Lumpen und dunkle Bettwäsche. An den Wänden hängen zahlreiche mit Zwiebeln oder Gerümpel gefüllte Bündel; sie bedecken fast die gesamte Wandfläche.

Auf einer Pritsche in der Küchenmitte liegt eine bleiche, ausgemergelte junge Frau und stillt ihr Kind. Neben ihr sitzt ihr Mann, ein schöner, schwarzhaariger Mann um die dreißig, mit einer feinen, adlerförmigen Nase im schmalen Gesicht. Zu ihren Füßen hockt eine alte Frau, die Mutter des Mannes, sie hat das selbe hübsche Gesicht mit der Adlernase, doch ihre Haare sind schlohweiß. Auf einer anderen Pritsche, die links vom Eingang entlang der Wand unter dem Fenster steht, ist eine andere Familie »untergekommen«: ein Mann und eine Frau, beide noch sehr jung. Die Frau hat Angina und hohes Fieber. Um den Hals der Kranken ist ein Schal gewickelt, doch sie liegt an der feuchten Wand unter dem Fenster mit zerbrochener Scheibe, während draußen der Winter herrscht und es stürmt. Beide Familien haben einen großen Lappen – ein dreckiges Handtuch oder ein altes, ebenfalls dreckiges Tischtuch – um ihre Pritschen herum gehängt. Dieser »Vorhang« beschützt ihr Familienleben einigermaßen vor den Blicken Außenstehender und hält auch ein wenig den kalten Wind ab, der jedes Mal, wenn jemand die Tür öffnet, die Küche durchzieht. Etwas weiter, ganz in der Ecke, befindet sich eine dritte Familie, die aus vier Personen besteht: ein Mann, eine Frau, ein Sohn und eine Nichte. Sie haben keine Pritsche und sitzen und schlafen direkt auf dem Boden, auf Säcken, die gefüllt sind mit den wenigen Dingen, die sie noch schnell mitnehmen konnten, als sie ins Ghetto getrieben wurden. Diese Ecke ist durch nichts abgeschirmt, hier hängt kein Tuch. Auf dem Boden neben dem Ofen, auf ausgebreitetem Zeitungspapier »wohnt« ein junges Mädchen, eine Krankenpflegerin. Neben ihr liegt auf zwei Holzkisten eine alte löchrige Matratze, aus der verfaultes Stroh herausrieselt. Auf der Matratze liegen quer drei Menschen, die nicht miteinander verwandt sind. Auf der anderen Seite des Ofens »wohnen« zwei Brüder auf ausgebreiteten Lumpen auf dem Boden; beide sind krank, ihre Gesichter sind gelb, und ihre Augen glänzen fiebrig. Diese Küche hier wird von den Bewohnern der übrigen Wohnung zum Kochen und zum sich Waschen benutzt. Qualm füllt den ganzen Raum und beißt allen in die Augen. Auf dem Boden stehen Pfützen von dem Wasser, das in den Ausguß geschüttet worden ist. Es gibt einen kleinen gemeinschaftlichen Tisch, der der Reihe nach benutzt wird. Doch die meisten essen auf ihren Pritschen und

Säcken oder in ihren Ecken auf dem Boden. Dabei reden alle zur gleichen Zeit und ziemlich laut, so daß die Küche von einem anhaltenden Stimmengewirr erfüllt ist; der Lärm bohrt sich in die Ohren, während der Rauch die Augen reizt.

In den beiden Zimmern der Wohnung wohnen jeweils zehn Menschen. Die Pritschen sind hier in zwei oder drei Lagen übereinander gestellt. Auf dem Boden schläft zwar niemand, doch im kleineren der beiden Zimmer, das drei auf anderthalb Meter mißt, ist es so eng, daß die Menschen einander richtiggehend stoßen, wenn sie überhaupt die Möglichkeit finden, sich zu bewegen oder umzudrehen. Die Luft ist unerträglich. Schlafen bei geschlossenem Fenster ist unmöglich, selbst im Winter muß eine Fensterluke rund um die Uhr offengelassen werden.

Wie unerträglich diese Lebensbedingungen sind, ist besonders am Abend zu spüren, wenn nach der Arbeit alle hier zusammenkommen, durch die kleinen, stickigen Räume hasten, ihr Essen kochen, ohne auch nur über die einfachsten Haushaltsgegenstände zu verfügen, und sich dann schlafen legen. Die Nerven der Menschen sind angespannt; jeder hat in den vergangenen Monaten mehr durchgemacht als viele andere in ihrem ganzen Leben, und dazu sind in den winzigen Zimmern Menschen zusammengedrängt, die sich in ihrem Charakter, ihrer Erziehung und Bildung und ihren moralischen Auffassungen grundlegend voneinander unterscheiden. Kein Wunder, daß es beim geringsten Anlaß, und selbst ohne jeden Anlaß, zu Streitereien kommt, daß die Leute anfangen zu schreien und zu schimpfen und daß es selbst zu Prügeleien kommt.

Wir haben uns in einer Wohnung von einem Arbeitsblock befunden, die viel besser und bequemer ist als die meisten anderen. Im Ghetto selbst kommt es vor, daß in einem Zimmer 20 oder 30 Menschen unterkommen müssen. Die Menschen hausen auch in Kellern, Gängen und feuchten, dunklen Löchern. Wenn man sieht, wie die vorläufig noch am Leben gelassenen »Glückspilze« wohnen, kommt man aus dem Staunen nicht heraus, wie Menschen unter solchen Bedingungen überhaupt fähig sind zu leben.

Strafmaßnahmen am Tor

Dezember 1942 – 1. Januar 1943

5. Dezember 1942. Diese Tage waren voller Trauer und Sorge – Trauer wegen der schrecklichen Nachrichten vom Schicksal der Juden in den umliegenden Ortschaften und Sorge über das eigene Schicksal. Ins Wilnaer Ghetto sind Berichte gelangt, wonach die in Postawy, Dupilowicy und Glubokoje lebenden Juden alle vernichtet worden sind. Ihre Liquidierung ging folgendermaßen vonstatten: Auf Befehl der Gestapo umringten die Vollstrecker der Aktion das Ghetto, zündeten die Holzhäuschen an und bewarfen sie mit Granaten; alle, die aus den einstürzenden Häusern flüchteten, wurden mit Maschinengewehrfeuer empfangen. Lebende Fackeln rannten auf den Straßen umher und fielen wie schwarze, tote Äste zu Boden; wer nicht verbrannte, kam im Kugelhagel um. Es gibt beinahe keine Überlebenden. Nur einige wenige, die Brandwunden davontrugen und fast den Verstand verloren, haben es geschafft, sich zum Wald durchzuschlagen oder bei in der Umgebung lebenden Menschen Unterschlupf zu finden.

Zur Zeit gibt es noch eine geringe Anzahl von Juden in den Ghettos von Wilna und Kowno sowie in Paniewieschy, Swienciany und Oschmjany. Was aus ihnen wird, weiß man nicht. Zumeist müssen sie schwere Arbeit verrichten und sind damit der deutschen Armee von Nutzen, doch sie haben keinerlei Gewißheit, daß man sie am Leben lassen wird. Gerüchte gehen um, daß die Deutschen mit ihrer Arbeit zufrieden seien und versprochen hätten, die Juden nicht weiter zu vernichten. Der Herrscher über das Wilnaer Ghetto hat zynisch erklärt, daß die Juden sich bis zum April keine Sorgen zu machen brauchten, schließlich sei es jetzt Winter, und der Boden sei gefroren. Das war jedoch nicht mehr als ein Scherz. Bauern, die in der Umgebung des Schreckensorts Ponary wohnen, erzählen, daß dort auch jetzt noch Gruben ausgehoben würden. Sie berichten, daß dieser Tage in Ponary 100 Polen erschossen worden seien, die wegen Mitgliedschaft in politischen Organisationen festgenommen worden waren. Weggebracht und erschossen worden sind außerdem alle, die sich im örtlichen Gefängnis in Haft befanden. Auf diese Weise wird das Gefängnis periodisch von seinen Insassen gesäubert. Wieviel Zehntausende von Erschossenen in Ponary verscharrt worden sind, ist nicht bekannt. Die dort von russischen Soldaten zur Aufbewahrung von Brennmaterial ausgehobenen Gruben sind riesig. Die Eisenplatten, mit denen die Gruben zugedeckt waren, sind von den Deutschen abgenommen und weggeschafft worden, die Gruben hingegen haben sie mit Tausenden von Leichen gefüllt und mit Chlorkalk übergossen.

8. Dezember 1942. Heute hat der jüdische Leiter des Ghettos, Gens, auf Befehl der Gestapo alle in Privatbesitz befindlichen Lebensmittelvorräte beschlagnahmt, wie etwa weißes Mehl, aus dem bisher Brötchen zum Verkauf gebacken wurden, oder Zucker, aus dem Bonbons gemacht wurde. Die Bonbons und die Brötchen wurden nicht nur im Ghetto selbst, sondern auch außerhalb verkauft, insbesondere in den deutschen und litauischen Einrichtungen, in denen die Juden arbeiten mußten.

Dieser Handel brachte ein wenig Geld ein, ohne das man nur sehr schwer auskommen konnte, denn für ihre Arbeit erhalten die Juden einen geradezu lächerlichen Lohn. Der Tagesverdienst beträgt zwölf Rubel, während im Vergleich ein Kilogramm Brot 50 bis 60 Rubel kostet. In Anbetracht dessen, daß eine vierköpfige Familie täglich mindestens zwei Kilogramm Brot braucht, sind das schon 100 bis 120 Rubel. Selbst wenn man keine weiteren Lebensmittel dazukauft, muß man zu dieser Summe noch die Wohnungsmiete und die Kosten für Heizung und Elektrizität hinzurechnen. Das Minimum liegt dann bei 200 Rubel am Tag. Auf verschiedene Weise muß versucht werden, wenigstens einen Teil der fehlenden Geldmittel zu beschaffen.

Das fehlende Einkommen wirkt sich negativ auf die materielle Lage und die Moral im Ghetto aus. Zunächst lebte die Mehrheit der Bewohner vom Verkauf von Dingen, die sie hatten bewahren und bei der Umsiedlung ins Ghetto mitnehmen können. Einigen gelang es auch, ihr Eigentum zurückzuerhalten, das sie nichtjüdischen Bekannten zur Aufbewahrung gegeben hatten. Häufig erfanden diese Bekannten allerlei Geschichten, warum sie den Juden ihr Eigentum nicht mehr zurückgeben konnten. Doch es gab auch andere, die den Juden alles zurückgaben, was sie von ihnen erhalten hatten; manchmal nahmen sie ein Entgelt für die Aufbewahrung, aber es gab Fälle, in denen die Dinge unentgeltlich ausgehändigt wurden. Die Juden verkauften auch Gegenstände, die sie in den Wohnungen ihrer zur Hinrichtung fortgeschleppten Nachbarn fanden. Als sowohl das eigene wie auch das fremde Eigentum zur Neige ging, tauschten sie untereinander aus, was sie am leichtesten entbehren konnten, und nahmen diese Dinge wenn sie zur Arbeit gingen, mit, um sie zu verkaufen oder gegen Lebensmittel oder andere benötigte Dinge zu tauschen. Notgedrungen mußten sich die Juden verschiedenen Erwerbsformen zuwenden. Nach dem Ende der Massensäuberungen vom Herbst 1941 begannen jene, die die Möglichkeit hatten, an Mehl, Zucker, Tabak oder Zigarettenhülsen heranzukommen, Brötchen und Pirogen zu backen, Bonbons herzustellen und Zigaretten zu drehen. Die Frauen und Kinder verkauften all diese Dinge aus Bauchläden und unter der Hand an den Ghettotoren. Es entstanden sogar kleine Läden, Restaurants und Cafés. Und im Hof des Hauses in der Mjasnaja Straße 15 (Ecke Gospitalnaja Straße) wurden kleine Stände errichtet, die ironisch »Elstern« genannt wurden und in denen man diverse kleine Haushaltsgegenstände kaufen konnte – Knöpfe, Nähnadeln, Seife, Garn und Sohlenbeläge aus Gummi. Die Juden ließen sich auf eine große Gefahr ein, wenn sie auf dem Weg zur Arbeit in die Stadt Waren mit sich führten und andere Waren von dort ins Ghetto zurückbrachten, die sie dann an die Inhaber der Läden und Stände verkauften.

Diese Erwerbsformen wie auch der Handel waren natürlich verboten, doch wurden sie trotz des Verbots weiter betrieben. Und nun hat Gens ihnen mit der ihm eigenen Zügigkeit und Entschlossenheit ein Ende bereitet. Alle Läden mit Eßvorräten sowie alle Restaurants und Cafés sind geschlossen worden, die Stände auf der Mjasnaja Straße stehen nicht mehr, und alle Waren von dort sind beschlagnahmt worden. Besonders viele Waren wie Mehl und Zucker wurden bei den Menschen zu Hause beschlagnahmt, und ihre kleinen Heimfabriken, z. B. zur Bonbonherstellung, wurden geschlossen und versiegelt. Ein besonderer Dorn im Auge der jüdischen Polizeibehörde war der Wodkaverkauf, denn es hatte sich schon außerhalb des Ghettos herumgesprochen, daß Wodka, der in der Stadt überhaupt nicht mehr aufzutreiben war, im Ghetto verkauft wurde.

So schmerzhaft all diese Maßnahmen für einzelne Juden auch waren, so sehr erkannten die Ghettobewohner ihre Notwendigkeit an. Denn im Zusammenhang mit der Ablösung des Gestapochefs im Ghetto wird der Besuch des neuen Herrschers mit Bangen erwartet. Das Aufdecken von Betrieben und Handel im Ghetto würde eine Katastrophe zur Folge haben.

12. Dezember 1942. Heute standen in der Ausgabe der kleinen polnischen Zeitung von Wilna, des Tageskuriers *Goniec codziennie*, zwei kleine Mitteilungen, die anschaulich das Straßenbild der Stadt nach anderthalb Jahren deutscher Besatzung widergeben. Die Stadt ist beinahe ausgestorben. Die Straßen sind leer, die Läden geschlossen. Es gibt fast keinen Verkehr auf der Straße. Die Verödung geht so weit, daß es im Zeitungsbericht heißt: »Vorgestern sahen Fußgänger auf der Bolschaja Straße mitten auf der Straße einen Hasen rennen. Alsbald wurde eine Jagd auf den Hasen veranstaltet; der Hase wurde im Eingangstor eines der Häuser gefangen.« Die Überschrift über dieser Meldung lautete: »Hasenjagd auf der Bolschaja Straße«. So mußte der arme Hase mit seinem Leben dafür bezahlen, daß er Wilna, die ehemalige Hauptstadt von Litauen, für ein leeres Feld hielt. Aber der Hase hat sich nicht getäuscht, die Stadt hat sich tatsächlich in ein leeres, wüstes Feld verwandelt. Die meisten Einwohner – die Juden – liegen tot in Ponary oder leben verborgen im Ghetto, während die Polen zur Arbeit nach Deutschland verschickt worden sind. In der zweiten kleinen Mitteilung heißt es, daß der Wind vom Dach der Katharinenkirche (in der Wilenskaja Straße) eine Eisenplatte losgerissen hat, die mitten auf den Gehsteig gestürzt ist, aber zum Glück niemanden verletzt hat. Der Grund hierfür ist sehr einfach: Es gibt fast keine Fußgänger mehr in der vor kurzem noch belebten Stadt Wilna.

28. Dezember 1942. Das Ghetto hat erneut einen schweren Tag durchlebt. Am Abend, als die entkräfteten Menschen von der Arbeit zurückkehrten, tauchte unerwartet Murer, der Schrecken der Juden von Wilna, zusammen mit anderen Gestapomännern auf und machte sich daran, alle, die das Tor passierten, gründlichst zu durchsuchen, wobei mehrere Männer und Frauen, die er aussonderte, sich auf sein Geheiß hin splitternackt ausziehen mußten. Diesmal wurde nicht nach Waren gesucht, sondern nach Geld – bis zum letzten Groschen – und den wenigen Wertgegenständen – Uhren und Eheringe –, die einige noch an sich trugen. Diejenigen, bei denen man während der Durchsuchung etwas fand, wurden erbarmungslos geschlagen.

Murer selbst leitete die Aktion; das Prügeln der Menschen besorgten einige jüdische Polizisten, angeführt vom Chef der Torwache, Levas. Die Frauen wurden gezwungen, sich vor den Augen der deutschen Offiziere und aller Anwesenden auszuziehen. Die Menschen mußten drei Minuten lang nackt stehen bleiben, einige Frauen bekamen von Murer den Befehl, etwas Gymnastik zu treiben. Jene, bei denen man versteckte Waren entdeckte, erhielten je 25 Stockhiebe. Nach der Züchtigung rannten die verprügelten Menschen mit ihren Schuhen in der Hand und ihrer Kleidung unter den Armen die Straße herauf. Die Prügelaktion

Die jüdische Polizei des Bezirks II (Gospitalnaja Straße)

wurde von lautem Lachen derer, die sie leiteten, begleitet. Murer, so scheint es, findet überhaupt Gefallen daran, nackte Frauen anzuschauen. Manchmal geht dieser Deutsche ins Badehaus, wenn sich dort gerade Frauen waschen, und verbietet ihnen, sich verschämt von ihm abzuwenden. Bei der Durchsuchungsaktion wurden die Juden gruppenweise, jeweils 20, ins Wachhaus am Tor hineingelassen. Es war winterlich kalt, und auf der Straße stand eine lange Reihe von erschöpften, verfrorenen Menschen, die ängstlich darauf warteten, bis sie daran waren, sich dieser schändlichen Prozedur zu unterziehen. Die Durchsuchung dauerte bis spät nachts an. Das beschlagnahmte Geld, die Uhren und Eheringe wurden achtlos auf einen Tisch geworfen, auf einen Haufen, als ob man damit den Juden zeigen wollte, daß es nicht um diese Wertsachen ging, sondern darum, daß die Juden nicht das Recht haben, all das zu besitzen, was alle anderen besitzen.

Als diese empörende Aktion vorüber war, richtete sich Murer belehrend an Levas: »Tüchtig! Genau so muß man eine Judenkontrolle durchführen.« Hier muß hinzugefügt werden, daß Levas vor einigen Tagen bei Murer in Ungnade gefallen war. Er sollte von seinem Posten verjagt und verhaftet werden, weil er versucht hatte, eine Fuhre Mehl ins Ghetto hineinzuschmuggeln. Nach der Prügelaktion ging dieser eifrige Vollstrecker von Befehlen zu Murer und ersuchte um Gnade. Mit Levas »Werk« zufrieden, erklärte ihm der Gestapomann, daß er auf seinem Posten bleiben dürfe und in Zukunft immer so handeln solle, wie er es in der Lehrstunde von heute vorgemacht hätte.

Die jüdischen Polizisten beendeten den Abend mit einem großen Saufgelage. Die Teilnahme an der Strafaktion erwies sich für sie überdies als äußerst profitabel: Viele der jüdischen Arbeiter hatten ihnen, bevor sie durchsucht wurden, Geld und andere Wertsachen zugesteckt, in der Hoffnung, anschließend wenigstens einen Teil davon zurückzubekommen. Nun blieb jedoch alles, was sie abgegeben hatten, für immer in den Taschen der Polizisten.

Am 31. Dezember fand die Hochzeit des Chefs der Torwache mit der Tochter eines gewissen Kuschners statt. Diese Hochzeit wurde von den Ghettobewohnern aufmerksam verfolgt, weil es Levas selbst war, der heiratete: der Schrecken der unglücklichen Juden, der Leiter aller Hausdurchsuchungen, Verprügelungen, Erpressungen und öffentlichen Raubaktionen. Die Hochzeit wurde prunkvoll begangen. An der Trauungszeremonie nahm die ganze »Führungsschicht« des Ghettos teil. Das Brautpaar wurde vom Polizeichef Dessler – die rechte Hand des Ghettoleiters –, vom Ghettobevollmächtigten beim deutschen Arbeitsamt, Brojdo, und von ihren beiden Frauen zur Brautkrone geführt. Es gab einen traditionellen Baldachin und einen Rabbi mit einem Bart; natürlich wurde ein Glas auf den Boden geworfen, das allerdings nicht zersprang, so daß es noch einmal auf den Boden geworfen werden mußte, damit es in Scherben zerbrach und dem jungen Brautpaar Glück brachte. Den Gästen wurden Tee, leckere Torten und Gebäck gereicht – alles wie in guten friedlichen Zeiten. Die übrigen Bewohner des Ghettos wünschten der Braut heimlich, daß sie möglichst bald zur Witwe würde, und dem Bräutigam, daß sich der Hochzeitsbaldachin für ihn in einen Katafalk verwandeln würde …

1. Januar 1943. Die Juden hoffen, daß sie im Neuen Jahr von ihren Qualen erlöst werden. Alle wünschen einander irgendeine Art von Wunder, auf daß sie dem täglich auf sie lauernden Tod doch noch entkommen.

Die Geschichte des Anwalts Kaplan (Skizze)

Porträt des Anwalts Kaplan: ein großer Mann, hohe Stirn, Bart (es gibt ein Photo von ihm). Seine schöne Frau. Sein glückliches Familienleben. Ein geachteter Mensch.

Seine große Wohnung, schön eingerichtet. Der Saal mit den Säulen, der Salon, sein geräumiges Arbeitszimmer. Im Arbeitszimmer tiefe Ledersessel für die Gäste. Das prächtige Schlafzimmer.

Die polnische Stadtverwaltung von Wilna erhielt vor dem Ersten Weltkrieg eine Geldanleihe aus England. Nach dem Krieg wurde Anwalt Kaplan zur Regelung der Schuldenfrage nach England geschickt. Er war intelligent und gebildet, ein hervorragender Anwalt. Sein erfolgreiches Auftreten war äußerst gewinnbringend für die gesamte Bevölkerung.

Es beginnt der Zweite Weltkrieg. Nach der Eroberung Wilnas durch die Deutschen werden der Anwalt, seine Frau und sein Sohn, ein zwölfjähriger Junge, ins Ghetto verschickt. Die Wohnung wird verwüstet, das Eigentum geplündert. In Lumpen gekleidet, abgemagert und mit geschwollenen Füßen arbeitet er als Steinmetz. Beim ersten Morgenlicht schleppt er sich zusammen mit einer Gruppe von jüdischen Arbeitern zum Steinbruch weit außerhalb der Stadt und kommt erst spät abends im Dunkeln wieder zurück. Die Torwache, bestehend aus Litauern und jüdischen Polizisten, schlägt die Arbeiter, durchsucht sie und nimmt ihnen alles weg, was sie ins Ghetto hereinzubringen versuchten: Brot,

Kartoffeln, Holzscheite zum Heizen der Öfen. All diese Dinge haben sie in kleine Stücke zerteilt und unterm Hemd, in der Hose, im Hut, im Werkzeugkasten versteckt. Zur Durchsuchung werden die Arbeiter in einen leeren Raum neben dem Ghettotor gebracht (die ehemalige Metzgerei von Gleser), dort werden die Männer und Frauen bis auf die Haut ausgezogen und geschlagen. Dort steht auch der Gestapomann M.

Der Anwalt kommt nach Hause, das heißt in die Ecke des dunklen, feuchten Zimmers, in dem noch fünf weitere Familien leben (die Lage in der Wohnung Nr. 5 vom ersten Block der Kailis-Fabrik). Schweigend erträgt er alles; er wird immer schwächer und kränker, doch er arbeitet (Schilderung der Arbeitsbedingungen).

Er stirbt im Krankenhaus. Portrait des jüdischen Krankenhauses im Ghetto. Beschreibung der Ärzte. Die Kranken in den Korridoren, je acht bis zehn Patienten in den kleinen Zimmern. Das Stöhnen und Geschrei der hilflosen Kranken.

Der Traum des Anwalts vor seinem Tod. An seiner ehemaligen Wohnung klopft jemand an. Das Dienstmädchen öffnet die Tür. Herein stürzt ein Rotarmist, erschöpft, hungrig; er trägt eine Mütze mit Ohrenklappen und Filzstiefel, seine Uniform ist zerrissen. Ein Junge – der Sohn des Anwalts – kommt herbeigerannt, er fällt dem Rotarmisten vor die Füße und umarmt seine Knie. Der Anwalt und seine Frau bringen dem Rotarmisten Brot; sie fragen ihn, ob die Russen nahe sind, ob die Rettung bald kommt. Kaplan erwacht; er sieht, daß er im Krankenhaus liegt, und stirbt.

Zusammen mit sechs anderen Toten wird er in zugenagelten Kisten auf ein Fuhrwerk geladen, die Kisten werden mit einem schwarzem Tuch zugedeckt und zum Friedhof gebracht (durch zwei, drei Sträßchen im Ghetto). Mitgehen darf man nur bis zum Ghettotor. Weiter darf nicht gegangen werden. Niemand weint außer seiner Frau. Die übrigen beneiden ihn. So ein Glückspilz: Er ist eines natürlichen Todes gestorben. Er wurde nicht gequält und nicht in Ponary ermordet, wie Tausende anderer …

Litauer und Polen
Februar 1943

3. Februar 1943. Heute hat die Treibjagd auf die Litauer und Polen begonnen. Die Litauer, die den Deutschen bisher bei der Vernichtung der Juden und anderer »schädlicher Elemente« geholfen haben, sollen jetzt als Gehilfen an die Front geschickt werden, um gegen die Bolschewiken zu kämpfen. Doch die heldenhaften Räuber und Mörder von wehrlosen Menschen haben überhaupt keine Lust zu kämpfen, weder für die Deutschen noch für »ihr Vaterland«, wozu die Deutschen sie zu überreden versuchen; denn sie sehen bereits, wie ihr »Vaterland« unter deutscher Herrschaft aussehen wird. Sie werfen die an sie ausgeteilten deutschen Uniformen von sich, und anstatt in die für sie bereitgestellten Züge zu steigen, flüchten sie in den Wald oder in die umliegenden Dörfer. Auf der Suche nach den Entlaufenen hat die SS, die deutsche Sicherheitspolizei, damit begonnen, auf den Straßen die Passanten anzuhalten und von allen die Ausweise zu kontrollieren. Auch Polen werden angehalten, sie werden auf Lastwagen verfrachtet und zu Polizeirevieren gebracht. Diejenigen unter ihnen, die bei deutschen und litauischen Betrieben oder Ämtern beschäftigt sind, werden durchgelassen, alle übrigen werden zur Zwangsarbeit abgestellt. Die Straßen der Stadt, die schon in der letzten Zeit recht leer waren, sie sind jetzt gänzlich ausgestorben. Nur ab und zu ist Hundegebell zu hören und das Rufen der Jäger.

Die Litauer und Polen fühlen nun wenigstens einiges von der Angst, in welcher die Juden, die nach all den »Säuberungen« bisher noch am Leben geblieben sind, schon fast zwei Jahre verbracht haben. Als die Juden wie die Schafe zur Schlachtbank geführt wurden, sagten die Polen, daß sie selbst so etwas nie hinnehmen würden, daß sie sich erheben und mit dem Gewehr in der Hand ihr Leben und ihre Ehre verteidigen würden. Doch jetzt sind sie an der Reihe, und von irgendeiner Form von Protest oder Widerstand ist bisher nichts zu sehen …

In dieser Situation kann es zu völlig paradoxen Geschehnissen kommen. Dieselben Litauer, die zuvor die Juden ins Ghetto getrieben und in Ponary erschossen haben, suchen jetzt »bei den Juden«, innerhalb des Ghettos, nach Rettung vor den Deutschen, die hinter ihnen her sind. Im Schutz der Dunkelheit versuchen sie unbemerkt über die Ghettomauer zu klettern, um sich auf den Dachböden oder in den Kellern des Ghettos zu verbergen. Doch jetzt haben die Deutschen der jüdischen Polizei bereits einen strengen Befehl erteilt, genau dies zu verhindern.

9. Februar 1943. Der litauische Erzbischof in Kowno hat sich geweigert, die an die Front rückende litauische Legion zu segnen.

13. Februar 1943. Vor fast zwei Monaten, am 18. Dezember letzten Jahres, verhaftete die Gestapo eine Gruppe von Juden, die von der Arbeit in Dembuwka (ein Landgut in der Nähe von Wilna) zurückkehrten. Die Gruppe bestand aus 19 Personen (vier Männer und 15 Frauen), alle hatten sie mehrere Kilogramm Mehl in einem in die Kleidung eingenähten Beutel dabei. Bei ihrer Durchsuchung wurden sie brutal geschlagen, dann zur litauischen Sicherheitspolizei gebracht und von dort aus zum Arresthaus (in der Lidskij Gasse). Doch als Murer von diesem Vorfall erfuhr, befahl er, die ganze Gruppe unverzüglich der Gestapo zu überstellen und ins Lukischki-Gefängnis zu bringen – ein Ort, von dem in letzter Zeit niemand zurückgekehrt ist. Einige der Ghettoleiter versuchten, mit den Deutschen zu verhandeln und einen Freikauf der Gefangenen zu erreichen. Das war sehr schwierig, zumal es im Ghetto keine bedeutenden Geldsummen oder Wertsachen mehr gab; unter großer Gefahr mußte Geld beschafft werden, das noch irgendwo in der Stadt versteckt war. Und doch gelang es in drei Schüben, alle zu befreien. Die letzten neun Menschen sind heute freigekommen …

Von Zeit zu Zeit wird das Lukischki-Gefängnis vollständig von seinen Insassen »gesäubert«, das heißt, alle werden nachts nach Ponary gebracht und erschossen. Unmittelbar danach öffnet das Gefängnis wieder seinen unersättlichen Rachen und verschlingt weitere Opfer. Um erschossen zu werden, muß man kein Schwerverbrecher sein; für einen Juden reicht es, einfach Jude zu sein. Wenn ein Jude ins Gefängnis kommt, hat er sehr selten die Chance, lebend wieder herauszukommen. Vielleicht hat er das Glück, jemanden zu kennen, der Kontakt zur deutschen Obrigkeit hat (beispielsweise einen der Ghettoleiter, der sich persönlich für seinen Fall interessiert), sich für ihn einsetzt und es auch schafft, die verlangte Geldsumme aufzutreiben. Doch auch Geld hilft nicht immer. Das Los dieses Menschen hängt von jedem einzelnen Gestapooffizier ab. Wenn einer von ihnen bereit ist, den Gefangenen für eine bestimmte Summe freizulassen, ein anderer aber nicht mitmacht, dann muß gewartet werden, bis dieser andere weggeht, beispielsweise in Urlaub.

Unterdessen ist es nicht einfach, im Gefängnis zu überleben. Die Gefangenen schlafen in ungeheizten Zellen, direkt auf dem Boden. Im Winter bekommen sie Frostbeulen, und es erfrieren ihnen die Zehen. Zu essen bekommen sie ein Stückchen Brot, ungefähr 50 Gramm (das ist alles, was in der Zelle ankommt; die Hälfte steckt derjenige ein, der das Brot austeilt), zweimal am Tag Kaffee-Ersatz und einmal eine wäßrige Brühe, die sich »Suppe« nennt … Aber wenn einer von den Größen des Nationalsozialismus (Goebbels, Göring oder gar Hitler) in Deutschland eine Rede hält, in der unweigerlich etwas Schlechtes über die Juden gesagt wird, ist das Schicksal der gefangenen Juden besiegelt – sie werden noch in derselben Nacht erschossen. (Nachschrift: So wurde am 22. Februar der Kürschner Benjamin Breslin erschossen. Er hatte einer polnischen Bekannten den Mantel seiner zuvor schon erschossenen Frau gegeben und sie gebeten, den Mantel zu verkaufen und mit dem Geld Brot für ihn zu kaufen. Die Polin wurde festgehalten, der Mantel beschlagnahmt und Breslin erschossen. Zusammen mit ihm wurden neun weitere Juden erschossen. Einen Tag zuvor hatte Göring eine Rede gehalten.)

16. Februar 1943. Am Unabhängigkeitstag des litauischen Staates führten die Deutschen den Litauern anschaulich vor, wie sie – die Deutschen – dieses Ereignis auffassen. In einer an diesem Tag erschienenen Verordnung wurde es den Litauern verboten, aus Anlaß des Feiertags Demonstrationen, Umzüge oder Versammlungen jeglicher Art auf Straßen und Plätzen oder in geschlossenen Gebäuden abzuhalten. Selbst in den Kirchen war es verboten, Reden und Predigten zu diesem Anlaß zu halten. Es war nicht erlaubt, litauische Fahnen allein herauszuhängen, sie durften nur zusammen mit deutschen Fahnen herausgehängt werden. Erst jetzt, scheint es, haben die litauischen Nationalisten begriffen, daß ihre Selbständigkeit den Deutschen keinen Groschen wert ist.

Irgendwo in der Stadt kam es zu Zusammenstößen zwischen Litauern und Deutschen. Im Hotel Europa auf der Dominikanskaja Straße fielen Pistolenschüsse; bewaffnete Gestapomänner kamen in einem gepanzerten Auto zum Ort des Geschehens. Es wurde auch bekannt, daß die Gestapo mehrere Litauer umgebracht hatte. So wurde am 16. Februar Bronislaw Schaken, der Direktor mehrerer Mühlen, auf der Stelle erschossen. In der litauischen Zeitung wurden zahlreiche Beileidserklärungen an die Frau und die Kinder des tragisch umgekommenen Direktors veröffentlicht. Es heißt, daß der Litauer in einem privaten, friedlichen Gespräch mit einem deutschen Offizier fragte: »Wann werden Sie endlich mit Ihrer Trauer um Stalingrad aufhören?« Die Antwort auf diese Frage kam in der Form eines Pistolenschusses, der den Direktor auf der Stelle tötete.

19. Februar 1943. Wieder sind Juden am Ghettotor verprügelt worden. Liza Sch. hatte einige Kilo Kartoffeln bei sich. Murer stand am Tor. Er riß der Frau das Kleid vom Leib und verabreichte ihr eigenhändig fünfzehn Hiebe mit einem Gummiknüppel.

21. Februar 1943. Im gesamten Umland hat eine Strafaktion gegen ansässige Bauern begonnen, die ihre Pflichtabgaben von Lebensmitteln für die Deutschen nicht erfüllt haben. Am 14. Februar wurden in Troki vier Bauern erschossen. Sie wurden mit gebundenen Händen zum Markt gebracht, wo ein deutscher Offizier sie alle umbrachte. In der Ortschaft Schyschmory wurden fünf Bauern für dasselbe Vergehen zum Tode verurteilt. Sie wurden vom selben Offizier erschossen, der auch die Bauern in Troki erschossen hatte.

Täuschung und Mord
5. April 1943

Dieser Tag war einer der schrecklichsten Tage für alle Bewohner des Ghettos. An diesem Tag entfaltete sich nach einer langen Ruhephase eine neue blutige Tragödie. An diesem Tag wurden aus heiterem Himmel im Wald nahe des Bahnhofs von Ponary ungefähr 5000 Menschen erschossen. An sich war die Ermordung von unschuldigen Menschen nichts Neues, doch die Art, in welcher diese »Operation« geplant und dann ausgeführt wurde, erschütterte alle Juden, die noch am Leben geblieben waren …

Kurz vor diesem Tag verlangte die Gestapo vermittels des Ghettoleiters Gens, daß alle Juden aus den umliegenden kleinen Städten, die noch in Ghettos lebten, sowie alle Juden aus den umliegenden Arbeitslagern unverzüglich nach Wilna gebracht würden und von dort aus weiter nach Kowno, Schosly und Vievis. Gens erhielt den Auftrag, alle kleinen Ghettos im Gouvernement Wilna zu bereisen und den Juden zu versichern, daß diese Maßnahme nötig sei, weil diese Ghettos zu dicht an der Front lägen und weil man die Juden auch vor dem Vorwurf schützen wolle, daß sie mit russischen Partisanen kollaborierten. Den Juden wurde versichert, daß man sie unversehrt an ihren neuen Bestimmungsort umsiedeln würde. Es wurde ihnen gestattet, ihr gesamtes Hab und Gut sowie ihre Essensvorräte mitzunehmen.

Die erste kleine Gruppe von Juden aus dem Ghetto von Swienciany, bestehend aus mehreren hundert Menschen, darunter auch die Mitglieder des Judenrats sowie eine Anzahl von reicheren Juden, erreichte auf Karren wohlbehalten das Wilnaer Ghetto. Das wirkte beruhigend auf die übrigen, so daß sich alle freiwillig und gerne auf den Weg nach Wilna und Kowno machten, im Vertrauen auf das Versprechen von Gens, daß ihnen nichts geschehen würde, alles ordnungsgemäß verlaufen würde und daß die jüdische Polizei von Wilna die Transporte zu den Bestimmungsorten begleiten würde.

Auf Anordnung der Gestapo reiste Gens nach Michalischki, Oschmiany, Soly und anderen Städtchen im Wilnaer Gouvernement, in denen es noch kleine Ghettos gab, und überall gelang es ihm, die Juden zu überzeugen, daß ihr Abtransport ihnen das Leben retten würde und daß sie nicht in den Tod geführt würden. Im Wilnaer Ghetto selbst wurden Listen von jenen zusammengestellt, die zu ihren Verwandten nach Kowno umsiedeln wollten; auf den Listen befanden sich die Namen von alteingesessenen Ghettobewohnern wie auch von mehreren hundert Neuankömmlingen aus den umliegenden Städtchen und den Wald- und Arbeitslagern.

Am Sonntag, den 4. April 1943, verließ die erste Gruppe das Wilnaer Ghetto, ungefähr 400 Menschen, die sich für die Umsiedlung nach Kowno eingetragen hatten und nun in Begleitung von jüdischen Polizisten zum Bahnhof gingen, wo sie in Güterwaggons verfrachtet wurden. Tags zuvor waren jüdische Arbeiter aus den technischen Werkstätten des Wilnaer Ghettos auf Befehl der Gestapo zum Stadtbahnhof beordert worden. Dort standen 80 mit Juden überfüllte Waggons, die aus den umliegenden Ortschaften gekommen waren und zur Weiterfahrt nach Kowno bestimmt waren. Die jüdischen Arbeiter versperrten die Fenster der Waggons mit Stacheldraht und vernagelten alle Öffnungen mit Brettern, so daß niemand herauskriechen konnte. Das war für sich genommen schon verdächtig, doch beruhigte alle die Tatsache, daß die jüdische Polizei den Transport nach Kowno begleiten sollte und die Gestapo dem Vertreter des Wilnaer Ghettos, Gens, versichert hatte, daß den Juden nichts geschehen würde. Die in den Waggons sitzenden Menschen waren sogar fröhlich, sie sangen Lieder, aßen und tranken, denn sie hatten aus ihren Dörfern und Städtchen eine ansehnliche Menge von Essensvorräten mitnehmen können. Sie waren zufrieden, daß sie in die große Stadt Kowno fuhren; das Ghetto dort galt als sehr geräumig und verhältnismäßig gut eingerichtet.

Doch plötzlich kommt zum letzten Waggon – dort wo die jüdischen Polizisten zusammen mit Gens und dem Chef der jüdischen Polizei, Dessler, stehen – ein polnischer Bahnarbeiter, ein Maschinist gelaufen; er schaut sich ständig um, aus Angst, von den Deutschen bemerkt zu werden, und flüstert der Gruppe zu: »Juden, paßt auf! Der Zug fährt nicht nach Kowno, er fährt nur nach Ponary. Wir haben nur für diese kurze Strecke Kohlen und Maschinenöl bekommen. Rettet euch!« Diese Nachricht erschütterte Gens. Er begriff sofort, daß irgend etwas nicht stimmte. Und er konnte nicht zulassen, daß man ihn auf diese Weise betrog. Er hatte ja ein Papier vom Wilnaer Bezirkskommissar, das bescheinigte, daß der Transport nach Kowno ging. Und Murer hatte ihm ja einen Brief von Müller, dem Gestapovertreter in Kowno, gezeigt, in dem stand, daß dieser 5000 jüdische Arbeiter brauchte. Gens eilt zum wachhabenden deutschen Offizier im Bahnhof, der ihm jedoch versichert, daß der Zug nach Kowno fährt. Gens kehrt zum Waggon zurück und teilt seinem Gehilfen Dessler seinen Verdacht mit. Für Überlegungen ist es jetzt allerdings zu spät: Der Zug setzt sich in Bewegung; die jüdische Polizei sitzt beunruhigt und erregt im letzten Waggon des riesigen Zugs, unterwegs zu einem unbekannten Ort.

Der Zug durchfuhr gerade den kleinen Tunnel vor dem Bahnhof von Ponary, als plötzlich ein heimlicher Wortwechsel auf deutsch und litauisch zu hören war. Er stammte von Gestapoagenten und litauischen Soldaten aus einer Sondereinheit, die hier auf den Zug warteten. Alles wurde sofort deutlich. Der tückische Plan der Gestapo war aufgegangen …

Der Zug hielt am Bahnhof von Ponary an, und hier begann sofort ein grauenhaftes, niederträchtiges, erschütterndes, ein einfach unglaubliches, blutiges Massenschlachten. Im letzten Moment vor dem Beginn der Mordaktion eilte Weiss zum Waggon, in dem die jüdischen Polizisten saßen, und befahl ihnen, sofort in einen Lastwagen zu steigen und nach Wilna zur Gestapo zu fahren, wo sie auf ihn warten sollten. Auf diese Weise wurde die jüdische Polizei gerettet.

Ein Waggon nach dem anderen wurde geöffnet, die Menschen aus ihnen herausgeholt und auf ein vorbereitetes Gelände getrieben, das von litauischen Soldaten umstellt war. Hier befand sich eine riesige Grube. Während sie unentwegt mit Knüppeln und Gewehrkolben geschlagen wurden, mußten sich alle ausziehen, selbst ihre Unterwäsche mußten sie ablegen, so daß sie völlig nackt dastanden. Alle Männer, Frauen und Kinder wurden nackt durch einen engen Kanal von einer Grube in die nächste getrieben. Die rasenden, betrunkenen litauischen Soldaten, ungefähr 100 an der Zahl, schossen unter der Leitung von einem Dutzend deutscher Gestapoagenten aus Gewehren, Pistolen und Maschinengewehren auf die völlig überwältigte und erschütterte Menschenmenge. Auch Handgranaten warfen die Soldaten in die Todesgrube. Die Kugeln, mit denen die Unglücklichen erschossen wurden, waren sogenannte Dumdum-Geschosse, die die Körper zerfetzten.

Als die Menschen in den hinteren Waggons sahen, was sich ereignete, durchbrachen sie verzweifelt und panisch die Fenster und Türen der Waggons und flüchteten in verschiedene Richtungen. Doch die litauischen Soldaten und die Gestapomänner schossen auf die Flüchtenden wie auf davonfliegende Vögel, und die Opfer fielen von den tödlichen Kugeln getroffen direkt auf den Gleisen oder etwas weiter im Wald zu Boden. In einzelnen Fällen verfolgten die Gestapoagenten und Weiss selbst die Flüchtlinge durch den Wald und erschossen sie mit Pistolen. Einige junge und gesunde Menschen warfen sich verzweifelt auf ihre Mörder, die sie verräterisch in die Falle gelockt hatten, und stachen mit kleinen Taschenmessern oder irgendwelchen anderen Gegenständen, die sie gerade zur Hand hatten, auf sie ein. So wurden zwei litauische Soldaten getötet und ein deutscher Gestapomann verletzt.

Die Exekution der in den Hinterhalt geführten Menschen dauerte von elf Uhr morgens bis drei Uhr nachmittags an. Es wurden ungefähr 5000 Menschen umgebracht. Nur sehr wenigen gelang die Rettung. Einer rettete sich, indem er sich in einem der Waggons versteckte; zwei Tage lang lag er unter den mit Kleidung und Essen gefüllten Säcken. Einige wurden von den Kugeln nicht getroffen und konnten fliehen. Mit Unterstützung von Ortsansässigen gelangten sie am folgenden Tag ins Wilnaer Ghetto zurück. Als die deutsche Obrigkeit davon erfuhr, befahl sie, alle Juden, die eigenmächtig ins Wilnaer Ghetto kamen, unverzüglich auszuliefern.

Einige Tage zuvor war ein Transport von Juden aus dem Ghetto von Swienciany auf dem Bahnhof von Nowo-Swienciany auf die gleiche Weise abgeschlachtet worden. Die jüdische Polizei vom Wilnaer Ghetto, die diesen Transport aus dem Ghetto von Swienciany begleitete, versicherte den Menschen, daß sie ins Wilnaer Ghetto umgesiedelt würden; dann wurden sie aber mit der Schmalspurbahn nur bis zum Bahnhof von Nowo-Swienciany gebracht. Dort wurde den jüdischen Polizisten befohlen, sofort nach Wilna zurückzukehren, während der Transport von bereits wartenden litauischen Soldaten aus einer Sondereinheit übernommen wurde. Unter der Leitung einiger Gestapooffiziere trieben sie die Juden zum Waldrand hinter dem Bahnhof, wo die unbewaffneten Menschen erschossen wurden. Die Toten wurden an Ort und Stelle in dafür vorbereiteten Gruben verscharrt.

Auch hier konnten sich wie in Ponary einige Menschen retten. Am Bahnhof von Nowo Swienciany rannte ein kleines Mädchen mit einem durchschossenen Bein in den Wald, erschöpft setzte es sich auf einen Baumstumpf und blickte verzweifelt und ängstlich um sich. Von weitem sah es eine Frau, die sich ihm näherte. Wie groß war die Freude des Mädchens, als es sah, daß es die eigene Mutter war ... Solch eine Szene gab es auch im Wilnaer Ghetto. Einem achtjährigen Jungen war es gelungen, in Ponary dem Tod zu entkommen. Polnische Jungen, denen er unterwegs begegnete, nahmen ihm sein Mäntelchen und seine Schuhe ab, doch wiesen sie ihm den Weg zurück nach Wilna. Als er barfüßig im Ghetto anlangte, erblickte er zu seinem großen Erstaunen auf der Straße plötzlich seinen Vater, der auch dem Tod entronnen war.

Seine Mutter und seine beiden Schwesterchen wird er jedoch nicht mehr wiedersehen, sie sind tot, und ihre Körper liegen erkaltet im Massengrab …

In der Geschichte der Menschenvernichtung hat es wohl noch nie einen so hinterhältig inszenierten Massenmord gegeben. Nach einem vorher durchdachten Plan wurden Tausende junger und gesunder Menschen mit einer schändlichen Lüge in eine Falle gelockt und wie Vieh auf der Schlachtbank abgeschlachtet. Diese jungen und gesunden Menschen, Fachleute und Handwerker, hatten die ganze Zeit für die Deutschen gearbeitet und waren sich sicher gewesen, daß sie kraft ihrer nutzbringenden Arbeit am Leben bleiben würden. Die Gestapo war aber nicht an ihrer Arbeit interessiert, sondern allein an ihrer Vernichtung. Hätten sie gewußt, daß man sie zur Exekution wegbrachte, so wie es in Wilna und anderenorts schon seit längerem praktiziert wurde, hätten sie begriffen, daß dies sozusagen eine ganz gewöhnliche »Säuberung« war, dann hätten sie Vorbereitungen zum Widerstand getroffen und versucht, ihr junges Leben so teuer wie möglich zu verkaufen. Das hatten die Leute von der Gestapo wohl auch begriffen, und deshalb beschlossen sie, gegenüber diesen starken Menschen vom Land einen neuen Plan anzuwenden, mit Hilfe der Polizei vom Wilnaer Ghetto, die ebenfalls hinters Licht geführt wurde.

Die Frechheit der Gestapo und ihr Vertrauen in den Gehorsam und Eifer der jüdischen Polizei waren so groß, daß am Tag nach dieser schrecklichen Tragödie, als das ganze Ghetto erschüttert war von der Nachricht von der grausamen Schlachtung, die im Wald beim Bahnhof von Ponary stattgefunden hatte, Gestapoagenten mit Weiss an der Spitze in ihrem großen grünen Lastwagen (in den 30 bis 40 Menschen hineingingen und in dem häufig Gefangene aus dem Gefängnis nach Ponary zur Exekution gebracht wurden) ins Ghetto gefahren kamen. Sie verlangten von Gens, daß er ihnen unverzüglich die 25 jüdischen Polizisten ausliefert, die am Vortag in Ponary gewesen waren. Im Ghetto entstand der übliche Tumult, der durch die Angst, die den Menschen

Ghettokinder

wegen der Erschießungen vom Vortag in den Knochen steckte, noch vergößert wurde; alle versuchten sich in irgendwelchen Winkeln zu verkriechen. Der zu Tode erschrockene Ghettovertreter brachte hastig die geforderte Anzahl von Polizisten zusammen und lieferte sie an Weiss aus, der sie in dem Lastwagen mitnahm.

Weshalb die Gestapo sie wollte und wohin sie gebracht wurden, wußte niemand. Wie sich später herausstellte, wurden sie zuerst zur Wilnaer Gestapo gebracht und von da aus nach Ponary. Dort mußten sie die toten Juden zusammentragen und begraben, die im Wald verstreut lagen, da wo die Kugeln ihrer Verfolger sie getroffen hatten. Außerdem wurde den jüdischen Polizisten befohlen, die Kleidung der Erschossenen, die in der ersten riesigen Grube lag, wo sich die Juden vor ihrem Tod entkleidet hatten, aufzusammeln und in die Güterwaggons zu laden. Diese Kleidung wurde zusammen mit dem in den Waggons verbliebenen Hausrat und den Lebensmitteln nach Wilna gebracht. Dort wurde dann auch der Jude gefunden, der sich in einem der Waggons versteckt gehalten hatte.

Die Leichtgläubigkeit der Juden vom Land, ihre Zuversicht, daß man sie wirklich ins Kownoer Ghetto bringen würde, waren so groß, daß sie alle ihre Habseligkeiten, ihre Kissen und Decken, das Küchengeschirr und allerlei Haushaltsgeräte mit sich genommen hatten. All diese Dinge wurden nach Wilna in die Depots der Gestapo gebracht, wo jüdische Arbeiter aus dem Ghetto unter den Augen von Gestapoagenten die Sachen sorgfältig sortieren und prüfen mußten, ob nicht irgendwo Geld oder Wertsachen versteckt waren. Das gefundene Geld sowie guterhaltene Kleidung und überhaupt die besten Sachen wurden von den Deutschen eingesteckt. Alles übrige – alte Kleidung, zerrissene Decken, Kissen, Küchengerümpel – wurde ins Wilnaer Ghetto geschickt. Beim Anblick der Dutzende von Fuhrwerken, die beladen mit den Habseligkeiten der Ermordeten ins Ghetto hereingefahren kamen, fuhren die Ghettobewohner wie vom Blitz getroffen zusammen. Die Grausamkeit der Mörder hatte einen solchen Grad an Zynismus erreicht, daß sie allen unglücklichen Bewohnern des Ghettos offen zeigen wollten, was mit ihren Brüdern geschehen war und was sie selbst noch erwartete …

Alle verstanden diese Herausforderung, doch die waffenlosen und entkräfteten Menschen waren zu nichts anderem fähig, als in Furcht und Schrecken darauf zu warten, bis sie selbst an der Reihe waren. Und die frommen Juden erklärten, wie es in solchen Fällen üblich war, die kommenden Tage zu Fasten- und Trauertagen, um der Ermordeten zu gedenken. Das war alles, was die unglücklichen Sklaven taten …

Als nach einigen Tagen das deutsche Arbeitsamt vom Ghetto eine bestimmte Anzahl von Juden zur Arbeit anforderte, antwortete das jüdische Arbeitsamt vom Wilnaer Ghetto auf vieldeutige Weise, daß alle Arbeiter nach Kowno geschickt worden seien …

»Hundemarken«
Mai 1943

Im Mai 1943 erhielten alle Juden im Ghetto und in den Arbeiterblöcken Personalausweise. Die neuen Ausweise sahen wie kleine Hefte aus und waren gelb. Auf der ersten Seite stand ein großes »M« (Mann) für Männer oder ein großes »W« (Weib) für Frauen. Darunter stand eine Bemerkung, daß der Personalausweis nur in Verbindung mit der vom deutschen Arbeitsamt im April 1942 ausgestellten Arbeitsbescheinigung gültig ist. Ebenso auf der ersten Seite befanden sich in der Mitte ein Stempel in der Form eines Judensterns mit der Aufschrift »Polizeiamt Wilna« sowie die folgenden Angaben: Ausweisnummer, Familien- und Vorname des Inhabers, Vatersname, Geburtsjahr und -ort, Familienstand, persönliche Kennzeichen und Beruf. Danach folgten die Unterschrift von Jakob Gens, ein Fingerabdruck des Ausweisbesitzers und Ort und Datum der Ausstellung: Wilna, Ghetto. Mai 1943. Auf der dritten Seite waren die Nummer der Arbeitsbescheinigung, das Polizeirevier, in dem der Ausweisbesitzer gemeldet war, und der Meldepunkt im Ghetto angegeben.

Außer dem Ausweis wurde jedem Juden eine runde Blechmarke ausgeteilt, so wie bei einem Hund. Auf der Scheibe aus weißem Blech war ein Judenstern gestempelt, in dessen Mitte sich eine fortlaufende Nummer befand, die Buchstaben »WG« (Wilnaer Ghetto) und wiederum ein »M« oder ein »W«. Diese »Hundemarken«, wie sie selbst von der Gestapo genannt wurden, mußten die Juden dann auch wie Hunde um den Hals tragen und bei der ersten Aufforderung den deutschen und jüdischen Behörden vorzeigen.

Die Austeilung der Personalausweise und der »Hundemarken«

löste unter den Ghettobewohnern große Unruhe aus. Alle waren davon überzeugt, daß die Maßnahme nichts Gutes bedeutete. Im Ghetto machten unheilvolle Gerüchte die Runde. Es hieß, daß ältere Menschen keine Ausweise und Marken bekommen und erschossen werden würden, weil sie »überzählig« und unnütz seien. Ergraute Frauen machten sich daran, ihre Haare zu färben, um jünger auszusehen. Einige Männer, denen das möglich war, ließen ihre Mütter als Ehefrauen registrieren, weil die Ehefrauen von arbeitenden Männern erfahrungsgemäß eine viel größere Überlebenschance hatten als deren Mütter. Insgesamt versuchte jeder bei dieser Registrierung, sich als jünger auszugeben.

Die Panik kam der mit der Ausgabe der Ausweise und Marken beschäftigten jüdischen Polizeibehörde gelegen. Wie es allgemein bei solchen Aktionen üblich war, bereicherte sich der eine oder andere durch Abgaben und Schmiergelder. Die Gestapo erhielt unterdessen eine relativ genaue Statistik der Ghettobevölkerung.

Bald stellte sich heraus, daß die Ausgabe der Pässe und Marken niemandem wirklich nützte. Die Maßnahme – wie viele andere – hatte den Zweck, die Juden zu verwirren und zu verängstigen und sie in ständiger Furcht und Ungewißheit zu halten. Zudem gab es unter den Gestapoleuten eine ganze Reihe von echten Sadisten, die mit den Juden »spielten«, so wie eine Katze mit einer Maus spielt, bevor sie das kleine Tier endgültig verschlingt.

Machtkampf im Ghetto
Juni–Juli 1943

Am 26. Juni 1943 kam es im Ghetto fast zu einer »Palastrevolte«. Interne Gegensätze zwischen den leitenden Personen waren ans Licht gekommen, Gegensätze, die sich in letzter Zeit im Zusammenhang mit der Fluchtbewegung von jungen Leuten in die Wälder verschärft hatten. Es ging darum, daß nach der Ermordung am 5. April 1943 von etwa 5000 Menschen, die hinterhältig nach Ponary gebracht worden waren, bei der Jugend – und übrigens bei den meisten anderen Ghettobewohnern auch – der feste Wille entstanden war, sich nicht mehr wehrlos töten zu lassen wie bisher. Die Menschen beschlossen, entweder im Ghetto eine Selbstverteidigung zu organisieren oder aus dem Ghetto in den Wald zu flüchten. Da es zur Bildung einer Selbstverteidigung vieler Waffen bedurfte, diese aber nicht beschafft werden konnten, blieb die zweite Variante übrig: die Flucht in den Wald. Das konnten freilich nur die jungen und kräftigen Menschen tun, was bedeutete, daß im Ghetto alle Schwachen zurückbleiben würden – ältere Menschen, viele Frauen, Kinder: Menschen also, die nicht in der Lage waren, viel und schwer zu arbeiten. Und da sie keinen wesentlichen Nutzen erfüllten, würden sie alle von den Deutschen vernichtet werden, so wie es schon in Warschau und in anderen Städten, in denen es viele Juden gab, geschehen war.

Jakob Gens vertrat den Standpunkt, daß das Ghetto unbedingt erhalten werden müßte, selbst um den Preis der Auslieferung von stets neuen Schlachtopfern auf Geheiß der deutschen Obrigkeit. Doch sei es jedes Mal möglich, mit den Deutschen über die Anzahl der geforderten Juden zu verhandeln. Gens nannte dies eine Taktik des Lavierens in Erwartung besserer Zeiten und in der

Hoffnung, auf diese Weise wenigstens einen Teil der Ghettobewohner zu retten. Der Jugendleiter Glasman war gegen die Herausgabe von weiteren Menschen, aber da er nicht imstande war, im Ghetto eine Selbstverteidigung zu organisieren, trat er für die Flucht der jungen Menschen ein.

Aus der Sicht von Gens war eine Massenflucht von jungen Ghettobewohnern gleichbedeutend mit der Vernichtung des gesamten Ghettos, und daher widersetzte er sich diesem Vorhaben mit allen Mitteln. Im Laufe der letzten Wochen wurden beim Eingang zum Ghetto, im Ghetto selbst und auch in den beiden Blöcken der Pelzfabrik gründliche Durchsuchungen vorgenommen. Es wurde nach Waffen gesucht, und es wurden Menschen aufgespürt, die Gens unliebsam waren, weil sie die geplante Flucht der Jugend organisierten.

Gens hielt Glasman für den wichtigsten Jugendleiter im Ghetto, und am Samstag, den 26. Juni, wurde Glasman am hellichten Tag bei seiner Rückkehr von der Arbeit am Ghettotor auf Befehl von Gens vom Chef der Kriminalpolizei des Ghettos, Oster, verhaftet. Im Wachhaus neben dem Ghettotor wurden ihm Handschellen angelegt, danach brachte man ihn in den Hof des ehemaligen Judenrats in der Rudnitskaja Straße 6. Dort wurde er auf ein bereitgestelltes Fuhrwerk gesetzt und an den Koppelbalken des Wagens festgebunden. Mit dem Wagen sollte er zu einer neuen Arbeitsstelle gebracht werden, die man für ihn außerhalb der Stadt auf dem Landgut von Rescha ausgesucht hatte. Doch in dem Moment geschah etwas, was die kurzsichtigen, allzu selbstgewissen Akteure dieses Plans nicht vorhergesehen hatten. Wie aus dem Boden geschossen, standen plötzlich Anhänger von Glasman vor ihnen, sie verjagten die Polizisten, hoben ihren Führer vom Wagen, sägten ihm die Handschellen durch und brachten ihn in die Straschun Straße 6. Dieser Vorfall machte deutlich, daß Glasman auch unter den Polizisten zahlreiche Anhänger hatte.

Gens stand unterdessen beim Ghettotor, an der Ecke Rudnitskaja- und Zawalnaja Straße, und wartete offenbar auf das Erscheinen des Fuhrwagens mit Glasman. Als er merkte, daß der Wagen nicht auftauchte, eilte er zurück ins Ghetto, wo er erfuhr, daß der Plan zur großen Schande seiner Organisatoren mißglückt war. Gens wurde darüber sehr wütend. Mit gezückter Pistole rannte er durch die Rudnitskaja Straße zum Hauptquartier. Wenn der Kampf beim Fuhrwagen um Glasman noch angedauert hätte, hätte Gens ohne jeden Zweifel energische Maßnahmen ergriffen, die möglicherweise auch Opfer nach sich gezogen hätten. Doch alles war schon vorbei. Das Ansehen und die Machtstellung von Gens waren stark ins Wanken geraten, und der Ruhm Glasmans mehrte sich wie nie zuvor. Genau das war eigentlich alles, was es in dieser Situation zu beweisen galt.

Am Abend des gleichen Tags begab sich Glasman freiwillig zur Arbeit in das Landgut von Rescha (16 Kilometer von Wilna entfernt), begleitet von einigen seiner Anhänger (nicht jedoch den Polizisten, die Gens losgeschickt hatte, um ihn zu fassen), während Gens zur gleichen Zeit im Theater eine Ansprache hielt, in der er sagte, daß er seine Linie mit ganzer Entschiedenheit weiter verfolgen würde. Wenn jemand die Leitung des Ghettos von ihm übernehmen wollte, wäre er bereit, sein Amt abzugeben. Doch solange sich niemand dafür bereit fände, würde er die Dinge so regeln, wie er es für notwendig erachtete. Er erklärte die unterschiedlichen Sichtweisen und sagte, daß es um die Mehrheit der Juden und um die Erhaltung des gesamten Ghettos, nicht aber um eine kleine Gruppe von »Helden« ginge, und endete damit, daß, als er Menschen zur Erschießung ausgeliefert hätte, er nicht hätte anders handeln können (warum nicht? – Hierüber kann er noch nicht sprechen) und daß er guten, anständigen Menschen nie etwas Böses zugefügt hätte und auch künftig nicht zufügen würde.

Am Tag darauf begannen die Repressalien gegen Glasmans Anhänger. Elf Polizisten wurden entlassen und zur Schwerarbeit nach Porubanek und anderswohin verschickt. Doch als diese ehemaligen Polizisten zusammen mit anderen Anhängern von Glasman abends von der Arbeit zurückkehrten, bereitete ihnen das »Volk« am Ghettotor eine Ovation.

Hiermit endete der »Putsch«, der dem Ghettoführer Gens le-

Bruno Kittel

diglich beweisen sollte, daß er nicht so stark war, wie er glaubte und daß die Mehrheit hinter den Verfechtern einer anderen Innen- und Außenpolitik im Ghetto stand.

30. Juni 1943. Getreu seiner Taktik hat Gens drei junge Menschen festgenommen, die in den Wald flüchten wollten.

4. Juli 1943. Am Samstag um fünf Uhr nachmittags fand im Theatergebäude eine Versammlung von Brigadeleitern statt, auf der der neue Gestapovertreter Bruno Kittel eine Ansprache hielt. Allein die Tatsache, daß ein Gestapomann vor einer jüdischen Zuhörerschaft sprach, war sehr erstaunlich. Seit Bestehen des Ghettos war das noch nicht vorgekommen. Diese Tatsache veranschaulichte sehr gut, daß die deutsche Obrigkeit sich vor den Juden überhaupt nicht fürchtete; die Juden waren bereits so unterworfen und terrorisiert, daß die Deutschen sich von ihnen nicht bedroht zu fühlen brauchten, sie konnten völlig frei und in absoluter Sicherheit, wie bei sich zu Hause, durch die Gassen des Ghettos schlendern und machen, was sie wollten. Darüber hinaus hatten die Deutschen großes Vertrauen in die jüdische Ghettopolizei. Und es muß gesagt werden, daß die jüdische Polizei, angeführt von ihrem Chef Dessler, dieses Vertrauen seitens der Gestapo völlig verdiente.

Als Beleg dafür kann man das folgende Beispiel anführen: In der Rossastraße befanden sich große Gemüsegärten, die vor dem Krieg polnischen Nonnen gehört hatten, während des Kriegs aber von der Gestapo beschlagnahmt worden waren. Dort wohnte der Gestapomann Weiss, der brutale Henker, der durch und durch getränkt war vom Blut wehrloser Juden. Und aus welchen

Personen setzte sich seine Leibwache zusammen? Aus acht jüdischen Polizisten, die täglich zu ihm in die Gemüsegärten beordert wurden und nachts sogar Waffen ausgeteilt bekamen. Welch ein Paradox! Jüdische Polizisten mit Waffen in der Hand schützen das Leben eines Menschen, der Zehntausenden von unschuldigen Juden das Leben geraubt hat, der zur Befriedigung seiner Lust Hunderte von Juden eigenhändig erschossen hat und sich damit auch noch brüstet.

Kittel, der neue Richter über das Schicksal der Wilnaer Juden, der Murer und Weiss ablöste, wandte sich an die versammelten Brigadeleiter mit der hübschen Anrede »Meine Herren« und sagte, daß er kein blutdürstender Mensch sei, doch daß er jeden, der gegen seine Anordnungen verstoße oder sie ungenau ausführe, erschießen werde. Zuallererst instruierte er die Brigadeleiter, streng über ihre Arbeiter zu wachen. Sie müßten genau wissen, wie viele Arbeiter das Ghetto verließen und dorthin zurückkehrten, und jeden fehlenden Arbeiter sofort bei der jüdischen Polizei melden. Da für geflüchtete Juden alle Mitbewohner in den Gemeinschaftswohnungen hafteten, müßten alle, die auch nur vorhatten zu flüchten, bei der Polizei gemeldet werden. Bis zum Dienstag, den 7. Juli, sollten die Juden vom Ghetto alle Gegenstände aus Gold, alle Wertsachen und auch ihr gesamtes Geld abgeben – bis auf 30 Reichsmark, die jeder als Lohn ausgezahlt bekam. Nach Verstreichen dieser Frist werde er, Kittel, unangemeldete Hausdurchsuchungen durchführen; jeder, bei dem unerlaubte Gegenstände gefunden würden, würde erschossen werden. Er nannte sich einen Spezialisten für Hausdurchsuchungen und erklärte, daß er für Schuldige kein Erbarmen hätte. Was Lebensmittel anginge, so hätte er sich bereits an den Bezirkskommissar gewandt, damit den Juden erlaubt würde, geringe Mengen von Brot, Kartoffeln, Suppe und Gemüse mit ins Ghetto zu bringen. Damit endete seine Ansprache, die einen unbestimmten Eindruck hinterließ.

8. Juli 1943. Mir scheint, daß ich wie der Mönch in Puschkins *Boris Godunow* sagen kann: »Noch ein letztes Wort, und meine Chronik ist beendet.« Ich habe über fast alle Geschehnisse im Leben der Juden vom Beginn des Krieges zwischen Sowjetrußland und Deutschland bis zum Jahr 1943 geschrieben. Doch wird es mir wahrscheinlich nicht gelingen, alles zu überarbeiten, ins reine zu schreiben und druckfertig zu machen. Möge das derjenige tun, der über meine Kladde verfügen wird, und möge er mir meine Nachlässigkeit, Undeutlichkeit und mangelnde Systematik beim Schreiben nachsehen. Die Bedingungen, unter denen ich gearbeitet habe, waren alles andere als normal ... Es gab weder Platz, noch Papier, noch Tinte. Ich schrieb in schrecklicher Enge, manchmal auf dem Klo, manchmal in der Baracke; wenn es keine Tinte gab, mußte ein Bleistift genügen; ich schrieb auf den Knien oder auf der Fensterbank, fast nie an einem Tisch. Und trotzdem wollte ich schreiben. Irgend etwas trieb mich dazu, forderte von mir: »Schreib, schreib ...« Was du nicht aufschreibst, vergißt du ... Und die Geschehnisse, die sich gegenwärtig zutragen, sie ereignen sich so schnell und sind so erschütternd, daß sie, wenn du nicht heute sofort darüber schreibst, morgen bereits unvollständig und ungenau erscheinen; im Lichte von anderen, auf sie folgenden Ereignissen ist man gezwungen, sie mit anderen Augen zu sehen, sie rücken in den Hintergrund. Daher muß man alles sofort niederschreiben, später ist es vielleicht zu spät ...

Und wenn ich selbst dieses Material überarbeiten und druckfertig machen könnte, wie glücklich wäre ich dann ...

Einstweilen jedoch schreibe ich weiter, über neue Geschehnisse.

11. Juli 1943. Der Gestapomann Kittel hat seine mangelnde Blutrünstigkeit, von der er in seiner Rede sprach, schon unter Beweis gestellt. Am 9. Juli wurden ohne jeden Anlaß und gänzlich unerwartet gleich zwei jüdische Arbeitslager vernichtet, in Kieny und Bezdany. Im ersten Lager, in Kieny, arbeiteten 282 Menschen im Torfstich, und in Bezdany waren es ungefähr 300, die Torf stachen, in der Landwirtschaft arbeiteten und andere Schwerarbeit verrichteten. Außerdem waren im Wald unweit des Bahnhofs von Bezdany mehrere Dutzend Juden mit dem Anlegen von Brennstoffvorräten für die Militärgarage Nr. 562 beschäftigt.

Alles lief normal. Die Juden arbeiteten eifrig und ahnten nichts Schlimmes. Und dann plötzlich aus heiterem Himmel ein Donnerschlag. Am Freitag um ein Uhr mittags kam Kittel nach Kieny, rief alle Juden in das geschlossene, mit Stacheldraht umzäunte Lager und sagte in einer Ansprache, daß die Juden fleißig arbeiten sollten, dann hätten sie nichts zu befürchten. Er beendete seine Rede, ging aus dem Lager hinaus und gab ein Signal mit der Trillerpfeife; sofort wurde das Lager von einem Trupp litauischer Polizisten aus einer Sondereinheit, die sich in der Nähe versteckt gehalten hatten, umzingelt. Mit Brand- und Sprenggranaten bewarfen sie das Lager und vernichteten alle Insassen. Abgetrennte Teile von menschlichen Körpern, Beine, Arme flogen durch die Luft. Flüchtlinge wurden mit Gewehren und Maschinengewehren erschossen, die übrigen verbrannten oder wurden durch Handgranaten zerfetzt. Die Schreie der verbrennenden Menschen waren weithin in der Umgebung zu hören.

So wie in Kieny ging es auch in Bezdany zu, mit dem Unterschied, daß sich in diesem Lager zufällig noch 24 Menschen aus einer Gruppe jüdischer Waldarbeiter aufhielten, die in einer litauischen Garage arbeiteten. Aus dieser Gruppe von Waldarbeitern konnten sich nur elf Menschen retten, die weit entfernt im Wald arbeiteten oder zusammen mit ihren deutschen Leitern in ein benachbartes Dorf gegangen waren, um vor der Rückkehr nach Wilna Lebensmittel einzukaufen.

Das Erschießungskommando war am Freitagmorgen aus Wilna losgezogen. Die bei der Gestapo arbeitenden Juden mußten die Maschinengewehre, andere Waffen sowie Munition – Kugeln, Granaten und dergleichen – auf die Fahrzeuge laden. Sie wußten bereits, daß eine blutige Expedition vorbereitet wurde, doch wußten sie nicht, wo und wann sie stattfinden würde und gegen wen sie geplant war. Nun aber verbreitete sich blitzartig die grauenvolle Nachricht: In Bezdany und Kieny waren ohne jeden Grund ungefähr 600 wehrlose Juden vernichtet worden.

Die Juden aus dem dritten Lager, in Bielaja Waka, wo unlängst wegen der Flucht von sechs Arbeitern 67 Menschen umgebracht worden waren, rannten in alle Richtungen auseinander; soweit das Auge reichte, sah man sie in die Felder und in den Wald flüchten, ihr Los dem Schicksal ausliefernd. Was konnten sie von dem litauischen Hinrichtungstrupp, der von den Sadisten der deutschen Gestapo angeführt wurde, schon erwarten? Lieber im Wald an Hunger oder Kälte sterben als durch die Hände dieser Henker. Die Menschen – Männer, Frauen und ihre Kinder – flüchteten sofort, ohne ihre Sachen oder etwas zu essen mitzunehmen. Sie wollten nur so weit wie möglich flüchten, um der Angst und dem qualvollen Tod zu entgehen.

Als die Juden im Ghetto von Wilna von den Ereignissen in Kieny und Bezdany hörten, überkam sie großer Kummer. »Was wird aus uns werden?« lautete die verhängnisvolle Frage. »Werden demnächst auch wir alle unter irgendeinem Vorwand vernichtet werden?« fragten die zu Tode erschrockenen Menschen einander. Überall im Ghetto herrschte große Unruhe. Da erschien in der Wandzeitung des Ghettos eine Erklärung des blutigen Dramas: Die jüdische Polizeibehörde teilte mit, daß die Lager liquidiert worden seien, weil die Juden in diesen Lagern angeblich Kontakt zu Partisanen gehabt hätten; somit hätten die Leiter des Ghettos recht gehabt, als sie sich der Flucht der jungen Juden in den Wald widersetzten. Der Verfasser dieses Berichts fügte noch die kriecherische Mitteilung hinzu, daß die deutschen Befehlshaber auf die jüdischen Arbeiter Rücksicht nähmen, warnten aber die Juden zugleich, daß unverantwortliche Taten von einzelnen das gesamte Ghetto in Gefahr bringen würden. In derselben Wandzeitung wurde ein Verbot von Versammlungen und anderen öffentlichen Zusammenkünften im Ghetto ohne Genehmigung der Obrigkeit verkündet.

Am Sonntag, den 11. Juli, erschien der Henker, der diese blutigen Taten verrichtet hatte, unerwartet im Ghetto. Er war stark angetrunken. Sein Gesicht und sein Hals waren blutrot. Er kam ins Theater und setzte sich in die zweite Reihe, nachdem er alle in der ersten Reihe sitzenden Juden von ihren Plätzen verscheucht hatte. Die Vorstellung wurde auf der Stelle unterbrochen, und das Publikum ging sofort nach Hause. Die Straßen wurden unmittelbar für jeden Verkehr geschlossen; alle Juden verkrochen sich voll Entsetzen in ihren Winkeln in den Gemeinschaftswohnungen des Ghettos.

13. Juli 1943. Die Spannung hat ihren Höhepunkt erreicht. Es scheint, als beginne jetzt die Liquidierung. Die Menschen haben den Kopf verloren. Letzte Nacht zogen sich viele im Ghetto die Kleider nicht aus; sie machten die ganze Nacht hindurch kein Auge zu, sondern warteten in Todesangst darauf, daß jeden Moment die Gestapoleute und die litauischen Polizisten ins Ghetto gestürmt kämen und dann das schreckliche Ende einträte. So verging die Nacht. Am Morgen war die Stimmung sogar noch gedrückter; es schien, als würde die Katastrophe immer näher rükken. Mit jeder Stunde wurde deutlicher, daß das Unwetter ausbrechen würde. Die Menschen rannten verzweifelt umher, als hätten sie den Verstand verloren. Niemand redete miteinander, jedes Wort schien überflüssig. Wenn jemand über etwas zu sprechen begann, wurde er sofort von allen Seiten umringt; jedem kam es vor, als hätte er etwas sehr Wichtiges und Neues gesagt. Jede Aussage wurde verdreht und war nach einigen Minuten nicht mehr wiederzuerkennen. Wenn jemand sagte, daß die Gestapo 1000 Köpfe von Juden als Schlachtopfer verlangte, wuchs diese Ziffer innerhalb von wenigen Minuten auf 15 000 an. Einige sagten, die Gestapo habe die Auslieferung aller Frauen und Kinder zur Exekution verlangt. Andere behaupteten, am Morgen sei eine Verordnung erschienen, wonach Frauen auf dem Weg zur Arbeit nicht aus dem Ghettotor gelassen werden sollten; ihrer Meinung nach bestätigte diese Verordnung die Annahme, daß die Liquidierung des Ghettos begonnen hätte. So verging fast der ganze Tag. Als die Arbeiter von ihren Arbeitsstellen zurückkehrten, waren die Wolken, die den ganzen Tag über dem Ghetto gehangen hatten, noch dichter geworden und bedrückten alle Juden mit ihrer bleiernen Last. Die offiziellen Vertreter des Ghettos, Gens und Dessler, verloren jedoch nicht den Kopf. Sie intervenierten bei den deutschen Militär- und Zivilbehörden, verwiesen auf den Nutzen, den die Juden durch ihre Arbeit erbrachten, und baten darum, gegen den ungerechtfertigten Wunsch der Gestapo einzuschreiten, alle Juden aus dem Wilnaer Ghetto zu vernichten.

Am Abend des 13. Juli wurde bekannt, daß das Unwetter am Ghetto vorbeigezogen war. Die Katastrophe, die sich über dem Ghetto hatte entladen sollen, sie war diesmal nicht eingetreten. Bei dem Bezirkskommissar Hans Hingst hatte eine Versammlung stattgefunden, an der alle Inspektoren der Militäreinheiten, bei denen Juden arbeiteten, teilnahmen. Als Gens und Dessler von dort zurückkamen, berichteten sie, daß beschlossen wurde, die Juden vom Wilnaer Ghetto nicht zu töten. Diese freudige Nachricht verbreitete sich blitzschnell durch die Gassen des Ghettos; sie erreichte im Flug die beiden Arbeitslager von Kailis, die sich jenseits der Ghettomauern in der Scheptyzkij Straße 7 befanden, und füllte die Herzen aller von Todesangst gequälten Menschen mit der Hoffnung auf Leben, auf ein schweres, beinahe alptraumhaftes Leben zwar, aber trotz alledem – ein Leben. Die Menschen wußten auch, daß dies nur einen Aufschub ihres Todes bedeutete, daß früher oder später die deutsche Gestapo ihrem Programm und dem Wunsch ihres Führers gemäß die gesamte Ghettobevölkerung vernichten würde; dennoch war es besser, wenigstens für einige Zeit noch am Leben zu bleiben, als jetzt sofort zu sterben. Mit dieser frohen Botschaft keimte in den Herzen der unglücklichen Juden erneut die schwache Hoffnung, daß ihnen jemand noch rechtzeitig zu Hilfe kommen würde, daß durch ein wichtiges Ereignis auf dem Kriegsschauplatz oder innerhalb Deutschlands oder Rußlands die zum Tode verurteilten Juden doch noch gerettet würden.

Vorläufig jedenfalls rückte der Tod in den Hintergrund. Wie sich herausstellte, hatten sich die Militär- und teilweise auch die

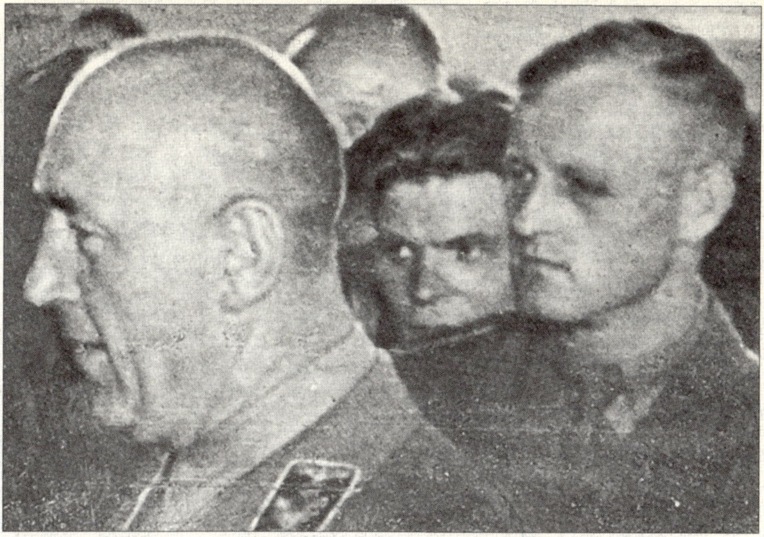

Hans Hingst und Franz Murer

Zivilbehörden gegen die Gestapo gestellt, die alle Juden sofort vernichten wollte. Bei der höchsten Obrigkeit setzten sie durch, daß die Juden, die für die Armee arbeiteten, am Leben gelassen werden sollten, solange sie von Nutzen waren. Die Wilnaer Abteilung der Gestapo erklärte sich bereit, die Operation zu verschieben, und wandte sich an Kowno, Riga und Berlin, um dies genehmigen zu lassen.

In der Nacht vom 15. auf den 16. Juli kam es zwischen den Anhängern der beiden Strömungen, die sich in der letzten Zeit im Ghetto herauskristallisiert hatten, zwischen den »Glasmanisten« und den »Gensisten«, beinahe zu einer offenen Auseinandersetzung.

Kurz vorher war in der Stadt ein gewisser Kazlauskas verhaftet worden, der während seines Verhörs den Juden Itzik Witenberg an die Gestapo verriet und angab, daß dieser ein Kommunist sei, der in enger Verbindung zu den sowjetischen Partisanen stehe und die jüdische Jugend im Ghetto um sich gruppiere. Die

Itzik Witenberg

Gestapo verlangte daraufhin die Auslieferung von Witenberg. Doch als ihn die zu seiner Festnahme ausgesandten beiden litauischen Polizisten durch die Gassen des Ghettos führten, gelang es ihm zu fliehen und sich zu verstecken. Die Anhänger Witenbergs versammelten sich auf der Oschmianskaja Straße und beschlossen, ihn mit der Waffe in der Hand vor der Festnahme zu schützen und selbst bis zum letzten Mann zu kämpfen, falls litauische oder deutsche Polizeikräfte ins Ghetto kommen würden. Gens begriff sofort den Ernst der Lage. Bereits um sechs Uhr morgens versammelte sich auf seinen Befehl hin im Hof des ehemaligen Judenrats auf der Rudnitskaja Straße 6 eine große Gruppe von Transportarbeitern (es waren Lastfuhrleute, körperlich kräftige Menschen, großenteils ungebildet und auch in sittlicher Hinsicht wenig entwickelt), und zu ihnen gesellten sich unverhohlene Verbrecher, der »Abschaum« der Gesellschaft. Gens hielt vor ihnen eine Ansprache, in der er verlangte, daß Witenberg unverzüglich gefaßt werde. Nach der Geschichte mit Glasman und der »Säuberung«, die Gens in den Rängen seiner eigenen Polizei durchführen mußte, hatte er Bedenken, Polizisten mit dieser Operation zu beauftragen. Gens hetzte die Menge gegen Witenberg und seine Anhänger auf und sagte ihnen, daß dessen Festnahme der einzige Weg für sie sei, ihr Leben und das Leben ihrer Angehörigen zu retten. Zweifellos nahm Gens an, daß er mit der Auslieferung von Witenberg an die Gestapo die über dem Ghetto hängende Bedrohung abwenden könnte.

Der dumpfe Pöbel, der in Richtung der Oschmianskaja Straße

stürmte, wo sich das Zentrum der organisierten Jugendgruppe, der »Glasmanisten« befand, stieß völlig unerwartet auf bewaffneten Widerstand. Hinzu kam, daß die Fuhrleute und Verbrecher nur mit Brechstangen, Äxten und Steinen bewaffnet waren, während die Anhänger von Witenberg Pistolen und Handgranaten hatten. Es war ein ungleicher Kampf, der die gegen die jungen Menschen aufgehetzte Menge zwang, sich vom »Schlachtfeld« zurückzuziehen.

Gens, der begriff, wie aussichtslos die Lage war, trat in Verhandlungen mit den »Glasmanisten«; er argumentierte, daß wegen eines Menschen Tausende anderer ums Leben kommen könnten und daß die Gestapo, sobald sie von dem Vorfall erführe, unverzüglich zur Liquidierung des Ghettos schreiten würde. Aber es war Witenberg selbst, der die Entscheidung traf, sich der Gestapo auszuliefern. Er wurde vom Chef der Ghettopolizei, Dessler, dorthin gefahren; wie es heißt, hatte er Gift mitgenommen. Von der Gestapo, die ihn zu Auskünften über die Mitglieder der Jugendorganisation zwingen wollte, wurde er grausam gefoltert, doch Witenberg schwieg eisern und starb einen Märtyrertod; als die Deutschen am nächsten Morgen das Verhör fortsetzen wollten, fanden sie im Keller seinen kalten Leichnam.

Dieses Ereignis wühlte das gesamte Ghetto auf. Die Mehrheit der Bewohner sprach mit Pein im Herzen und tief bewegt von Witenberg als einem Helden, der sein Leben gegeben hatte für alle Juden, denen der Tod bis jetzt noch erspart geblieben war. Es mehrten sich die Sympathien für jene, die die Position von Glasman und Witenberg vertraten. Gerüchten zufolge versprach selbst Gens, daß er künftig keine wichtige Entscheidung ohne vorherige Konsultation mit den Befürwortern eines bewaffneten Aufstands treffen würde. Einige Tage lang warteten alle beunruhigt auf eine Reaktion der deutschen Obrigkeit, doch sie schien auszubleiben.

Die tragischen Ereignisse, die am Montag, den 26. Juli 1943, folgten, zeigten, daß die Juden nicht den geringsten Grund hatten, beruhigt zu sein, und daß sie permanent im Visier der deutschen Führung waren. Anlaß der Tragödie war die fortgesetzte Flucht von Menschen in den Wald. In der Nacht auf diesen Montag, den 26. Juli, verhaftete die jüdische Polizei auf Befehl der Gestapo elf Brigadeleiter mitsamt ihren Familien sowie die Familienangehörigen von geflüchteten Juden und sperrte sie ins Arresthaus in der Lidskij Gasse. Am Montag vormittag um 11 Uhr kam ein Fahrzeug der Gestapo und brachte alle Verhafteten direkt nach Ponary, wo sie erschossen wurden. Insgesamt wurden diesmal 32 Menschen eingesammelt und umgebracht.

Die Brigadeleiter oder Kolonnenführer der Juden, denen die Flucht aus dem Ghetto gelungen war, zahlten für deren Flucht mit dem Leben. Ihre Hinrichtung wurde offiziell damit erklärt, daß sie der Verpflichtung nicht nachgekommen seien, die Flucht ihrer Arbeiter zeitig zu melden.

Jakob Gens versuchte die Verhafteten zu retten. Er erklärte dem Gestapovertreter Kittel, daß einige von ihnen erst kürzlich Brigadeleiter geworden seien und einige der Flüchtlinge schon nicht mehr in den Organisationen gearbeitet hätten, deren Brigadeleiter nun für die Flucht haftbar gemacht würden. Zuletzt bot er an, im Tausch für die Verhafteten, die zumeist jung und darüber hinaus gute Facharbeiter waren, eine bestimmte Anzahl von älteren Ghettobewohnern, die nicht mehr aktive Arbeit verrichten konnten, auszuliefern. Kittel ging in seiner Weise auf das Angebot ein: Er sammelte die ihm zur Erschießung angebotenen älteren Menschen ein, aber er erschoß außerdem auch die Brigadeleiter. Gens konnte sich nochmals davon überzeugen, daß es nutzlos war, bei Verhandlungen mit der deutschen Obrigkeit auf Gerechtigkeit zu bauen. Die Erschossenen waren Menschen, die jeder kannte und die unter den Ghettobewohnern beliebt waren. Viele erfuhren ihren Untergang als ein großes persönliches Leid.

Am Abend befahl Gens den Bewohnern des Ghettos, im Hof des ehemaligen Judenrats zu erscheinen. Es kamen jedoch nur sehr wenige, so daß sogar Polizisten in die Wohnungen geschickt werden mußten, um das Volk zusammenzuholen. In seiner Ansprache schalt Gens wiederholt die Organisatoren der Flucht in die Wälder; er erklärte, daß diese das Weiterbestehen des gesamten Ghettos aufs Spiel setzten, und rief alle dazu auf, sich Plänen dieser Art zu enthalten und alle Kontakte zu den verantwortungslosen Personen abzubrechen, die die Juden in diese tragische Situation gebracht hätten. Zugleich versuchte er seine Zuhörer davon zu überzeugen, daß der gerade aus Kowno zurückgekehrte Gestapochef, Rolf Neugebauer, ihm versichert hätte, daß die Einwohnerzahl des Ghettos von höchster Instanz genehmigt worden sei und daß sie sich künftig nicht verringern werde. Somit, so Gens, könne man sich ruhig an die Arbeit machen, doch müsse dabei jeder jeden im Auge behalten und sofort Meldung über jeden einzelnen Fluchtplan erstatten. Als Verräter und Provokateure gälten nicht jene, die der Polizei Meldung erstatteten, sondern jene, die schwiegen und damit das gesamte Ghetto ins Verderben stürzten.

Wenige Stunden zuvor hielt Kittel vor einer Versammlung der Brigadeleiter eine Ansprache: Er teilte mit, daß er heute elf Brigadeleiter erschossen hätte und daß eine nochmalige Flucht aus dem Ghetto noch strengere Strafmaßnahmen nach sich ziehen würde.

Am folgenden Tag wurde eine ganze Reihe von Verboten und verschärften Maßnahmen eingeführt. Alle Passierscheine, die an verschiedene Personen ausgeteilt worden waren und ihnen gestatteten, allein und ohne Aufsicht zur Arbeit zu gehen, wurden für ungültig erklärt. Jetzt durfte man nur noch in Gruppen, die aus mindestens fünf Menschen bestehen mußten, zur Arbeit gehen. Es wurde verboten, mehr als einen Kilometer außerhalb der Stadt zu arbeiten; auch mußten an einer Stelle mindestens fünf Menschen arbeiten. Dort, wo mehr als zehn Menschen arbeiteten, wurden »Vormänner« ernannt, die für das Kommen und Gehen aller zehn Arbeiter verantwortlich waren.

Am 27. Juli wurden wiederum einige Familienangehörige von Juden, denen gerade die Flucht gelungen war, verhaftet. Die Sache scheint sich sehr ernst zu entwickeln, und es ist noch völlig unklar, welches Ausmaß die Aktionen der Gestapo annehmen werden.

Man sagt, daß der Verrat eines polnischen Begleiters, der in den Wald geflüchteten Juden den Weg wies, die tragischen Ereignisse auslöste. Einige dieser Juden gaben ihm ihre Papiere und ihre »Hundemarken«, damit er sie den im Ghetto zurückgebliebenen Verwandten übergebe. Wie vorher vereinbart, sollte dies als Zeichen dafür dienen, daß alles gut gelaufen war. Der Begleiter brachte die Ausweise und Marken jedoch zur Gestapo. Mit Hilfe der Kartei war es nicht schwer, die Namen und Arbeitsstellen der Flüchtlinge herauszufinden und damit auch die Namen ihrer Familienangehörigen sowie der Brigadeleiter und Kolonnenführer, unter denen sie arbeiteten.

Am 28. Juli erfuhr man in Wilna zufällig, daß eines der beiden bisher noch übrig gebliebenen jüdischen Arbeitslager, und zwar das in Nowaja Wilejka, kürzlich liquidiert worden war. Alle dort arbeitenden Juden waren erschossen worden. Bauern aus der Gegend berichteten, daß die Juden von der Gestapo angeblich nach Wilna gebracht worden seien, doch da sie in Wilna nicht eingetroffen sind, ist es klar, daß sie nach Ponary gebracht wurden. Ob das letzte Lager in Schischmory noch besteht oder ob auch dort alle bereits erschossen wurden, ist bisher noch nicht bekannt, weil aufgrund der neuen strengen Bestimmungen keine Kommunikation mit dem Umland möglich ist.

Am 29. Juli 1943 kam eine Kommission nach Wilna, um zu begutachten, wie die Juden arbeiteten, und zu entscheiden, ob sie am Leben gelassen oder liquidiert werden sollten. Die Entscheidung, das Ghetto zu liquidieren, war wahrscheinlich schon Anfang Juli gefällt worden, doch hatten sich für die Juden die Militäreinheiten, bei denen sie arbeiteten und die ohne sie nur schwer auskamen, eingesetzt.

Die Kommission setzte sich aus sehr gewichtigen Leuten zusammen: ein General, der Chef der Gestapo in den Ostgebieten war und aus Riga angereist kam, der Wilnaer Gestapochef und dessen Gehilfe, der Leiter der Heeresversorgung und einige leitende Offiziere vom Sicherheitsdienst (SD). Die Kommission besuchte die Werkstätten im Ghetto, die Pelzfabrik, die Lederfabrik und andere Militäreinrichtungen, in denen Juden arbeiten. Die Ankunft der Kommission sorgte im Ghetto für große Aufregung. Am Tor wurde sie von Gens persönlich sowie von seinem Vertreter für polizeiliche Angelegenheiten, Dessler, dem Chef der Torwache, Levas, und zwei Polizisten empfangen. Ansonsten war auf der Straße keine Menschenseele zu sehen, nicht einmal Polizisten. Das Ghetto wirkte wie ausgestorben. Die Kommission mußte davon überzeugt werden, daß alle Juden ausnahmslos bei der Arbeit waren. Das, was die Kommission in den Werkstätten und in den anderen Betrieben sah, mußte ihr verdeutlicht haben, wieviel die Juden leisten konnten, solange sie im Ghetto lebten, und wie nützlich sie trotz der unerträglichen Lebens- und Arbeitsbedingungen waren. Es ist jedoch unmöglich, die Meinung der Kommission, hauptsächlich Gestapomänner, vorherzusagen. Über das Leben der bisher noch mit heiler Haut davongekommenen Juden wird jetzt entschieden, und sie harren voller Angst und Schrecken ihres Schicksals.

Die Flucht in den Wald ist jetzt nicht mehr möglich. Neue Bestimmungen, die zusätzlich zu allen vorherigen eingeführt worden sind, besagen, daß alle Bewohner des Ghettos um acht Uhr abends zu Hause sein müssen und daß um neun Uhr abends die Wohnungsleiter verpflichtet sind, alle fehlenden Personen der Polizei zu melden. Damit bleibt keine einzige Gelegenheit mehr zu flüchten. Jeder Fluchtversuch bedroht die Familie des Flüchtenden und häufig auch noch andere Menschen mit dem Tod.

Arbeitstransport nach Estland

August 1943

Am 5. August 1943 wurde eine weitere Aktion durchgeführt, bei der ungefähr 2000 Menschen aus dem Ghetto weggebracht wurden. Erst wenige Tage zuvor waren die Juden, die in kleineren deutschen und litauischen Betrieben beschäftigt waren, an neue Arbeitsstellen geschickt worden, nach Porubanek und zur Eisenbahn. Das erschien sofort verdächtig, denn an keiner der beiden wurden so viele Arbeitskräfte gebraucht; es gab dort bereits genügend Arbeiter. Dann wurde bekannt, daß mehrere hundert Militärpolizisten aus lettischen und estnischen Verbänden nach Wilna gekommen waren. Sie führten unter den polnischen Einwohnern einige Razzien durch, aber die allgemeine Meinung im Ghetto war, daß dies nur zum Schein geschah und daß sie nach Wilna verlagert worden waren, um in erster Linie an Aktionen gegen die Juden teilzunehmen.

Als Kittel, der gegenwärtige Richter über das Los der Wilnaer Juden, nach Wilna kam, war jedem sofort klar, daß dies der Anfang vom Ende des Ghettos war, der Schritt zu seiner Liquidierung. Im Unterschied zu Murer und Weiss taucht Kittel nicht unversehens im Ghetto auf, ergeht sich nicht in kleinen Schikanen, nimmt den Juden das von ihnen ins Ghetto geschmuggelte Stück Brot oder den Holzscheit nicht ab und nimmt nicht teil an der Bestrafung derer, die sich hierbei schuldig gemacht haben. Er vernichtet die Juden ohne jeden »Exzeß«, in genauer Übereinstimmung mit dem »Arbeitsplan« der Gestapo. Er vernichtet sie einen nach dem anderen oder gleich dutzendweise; jetzt verlangte er 2000 auf einmal. Weil es schwierig war, eine derartige Anzahl Menschen im Ghetto selbst einzusammeln, und weil die Deut-

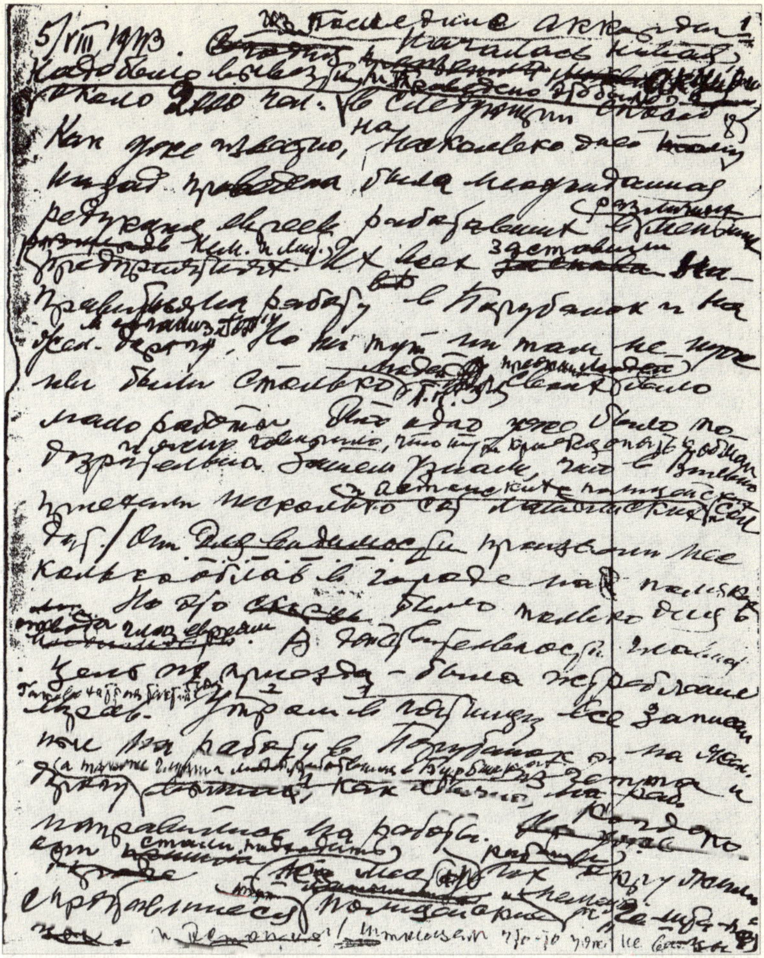
5/VIII 1943

Manuskriptseite vom 5. August 1943

schen eine solche Aktion für nicht ungefährlich hielten (die Deutschen sind vorsichtig), sah ein neuer Plan vor, die Juden gruppenweise außerhalb des Ghettos – auf der Straße und an ihren Arbeitsstellen – aufzugreifen.

Am Freitag morgen, den 5. August, wurden alle, die nach Porubanek und zur Eisenbahn bestellt waren, wie gewöhnlich aus dem Ghetto herausgeführt. Dem Trupp wurden auch Arbeiter zugeordnet, die bis zuletzt in Burbischki beschäftigt gewesen waren, sowie eine Gruppe von Juden, die sich wegen Verstosses gegen die Vorschriften in Haft befanden. Am Abend zuvor hatte der Vertreter des Arbeitsamts im Ghetto, Segal, ihnen angekündigt, daß sie freigelassen würden, und so machten sie sich am nächsten Morgen beruhigt und zufrieden zusammen mit den anderen auf den Weg. Unterwegs, auf der Kijewskaja Straße, wurde ein Teil der Kolonne von Gestapoleuten und Polizisten, die sich in den Hauseingängen versteckt gehalten hatten, umringt. Sie packten die Menschen und sperrten sie in Baracken in der Nähe des Bahnhofs.

Eine Arbeitergruppe aus dem Munitionslager »Burbischki« – mehr als 100 äußerst kräftige Männer – ging auf der Radunskij Brücke, die über die Bahngleise führte, in die Falle. Als die Gruppe die Brücke betrat, wurden sie am vorderen und am hinteren Ende von Einheiten der Militärpolizei unter Leitung der Gestapo umstellt. Es gab kein Entrinnen: Vorne und hinten stand die Militärpolizei, und zur Rechten und Linken befand sich das hohe eiserne Brückengeländer. Nur sechs Mann konnten der Falle entkommen. Vier von ihnen wurden von einem zufällig vorbeifahrenden deutschen Offizier, dem Leiter des Munitionslagers, herausgeholt, zwei entkamen später, als man sie beauftragte, die Türen der Waggons mit den Gefangenen mit Stacheldraht zu verhängen.

Eine riesige Gruppe mit über 1000 Männern und Frauen, die man zum Flughafen von Porubanek geschickt hatte, geriet dort in eine Falle. Bewaffnete Soldaten drängten die Arbeiter gegen einen hohen Zaun, der oben mit dreifachem Stacheldraht abgesichert war. Einige von ihnen stürzten zum Zaun und versuchten hinüberzuklettern. Die Soldaten eröffneten das Feuer. Von den Kugeln durchlöchert, fielen die Menschen zu Boden oder blieben am Stacheldraht hängen. Mehr als 20 Menschen wurden so auf der Stelle getötet.

Weitaus günstiger waren die Umstände für jene, die bei der Eisenbahn beschäftigt waren und von älteren Deutschen aus der Organisation Todt bewacht wurden. Hier konnten einige hundert Menschen flüchten, verletzt wurden nur zehn.

Gestapomänner fuhren mit einem Lastwagen auch zum ehemaligen Schapiro-Sägewerk, in dem ungefähr 30 Juden arbeiteten; sie sammelten alle ein und brachten sie fort. Die gefangenen Juden wurden den ganzen Tag lang in den Baracken bei der Eisenbahn festgehalten, danach wurden sie in Güterwaggons geladen. Offiziell wurden sie »nach Riga« geschickt. Angeblich ist an den Zug ein Waggon gekoppelt worden, in dem sich Brot, Wassereimer und Krüge befinden.

Die deutsche Obrigkeit verkündet, daß die Leute wirklich zur Arbeit nach Riga gebracht werden, doch glaubt daran fast niemand. In den zwei Jahren seit Bestehen des Ghettos hat jeder begriffen, was so ein »Arbeitstransport« in Wirklichkeit bedeutet. In diesen zwei Jahren ist keiner der zu Arbeitseinsätzen weggebrachten Menschen zurückgekehrt, und von keinem hat man auch nur irgend etwas gehört. Jeder erinnert sich an die 5000 Juden, die am 5. April »nach Kowno« verschickt wurden, ebenfalls »zur Arbeit«; jeder hat es mit angesehen, als ihre Sachen aus Ponary zurückgebracht und weithin sichtbar durchs Ghetto gefahren wurden. Einige Menschen wollten natürlich gerne glauben, daß der Zug tatsächlich nach Riga fuhr; der Verlust der nächsten Angehörigen war zu schmerzhaft …

Die Rolle der jüdischen Ghettoleiter, die der Gestapo bei der Durchführung dieser Aktion halfen, war bezeichnend. Am Vortag hatte Gens allen, die ausgewählt worden waren, streng befohlen, zu ihrer neuen Arbeitsstelle zu gehen, und gedroht, daß jeder, der nicht erschien, ins Arresthaus in der Lidskij Gasse gesteckt würde; von dort aus wurde man unweigerlich von der Gestapo nach Ponary befördert. Als die Aktion vorbei war, hielt der Leiter des jüdischen Arbeitsamts, Brojdo, auf der Rudnitskaja Straße eine Ansprache und erklärte, daß man nicht anders hätte handeln können. Freiwillig hätte sich niemand bereitgefunden, »nach Riga« zu fahren. Unterdessen hatte die deutsche Obrigkeit ihm zugesichert, daß die abtransportierten Juden tatsächlich für Arbeitszwecke verwendet würden, so daß er selbst davon überzeugt war.

Am 8. August erschien im Ghetto die Leitung der Wilnaer Gestapo: Neugebauer, Mayer und Kittel. Der Chef der Gestapo, Neugebauer, hielt vor den versammelten Brigadeleitern und Kolonnenführern eine Ansprache. Er versicherte seinen Zuhörern, daß den abtransportierten Juden nichts geschehen werde, daß sie alle arbeiten würden und daß ihre Angehörigen bald die Gelegenheit haben würden, ihnen zu schreiben und ihnen auch notwendige Dinge zukommen zu lassen (weil sie direkt von ihren Arbeitsstellen abtransportiert worden waren). Wenn ein Familienangehöriger sich den Arbeitern freiwillig anschließen wolle, sei es ihm freigestellt, ihnen zu folgenen. Neugebauer sagte, daß die Deutschen Arbeitskräfte bräuchten und daß für sie alle Arbeiter, ob Polen, Litauer oder Juden, gleich seien. Was für eine unerwartete und rührende Erklärung!!! Er verkündete auch, daß die Obrigkeit gezwungen gewesen sei, die benötigte Anzahl von Menschen auf diese Weise auszuwählen, weil sich höchstwahrscheinlich niemand freiwillig gemeldet hätte. Künftig wolle die deutsche Obrigkeit Arbeiter auf andere Art anwerben: Sie würde nur noch Forderungen mit der benötigten Anzahl von Arbeitern ans Ghetto richten, während die Namenslisten dort selbst erstellt werden sollten. Abschließend versicherte der Gestapochef den Versammelten, daß das Leben im Ghetto künftig ruhig verlaufen werde und den Juden vorläufig keine Gefahr drohe. Die Ansprache des Gestapomanns wurde von Gens direkt ins Jiddische übersetzt; die Brigadeleiter und Kolonnenführer ihrerseits beeilten sich, allen übrigen zu erzählen, was gesagt worden war. Doch die Mehrheit der Juden kennt den Wert des Wortes eines Gestapomanns bereits gut und schenkt dieser Rede daher keine Beachtung. Nur eine Hoffnung keimt in den Herzen der gequälten Menschen – die Hoffnung, daß das Regime in Deutschland bald abgelöst wird, so wie es in Italien bereits geschehen ist.

Am 10. August erlebten die Bewohner des Ersten Wohnblocks der Pelzfabrik einen riesigen Schrecken. Um sechs Uhr früh waren plötzlich Schritte von marschierenden Soldaten zu hören, gleich darauf waren auf der Straße aufgestellte Patrouillen zu sehen. Jeder dachte sofort: Das ist die Liquidierung! Alle waren überzeugt, daß lettische und estnische Soldaten in der Uniform der deutschen SS und des SD den Block umstellen würden und daß alle Juden direkt nach Ponary gebracht werden würden – zur Exekution. Die Menschen zogen sich hastig etwas über und rannten aus ihren Wohnungen, in der Hoffnung, sich irgendwo verstecken zu können. Einige schafften es, über die Umzäunung zu klettern, andere versuchten sich in der Nähe zu verstecken. Erst nach einer Weile merkten die Bewohner des Blocks, daß sie nicht umzingelt waren und die Soldaten nur auf der Straße patrouillierten. Da beruhigten sich alle wieder. Obendrein erklärte der Chef der Einheit den zu Tode erschrockenen Menschen, daß eine Razzia gegen Polen und Litauer abgehalten werde, die sich nicht zum Arbeitsdienst gemeldet hätten. Nachdem sie wieder zu sich gekommen waren, hasteten die Arbeiter zur Fabrik gegenüber vom Wohnblock. Diejenigen, denen es gelungen war, sich gleich anfangs zu verstecken, gingen entweder in den Zweiten Block, in dem keine Soldaten standen, oder weiter ins Ghetto hinein. Bald darauf erschienen auch sie an ihren Arbeitsstellen. Nur vier Menschen, eine Mutter mit ihren beiden Kindern und ein einzelner Arbeiter, wurden unterwegs festgenommen und zur Gestapo gebracht. Ihr Schicksal ist bislang ungewiß. Ihr ganzes »Verbrechen« besteht darin, daß sie versuchten, ihr Leben zu retten.

Die Panik, die im Block ausbrach, ist leicht zu verstehen. Der Plan zur Vernichtung der Juden wird ununterbrochen ausgeführt, und die dabei angewendeten Vernichtungsformen sind höchst unterschiedlich. Jeder ist sich dessen bewußt, daß die Praxis der unerwarteten, aus heiterem Himmel verfügten »Arbeitstransporte« auch künftig fortgeführt wird. Nicht umsonst hatte der Gestapochef in seiner Ansprache gedroht, daß die Gestapo andere Maßnahmen ergreifen würde, sollten die Juden nicht freiwillig mitkommen. Da die jüdischen Führer darauf hoffen, wenigstens einen Teil der Menschen zu retten, und da sie auch Zeit gewinnen wollen, versuchen auch sie, mit unterschiedlichen Mitteln die Leute dazu zu bewegen, sich freiwillig zu jeder »Arbeit« zu begeben, zu der sie die Gestapo, die am 1. August 1943 die Leitung aller Arbeitsämter übernommen hat, abkommandiert.

Unterdessen ist bekannt geworden, daß die »nach Riga« abtransportierten Menschen tatäschlich über Riga nach Estland gelangt sind, wo man sie in riesigen Baracken in der Nähe vom Meer untergebracht hat, und daß sie anscheinend tatsächlich für irgendwelche Arbeiten verwendet werden sollen. Mehreren von dort eingetroffenen Briefen ist zu entnehmen, daß die Menschen in großem Elend leben, aber die Hoffnung haben, am Leben zu bleiben. Ob sie sich in dieser Hoffnung nicht täuschen, so wie sich andere vor ihnen getäuscht haben, werden wir bald erfahren. Vorläufig versuchen die jüdischen Leiter des Ghettos mit Hilfe mehrerer aus Estland zurückgekehrter Brigadeleiter Reklame für die Lager zu machen und die Zurückgebliebenen dazu zu bewegen, aus eigenem Antrieb dort hinzufahren, sollte die deutsche Obrigkeit dies fordern. Vorsichtige Menschen jedoch erblicken in dem Abtransport »zur Arbeit« und sogar in den aus Estland eingetroffenen Briefen lediglich eine von der Gestapo inszenierte Aktion, eine Falle, mit deren Hilfe auf nicht zu offenkundige Weise die allmähliche Liquidierung des Ghettos erreicht werden soll. Daher ist die Stimmung unter den Ghettobewohnern sehr gedrückt.

24. August 1943. Wie vereinbart, werden die Juden nicht mehr unversehens eingesammelt und aus der Stadt gebracht, wie am 5. August geschehen, sondern sie werden einzeln anhand von in die Wohnungen zugestellten Benachrichtigungen zum Arbeitslager abkommandiert. Jeder, der einberufen wird, muß zur Abreise bereit sein und an dem festgelegten Tag am genannten Ort erscheinen. All diese Arbeit ist der jüdischen Polizei übertragen worden. Nach Angaben von Gens müssen innerhalb der nächsten zwei Monate 4000 Menschen gruppenweise weggeführt werden. Ungeachtet der Versicherungen von Gens sind sich die meisten Ghettobewohner aufgrund früherer bitterer Erfahrung sicher, daß die Reise zur Schlachtbank führt.

Aufgerufen wurden nun in erster Linie die Familienangehörigen von jenen, die am 5. August aufgegriffen worden waren. Wenn damals der Mann mitgenommen worden war, wurden jetzt seine Frau und seine Kinder hinterher geschickt; hatte man damals die Frau fortgeschafft, dann wurden jetzt ihr Mann und ihre Kinder aufgerufen. Als nächstes kamen alle die, die vor kurzem aus Arbeitslagern in der Provinz ins Wilnaer Ghetto gebracht worden waren. Die Anzahl dieser Leute war jedoch nicht ausreichend, so daß Einberufungsbefehle auch an all jene verschickt wurden, die seit Anfang 1943 ins Ghetto gekommen sind. Und so wird der Kreis der zum Arbeitstransport Einberufenen immer größer und erfaßt stets neue Kategorien von Ghettobewohnern.

Als Sammelpunkt für den Abtransport dient das ehemalige Teehaus an der Schawelskaja Straße 1. Das Haus und ein Teil der angrenzenden Straße ist mit Seilen abgesperrt, Unbefugten ist der Zutritt verboten. Ungeachtet dessen, daß der Abtransport nun geordnet verläuft, kommt fast niemand freiwillig: Die jüdische Polizei bringt die festgenommenen Menschen gewaltsam hierhin. Wenn sich einer versteckt, werden an seiner Stelle Angehörige von ihm, ja sogar Nachbarn in der Wohnung mitgenommen. Das System der Kollektivhaftung trägt Früchte: Die Nachbarn verraten nicht nur, wo sich der zum Sammelpunkt Einberufene versteckt hält, sondern stöbern ihn bisweilen selbst auf. Unter den Ghettobewohnern ist erneut Panik ausgebrochen. Jeder wartet mit Schrecken auf den Einberufungsbefehl, auf das »Todesurteil«, wie die Benachrichtigung hier genannt wird.

Unzählbar sind die Tragödien, die sich am Sammelpunkt abspielen. Dort ist eine Frau, deren Mann bereits abtransportiert wurde; jetzt ist auch sie von der jüdischen Polizei geholt worden. Ihr volljähriger Sohn, der im Besitz eines eigenen Arbeitsausweises ist, will mit ihr fahren. Da er selbst nicht einberufen worden ist, fleht ihn die Mutter an zu bleiben; sie weiß, daß sie in den Tod fährt, daß sie gemeinsam mit ihrem Mann sterben muß, doch vielleicht wird es ihrem Sohn glücken zu überleben. Und da steht er wie betäubt und starrt mit stumpfem Blick auf die Tür, die seine Mutter verschluckt hat. Hier ist eine andere Frau, deren Kind schwerkrank ist und im Krankenhaus liegt; sie will es nicht zurücklassen. Aber die Polizei schleppt sie ohne jedes Mitgefühl zum Sammelpunkt. Und dort ist eine dritte Mutter: Ihre jüngste Tochter hat zwei Jahre lang in einem deutschen Betrieb als Schneiderin gearbeitet, vor kurzem wurde sie plötzlich zur Arbeit an der Eisenbahn beordert; dort wurde sie zusammen mit vielen anderen gleich am ersten Tag in einen Güterwaggon gesteckt und weggebracht, niemand weiß, wohin. Jetzt ist ihre Mutter an der Reihe. Die ältere, verheiratete Tochter hat beschlossen, freiwillig mit ihr zu fahren. Ihr Mann will nicht, daß sie sich trennen, aber mitfahren will er aus eigenem Antrieb auch nicht. Seine Frau nimmt Abschied von ihm und macht sich zusammen mit der Mutter auf den Weg – in den Tod ... Im Ghetto gibt es eine ganze Anzahl von Menschen, die sich zum Schein als Familienangehörige von Arbeitern mit Ausweisen haben registrieren lassen, um ihr Leben zu retten. Und jetzt muß die fiktive »Ehefrau« ihrem zuvor schon abgeholten »Ehemann« folgen, und umgekehrt auch der »Ehemann« seiner »Ehefrau« beziehungsweise die »Eltern« ihren fremden »Kindern«, die ihnen vor einiger Zeit, während der »Säuberungen« das Leben gerettet hatten.

Bei Tagesanbruch werden alle, die selbst am Sammelpunkt erschienen sind oder dorthin gebracht worden sind, durch das Behelfstor in der Nikolajewskij Gasse geführt und die Rossa Straße hinaufgetrieben, ins ehemalige russische Kloster. Hier führt eine Bahnlinie hin, und hier können die Juden schön schnell in Waggons geladen werden. Dicht gedrängt wie Sardinen in der Büchse, ohne warmes Essen, ja in den meisten Fällen ganz ohne Essen (das wenige, was man schnell noch mitnehmen konnte, ist schon lange aufgegessen), selbst ohne einen Tropfen heißes Wasser, umgeben von der jüdischen Polizei und deren aus ehemaligen

Verbrechern und anderen trüben, moralisch zurückgebliebenen Gestalten bestehenden Gehilfen, die alle »Säuberungen« und Einberufungen heil überstanden haben, warten die zum Abtransport Bestimmten darauf, daß ihre Stunde schlägt. Der Innenhof des Klosters ist von einer hohen Steinmauer umgeben, hinter der sich eine weitere Absperrung befindet – bewaffnete litauische Polizei.

Die aus Estland eintreffenden Nachrichten berechtigen kaum zur Hoffnung auf Rettung. Die Lebensbedingungen in den estnischen Lagern sind fürchterlich. Die Menschen wohnen in riesigen ungeheizten Baracken. In den Räumen stehen zusammengezimmerte dreistöckige Holzpritschen. Man schläft auf bloßen Brettern, als Bettzeug gibt es schlaffe, mit etwas Stroh gefüllte Kissen und Pferdedecken. Außer einer Blechschüssel und einem Löffel ist es verboten, irgend etwas zu besitzen. Die Stiefel und die Kleidung sind von der Arbeit im Moor immer durchweicht, man darf aber keine Ersatzkleidung haben, und es wird auch nichts zum Wechseln ausgegeben. Das Essen ist ebenfalls sehr ärmlich: 250 Gramm Brot am Tag, zweimal am Tag warmes Wasser mit Kaffee-Ersatz und einmal eine Wassersuppe. Der Arbeitstag beträgt 14 Stunden; die Männer, Frauen und älteren Kinder (alle kleinen Kinder sind erschossen worden) müssen Baumstrünke und -wurzeln in den dunklen, dichten, sumpfigen Wäldern roden. Die Körper der Menschen sind mit Wunden und Geschwüren bedeckt. Das Regime im Lager ist erbarmungslos: Die Menschen werden von der Wache fortwährend brutal geschlagen; und krank werden darf man nicht, denn wenn jemand in einer Arbeitsgruppe länger als zwei Tage krank ist, wird die gesamte Gruppe erschossen. Aufgrund der schweren Arbeit, des schlechten Essens, der Kälte und der Krankheiten sterben die Menschen wie die Fliegen. Fluchtmöglichkeiten gibt es fast keine: Ringsum ist das Moor, gibt es Schluchten und undurchdringliche Wälder. Und dazu natürlich noch die wachsamen, erbarmungslosen Wachposten. Der Tod in den Lagern von Estland ist angenehmer als das Leben.

All das beweist, daß unter dem Anschein von »Arbeitstransporten« die systematische Ausrottung der jüdischen Bevölkerung vonstatten geht. Und am schrecklichsten von allem ist, daß die Ghettoführer, Gens, Brojdo und andere, getreu ihrer Taktik, den Deutschen die geforderte Anzahl von Menschen auszuliefern, damit wenigstens einige gerettet werden, an der Ausrottungskampagne teilnehmen und sogar selbst ihre Durchführung übernommen haben. All ihre Verkündigungen über die Art des beabsichtigten Abtransports, über seine Durchführungsweise, über Termine und Arbeiterquoten, all das hat sich als Betrug erwiesen. In den vergangenen beiden Jahren haben die Ghettobewohner alle möglichen »Säuberungen« und Aktionen zur Menschenvernichtung erlebt. Aber niemand hat sich vorstellen können, daß die jüdischen Leiter des Ghettos und die jüdische Polizei dies alles auf sich nehmen würden und dabei die Hilfe des finstersten Teils der Bevölkerung, der Verbrecher, Diebe und Plünderer, in Anspruch nehmen, gegen das Versprechen, daß sie selbst nicht ausgeliefert würden, daß sie bis zuletzt im Ghetto bleiben und vielleicht heil davonkommen würden.

Das ist eine Schande – eine beispiellose Schande! Es ist eine Schande, wenn die jüdischen Leiter des Ghettos den Abtransport von Juden in den Tod auf sich nehmen – laßt doch die Gestapo das tun! Es ist ebenfalls eine Schande, wenn sie den »Auserkorenen« für die Ausführung dieser Arbeit versprechen, daß sie am Leben bleiben werden. Viele im Ghetto sind davon überzeugt, daß alle gemeinsam leben oder gemeinsam sterben sollen.

25. August 1943. Mit dem ersten Transport sind 825 Menschen, die am 5. August aufgegriffen wurden, in den estnischen Lagern angekommen. Von ihnen sind 725 aus Wilna (einigen war es gelungen, zum Zeitpunkt der Festnahme oder später bei der Verladung zu flüchten), 100 wurden unterwegs zusätzlich aus dem auf der Strecke liegenden Arbeitslager in Nowaja Wilejka mitgenommen. Beim zweiten Transport wurden 1400 Menschen abgeführt, die diesmal von der jüdischen Ghettopolizei ausgeliefert wurden. In dieser Gruppe befanden sich auch schon ältere Menschen,

Leute, die schwach auf den Beinen waren, und Kinder. Als kurz vor dem Abtransport die Gestapomänner alle am Sammelpunkt Wartenden inspizierten, waren sie unzufrieden über die »Qualität der Ware«, so daß in letzter Minute – es war bereits nachts – die jüdischen Polizisten ins Ghetto zurückkehren mußten, um in den Wohnungen nach kräftigeren Arbeitern zu suchen. In die Waggons wurden Brot und Kwass* geladen, und es wurden Eimer für die Verrichtung der Notdurft hingestellt. Danach wurden die Türen und Fenster der 35 Güterwaggons, in die die Juden verladen wurden (40 Menschen in jedem Waggon), fest vernagelt, mit Stacheldraht umgeben und versiegelt. Die jüdischen Polizisten, die den Transport eigentlich begleiten sollten, wurden ins Ghetto zurückgeschickt; an ihre Stelle traten deutsche SS-Leute.

Vor der Abfahrt wurden 34 Menschen aus der Gruppe ausgesondert und in einem der Räume des Sammelpunkts untergebracht. Offensichtlich hatte Gens beschlossen, diese Gruppe im Ghetto zurückzubehalten. Als die Gestapo sie entdeckte, erklärte er ihr, daß sich in dieser Gruppe Fachleute befänden und daß die Militärbehörden die Rückkehr dieser Arbeiter an ihre Arbeitsplätze in deutschen Betrieben gefordert hätten. An ihrer Stelle sei er bereit, unverzüglich eine gleiche Anzahl von Menschen für den Abtransport bereitzustellen. Der Vertreter der Gestapo erklärte sich mit dem Tausch einverstanden, doch als noch weitere 34 Menschen herbeigebracht wurden, ließ er beide Gruppen zum Abtransport führen.

Niemand konnte diesmal flüchten und sich retten. Jede aus 40 Menschen bestehende Gruppe wurde gesondert und unter scharfer Bewachung vom Sammelpunkt zum Güterwaggon geführt; am Waggon wurden die Menschen aufs neue gezählt und registriert. Die jüdischen Polizisten unter Leitung Desslers und die sie unterstützenden Vertreter der Unterwelt trieben die Menschen gewaltsam (indem sie ihnen die Arme verdrehten) vom Sammelpunkt zur Eisenbahn, halfen beim Verladen in die Wag-

* Kwass (russ.) = saures Malzgetränk

gons, schlugen erbarmungslos mit Gummistöcken auf sie ein und schickten sie so in den Tod. Wie kann man nur verkennen, wie grauenvoll und schändlich dieses Geschehen ist ... Doch im Ghetto gab es keine Organisation und keine Widerstandskräfte, und das, was man hätte unternehmen können, wurde von den jüdischen Leitern des Wilnaer Ghettos unterbunden.

Der Untergang des Jakob Gens

1.–19. September 1943

Schon seit mehreren Wochen war allen bekannt, daß mit Kittels Ankunft das Ghetto in Wilna liquidiert werden würde ... Doch wann genau das geschehen sollte, wußte niemand. Noch am Vorabend des unheilvollen Tages wurde aus der Gestapo vermeldet, daß nur 1000 Männer verlangt würden. Am nächsten Tag änderte sich jedoch alles.

Die »Aktion« begann um fünf Uhr morgens am 1. September 1943. Die Gestapoleute kamen ins Ghetto und verlangten die Auslieferung von 1000 gesunden Männern. Die Vertreter des Ghettos versprachen, diese Forderung zu erfüllen, und begannen damit, Leute einzusammeln. Doch die meisten Männer hatten sich versteckt, so daß bis um fünf Uhr nachmittags nur 600 Mann gefaßt werden konnten. Die Gestapo verkündete ein Ultimatum: Bis um sieben Uhr mußte die geforderte Anzahl ausgeliefert werden, andernfalls würden die Deutschen anfangen, sie selbst zu fangen. Offenbar gelang es nicht, die fehlenden 400 Menschen einzusammeln, woraufhin die Gestapo estnische Militärpolizisten ins Ghetto schickte. Granatenexplosionen und Schüsse aus Pistolen und Maschinengewehren waren zu hören, und die Polizisten begannen, die Malinen, die Schlupflöcher in den Mauern und Kellern, auszubomben. Sie schlugen ein Loch in Wände oder Böden, wo sich diese Verstecke befanden, und warfen Handgranaten hinein. Auf diese Weise kamen sofort mehrere Dutzend Menschen um. Als erster wurde bereits am frühen Morgen völlig zufällig ein gewisser Bajgel erschossen, der das Arresthaus des Ghettos in der Lidskij Gasse leitete: Er hatte Lärm auf der Straße gehört und sich aus dem Fenster gelehnt, um zu sehen, was los war; er bekam eine Kugel in den Kopf. Die lebend gefaßten Juden wurden einzeln aus dem Ghetto herausgeführt, sorgfältig durchsucht, in bereitstehende Lastwagen verfrachtet und weggebracht. Hinter jedem Lastwagen fuhr ein Wagen von der Gestapo mit einem auf dem Verdeck montierten Maschinengewehr.

Als erste wurden noch vor Beginn der allgemeinen »Aktion« junge Männer und Frauen abgeführt, die zu der Organisation gehörten, die zum bewaffneten Widerstand aufgerufen hatte. Offensichtlich waren sie von Provokateuren verraten worden. Sie wurden zur Gestapo gebracht, grausam geschlagen und solange verhört, bis sie die Namen der anderen Mitglieder und alle übrigen Details der Verschwörung preisgaben. In einigen Fällen wurden sie zurück ins Ghetto gebracht, wo sie die Verstecke zeigen mußten, in denen sich Waffenlager befanden. Erst als all diese jungen Menschen gefaßt waren, begann die allgemeine Treibjagd. Die Gestapoleute sagten, sie hätten anfänglich nur 1000 Mann gefordert, doch da die Juden das Ultimatum nicht eingehalten hätten, müßten jetzt 3000 Mann ausgeliefert werden. Jetzt waren die Juden also selbst schuld, sie wollten freiwillig nicht die verlangte Anzahl Menschen herausgeben und zwangen somit die Deutschen dazu, Gewalt anzuwenden und noch mehr zu ergreifen. In Wirklichkeit war das nur ein Vorwand für den Beginn der vollständigen Liquidierung des Ghettos.

Die Leute, die nicht vorher schon für einen Unterschlupf gesorgt hatten, rannten ziellos umher, einige versteckten sich auf Dächern und Dachböden und in Kellern. Eine polnische Frau, die einen auf einem Dach versteckten Juden entdeckte, meldete ihn der Gestapo. Die dem Ghetto benachbarten Stadteinwohner warteten wie die Aasgeier auf den Augenblick, in dem sie sich auf die Beute stürzen und von den Dingen Besitz ergreifen konnten, die die zu ihrer Ermordung weggeschafften Juden im Ghetto zurückließen.

Die «Aktion» dauerte vier Tage an: Mittwoch, Donnerstag, Freitag und Samstag, vom 1. bis zum 4. September 1943. Vier Tage und vier Nächte dauerte das blutige Drama im Wilnaer Ghetto, vier schreckliche Tage und vier schreckliche Nächte mußten die Bewohner des Ghettos durchstehen ... Mehrere 100 Menschen wurden von Schüssen, Granatsplittern und Bruchstücken gesprengter Häuser sofort getötet; ungefähr 8000 Menschen wurden festgenommen und aus Wilna weggebracht ...

Am ersten Tag wurden die Männer wahllos festgenommen – jeder, der den Häschern in die Hände geriet, wurde festgenommen, ohne daß er die Gelegenheit hatte, Sachen einzupacken oder auch nur eine Mütze mitzunehmen. Auch Brojdo, der Leiter des jüdischen Arbeitsamts und ein tatkräftiger Mann im Wilnaer Ghetto, wurde verhaftet. Er ging zum Ghettotor in der Überzeugung, daß ihn als Bevollmächtigten der deutschen Obrigkeit niemand anrühren würde. Doch er irrte sich. Der Chef der Gestapo nahm ihn sofort fest und ordnete an, ihn zur Eisenbahn abzuführen. Ärzte, noch in ihren weißen Krankenhauskitteln, wurden von estnischen Soldaten zum Tor getrieben und in Lastwagen geworfen. Frauen wurden zu jenem Zeitpunkt noch nicht mitgenommen. Das Chaos war unvorstellbar. Als Gens, der Ghettovertreter, sah, daß die Sache eine katastrophale Wendung nahm und daß der Fortbestand des gesamten Ghettos in Gefahr war, ergriff er die Initiative und erreichte eine Übereinkunft mit der Gestapo, daß er die geforderte Anzahl von Menschen ausliefern würde. Daraufhin wurden die estnischen Soldaten aus dem Ghetto abgezogen, und die jüdischen Polizisten, die anfänglich in alle Richtungen geflüchtet waren und sich versteckt hatten, setzten die »Aktion« fort. Gens rief das ganze Gesindel, all die Diebe und Fuhrleute, die ihm schon bei früheren »Aktionen« geholfen hatten, auf, seinen Polizisten zur Hilfe zu kommen. Gens teilte diesen Leuten rettende Sonderausweise und Armbinden mit der Aufschrift »Hilfspolizei« aus, woraufhin sie sich energisch an die »Arbeit« machten. Ihre erste Tat bestand darin, so viele Menschen wie möglich aus den Malinen herauszulocken. Hierzu griffen sie zu der folgenden List: Beim Betreten eines Hofes, in dem sich eine Maline befand, riefen sie laut, so daß man es überall hören konnte, daß alle herauskommen sollten, denn das ganze Haus würde in die Luft gesprengt werden. Als die Menschen herauskamen, wurden sie sofort festgenommen und weggeführt. In anderen Häusern verkündete die jüdische Polizei, daß, wenn die Männer freiwillig nicht herauskämen, auch deren Familienangehörige mitgenommen würden. Daraufhin überredeten viele Frauen von sich aus ihre Männer, freiwillig herauszukommen. Aber es gab auch einige Frauen, die sich Männerkleidung überzogen und zusammen mit ihren Ehemännern gingen, zu einem Zeitpunkt, als Frauen noch nicht eingesammelt wurden …

Gens wollte um jeden Preis die notwendige Anzahl von Menschen zusammenbringen und sie den Deutschen ausliefern, um den Einmarsch der Gestapo ins Ghetto zu verhindern. Aber es waren immer noch nicht genug Menschen da. Um mit einem Schlag eine große Anzahl von Menschen zu erhalten, beging die jüdische Polizei einen Betrug: Die Polizisten betraten das Haus, in dem Arbeiter aus den Autowerkstätten wohnten, und sagten ihnen, daß sie das Ghetto verlassen könnten, um zu ihrer gewohnten Arbeit in den Werkstätten zu gehen. Als die Arbeiter – 300 an der Zahl – herauskamen, wurden sie sofort umringt, auf Lastwagen aus dem Ghetto direkt zur Eisenbahn gebracht und dort im Handumdrehen in Waggons geladen. Der Leiter der Autowerkstätten, Major Plagge, ein anständiger und sehr energischer Mann, eilte sofort zur Eisenbahn, um seine Arbeiter zu retten. Er kam mit Kittel überein, daß wenigstens ein Teil von »seinen« Fachleuten, die für die Arbeit unerläßlich waren, gegen andere Juden ausgetauscht würden. Etwa 50 Mann waren bereits aus den Waggons ausgesondert und machten sich daran zu gehen, als plötzlich der Leiter der Wilnaer Gestapo, Neugebauer, erschien und ihnen befahl, sofort wieder in die Waggons einzusteigen. Anschließend wurden auch die Menschen verladen, die zum Tausch für die Arbeiter gebracht worden waren …

Eine Gruppe von jungen Leuten beschloß, sich bis zum letzten Blutstropfen zu verteidigen. Sie waren gut bewaffnet und wollten gegen die Gestapoleute kämpfen. Gens erfuhr jedoch davon; er war entschlossen, die Vernichtung des Ghettos, wozu dieser

Kampf unweigerlich führen würde, nicht zuzulassen. Der Hauptteil der Kämpfer befand sich in einem Haus an der Straschun Straße, und Gens tat alles, um zu verhindern, daß die Gestapo und ihre Helfershelfer dorthin gingen. Er sagte ihnen, daß niemand mehr dort sei, daß bereits alles kontrolliert worden sei und es dort nur ein Arresthaus gebe. Auf diese Weise glückte es ihm, die totale Katastrophe abzuwenden. Der Gruppe, die bereit stand, um sich zu verteidigen, war die Möglichkeit zum Kampf genommen worden.

Während der »Aktion« waren im Ghetto Elektrizität und Wasser abgeschaltet. Drei große Steinhäuser wurden gesprengt, und unter ihren Trümmern starben mehrere 100 Menschen. Die Panik war unbeschreiblich. Die jüdische Polizei war grausam und trat als Verräter auf. Frauen und Kinder, teilweise auch die Männer, ergaben sich und begannen aus ihren Verstecken zu kriechen, als sie die Explosion hörten und die Verwüstungen sahen. Diejenigen, deren Ehemänner und Väter während der ersten drei Tage aufgegriffen worden waren, entschlossen sich am vierten Tag, ihnen zu folgen. Doch die Männer waren bereits fort; die Festgenommenen waren sofort, noch am gleichen Tag, weggeschafft worden, sobald sie mit Lastwagen bei der Eisenbahn abgeliefert wurden. Die Güterwaggons wurden auf das Bahngleis in der Rossa Straße gebracht, dort wo früher das Holz- und Kohlelager stand, und zu Zügen mit 50 Waggons zusammengestellt. In jedem Waggon wurde einer der Insassen zum Kommandanten bestimmt. Es wurden Brot, Konserven und Wasserflaschen geladen, dann wurden die Türen geschlossen, mit Stacheldraht versperrt und versiegelt. Einige Stunden später fuhr der Zug unter Bewachung von Gestapoleuten und bewaffneten Soldaten ab. Wohin diese Menschen gebracht wurden – Männer getrennt von Frauen und Kindern –, weiß niemand. Von den Menschen, die mit den ersten Transporten vom 5. und 25. August wegfuhren, hat man Briefe bekommen, die unterwegs geschrieben wurden. Was mit ihnen weiter geschehen ist, weiß man nicht. Aber was für einen Unterschied macht es schon, auf welche Weise sie sterben – ob durch Hunger und Kälte bei schwerer Zwangsarbeit oder durch Kugeln der Gestapomänner irgendwo in einer Waldlichtung!

Nach dem Abtransport der Menschen sah das Ghetto wie ein verlassenes Schlachtfeld aus. Häuserruinen, verschüttete Kellerräume und unter den Trümmern die Leichen von Menschen. Auch die noch Lebenden sahen aus wie Leichen. Ganz schwarz geworden, mit von Hunger und Todesangst zerfurchten Gesichtern und entzündeten, fiebrigen Augen liefen sie auf den Straßen umher, getrieben davon zu erfahren, wer von den Bekannten am Leben geblieben, wer weggebracht worden und wer tot war. Einige verloren den Verstand und irrten im stillen Wahnsinn umher, andere rannten heulend und wild schreiend durch die Straßen des Ghettos.

Am Sonntag, den 5. September 1943, wurde das Wilnaer Ghetto für geschlossen erklärt, das heißt, niemand konnte mehr hinein- oder herausgehen. Auf dem Wilnaer Bahnhof wurde ein Plakat aufgehängt, das verkündete: »Wilna ist judenfrei«. In der Tat, auf den Straßen der Stadt war kein einziger Jude mehr zu sehen. Wenn die Deutschen ab und zu noch Juden aus dem Ghetto zur Arbeit bestellten, wurden ihnen als erstes die gelben Flicken abgenommen. Lange vor der letzten »Säuberung« holte die Gestapo aus dem Ghetto Arbeiter ab, die für sie verschiedene Dienste verrichteten. Sie alle, ungefähr 70 Mann, wurden zur Rossa Straße gebracht, wo sich die Gemüsegärten der Gestapo und das Gefängnis für arische Häftlinge befanden. Diese Juden wurden mit arischen Personalausweisen versehen, und man nahm ihnen die gelben Abzeichen ab. Außerdem wurde über jeden ein Protokoll erstellt, das den Anschein erweckte, als hätte er eine Straftat begangen und sei zu einer bestimmten Gefängnisstrafe verurteilt worden. All dies wurde nur getan, um die notwendigen jüdischen Arbeiter zu behalten.

In den zwei Jahren nach der Eroberung der Stadt durch die Deutschen wurden die zur Arbeit bei der Gestapo bestimmten Juden – in der Regel Fachleute – mit den verschiedensten Tätigkeiten bedacht, ob als Schuster, als Schneider, als Techniker oder

Mechaniker usw. Doch wenn es nötig war, sich von einer bestimmten Anzahl von Juden »zu befreien«, um den Wünschen der vorgesetzten Behörden zu entsprechen, dann schossen die Gestapomänner ihre Facharbeiter ohne viel Aufhebens einfach tot. Als sich der Leiter des Lagers für Beutegüter bei der Gestapo darüber beschwerte, daß man ihm einen jüdischen Schuster weggenommen hatte, und darauf zur Antwort bekam, daß die Gestapo einen Schuster brauchte, erklärte er – selbst ein überzeugter Nazi – wütend: »Graben Sie doch Ihre eigenen Fachleute aus, die Sie in Ponary unter die Erde gebracht haben« …

Im nun geschlossenen Ghetto blieben ungefähr 10 000 Menschen zurück. Das Leben war ungemein beschwerlich geworden. Ein Kilo Brot kostete ungefähr 100 Rubel, Kartoffeln 60 Rubel und ein Kilo Butter 300 Rubel. Die Kommunikation zwischen den im Ghetto lebenden Juden und den Juden, die in den Blöcken von Kailis und anderswo lebten, war nun endgültig abgebrochen. Früher konnte man noch, wenn es nötig war, aus dem Ghetto in die Blöcke oder aus den Blöcken ins Ghetto gehen – ins Bad, ins Krankenhaus, Medizin holen, etwas einkaufen, sich mit jemandem treffen. Jetzt war jeder Kontakt unterbrochen. In der Stadt gab es außer den Blöcken von Kailis noch einige weitere Blöcke: Einen beim Militärkrankenhaus im Bezirk Antokol, in dem 50 Juden wohnten, und zwei für die Arbeiter von den Autowerkstätten auf der Legionowaja Straße und der Subotsch Straße. Sie waren nun alle zu Oasen in der Wüste geworden: Auch zwischen den einzelnen Blöcken selbst gab es nicht mehr die geringste Kommunikation …

Am 14. September 1943 wurde der Leiter des Wilnaer Ghettos Jakob Gens erschossen. Um vier Uhr nachmittags war er zur Gestapo bestellt worden, und bereits zwei Stunden später wurde bekannt, daß der Chef der Gestapo Neugebauer ihn im Gestapogebäude in der Mizkiewitsch Straße (Giedyminowskaja Straße) 36 eigenhändig erschossen hatte.

Noch am Morgen desselben Tages war Gens gewarnt worden,

daß er »liquidiert« werden sollte, und man riet ihm, zu flüchten oder sich irgendwo im Ghetto zu verstecken. Er erwiderte jedoch, daß seine Flucht den Untergang des gesamten Ghettos nach sich ziehen könnte und daß er deswegen zur Gestapo gehen würde, obwohl er nichts Gutes ahnte. Am Ghettotor nahm er von seinem Bruder, Solomon Gens, Abschied, bat ihn darum, ihm eine Schachtel Zigaretten zu holen, und ging fort, nachdem er ihm noch gesagt hatte, daß, falls er um acht Uhr abends nicht zurück sei, das zu bedeuten hätte, daß er überhaupt nicht mehr zurückkommen würde. Er kam nicht wieder zurück.

Warum starb Jakob Gens? Die einen sagen, daß er angeblich zu einer militärischen litauischen Untergrundbewegung gehörte und heimlich Juden half, aus dem Ghetto zu litauischen Partisanen zu flüchten, die in den Wäldern versteckt waren und sich dem Zwangsdienst in der deutschen Armee entzogen hatten. Sie fügten hinzu, daß Gens zusammen mit 20 ehemaligen litauischen Offizieren erschossen worden sei; bei einem von ihnen hätte man eine Liste gefunden, auf der sein Name stand. Andere sagen, daß er beschuldigt worden sei, in Verbindung mit der jüdischen Kampfgruppe zu stehen, die die ganze Zeit im Ghetto existierte und sich für den Fall der Liquidierung des Ghettos zur Verteidigung vorbereitet hatte. Er habe gewußt, daß diese Gruppe gut bewaffnet gewesen sei und sogar über Maschinengewehre und Handgranaten verfügt habe. Während der letzten »Säuberung« des Ghettos vom 1. bis 4. September hätte er, Gens, bewußt die Auslieferung von Juden an die Deutschen unterstützt, um auf diese Weise einem Zusammenstoß dieser Gruppe mit den Deutschen und den estnischen Soldaten, die die »Aktion« durchführten, aus dem Weg zu gehen. Während die Deutschen und Esten im Ghetto wüteten, habe er ihre Aufmerksamkeit von dem Ort, an dem sich die Gruppe befand, abgelenkt, und danach, nach Beendigung der »Aktion«, habe er die Flucht einzelner Mitglieder dieser bewaffneten Kampforganisation in die Wälder ermöglicht. Einer dritten Version zufolge wurde Gens erschossen, weil er sich kategorisch gegen die Liquidierung des gesamten Ghettos gestellt habe.

Es wurde auch erzählt, daß Jakob Gens wenige Tage vor seinem Tod davon erfuhr, daß das Ghetto liquidiert werden sollte. In sehr erregtem Zustand habe er die Nachricht seinen Mitarbeitern Trapido und Zagajskij mitgeteilt (der erste war der Leiter des Lebensmitteldepots im Ghetto, der zweite der Chef der Kriminalpolizei). »Die Lage ist sehr ernst«, habe Gens gesagt. Kittel wolle um jeden Preis das Wilnaer Ghetto vernichten. Er habe dem Chef der Gestapo in Litauen die gesprengten Häuser im Ghetto gezeigt und erklärt, daß das ganze Ghetto nur aus Partisanen und Spekulanten bestehe. Dabei habe er absichtlich nicht die erstaunlich gut eingerichteten und vortrefflich funktionierenden Werkstätten im Wilnaer Ghetto vorgezeigt. Der Gestapochef habe sich der Meinung Kittels angeschlossen und eine Verordnung über die Vernichtung des Wilnaer Ghettos unterzeichnet. Als Datum für die Liquidierung sei der 23. September vorgesehen gewesen.

»Ich will versuchen, die Produktion der Werkstätten zu verdoppeln, um den Nutzen der Juden zu beweisen und das Ghetto noch zu retten«, soll Gens in seiner Verzweiflung gesagt haben. »Aber wenn das nichts bewirkt, werde ich am 22. September die Tore des Ghettos öffnen und allen Juden gestatten zu flüchten, wohin sie wollen. Wir werden das Ghetto als letzte verlassen und es dann von allen Seiten in Brand stecken.«

Diese Worte von Jakob Gens habe der Chef der jüdischen Polizei, Dessler, gehört, der angeblich in der Nähe saß und Karten spielte; er habe den Ghettoleiter bei der Gestapo denunziert. Am folgenden Tag habe man Gens seine Pistole abgenommen. Er sei zur Gestapo beordert worden, wo man ihn erschossen habe. So sei ein Mensch ums Leben gekommen, der ehrenhaft der verwickelten Lage entrinnen wollte, in welche er das Wilnaer Ghetto selbst gebracht hatte.

Welche dieser Versionen wahr ist, weiß man nicht, aber das Ansehen des Ghettokommandanten Jakob Gens stieg nach seinem Tod stark an, seinen Namen umgab von jetzt an leuchtender Ruhm. Obwohl es früher im Ghetto zwei Ansichten über Jabob Gens gab, obwohl er Anhänger und Widersacher hatte, waren sich jetzt alle einig: In der Gestalt seines Kommandanten hatte das Ghetto einen Menschen verloren, der eine gewaltige Rolle im Leben der Juden gespielt hatte. Der tragische Tod von Jakob Gens verewigte sein Andenken in der Geschichte des Wilnaer Ghettos und rückte ihn an die Spitze von vielen Zehntausenden von Juden, die durch die Hand der Mörder ums Leben gekommen waren.

Jakob Gens war ein litauischer Jude, der früher im Rang eines Hauptmanns in der litauischen Armee gedient hatte. Er hatte eine litauische Frau und eine Tochter. Im Ghetto bekleidete er zuerst die Funktion des Leiters des jüdischen Krankenhauses (er war mit der Wirtschaftsführung betraut); vom Oktober 1941 bis zum schicksalsschweren 14. September 1943 trug er, erst im Judenrat und danach allein, die schwere und verantwortungsvolle Arbeit des Leiters des Wilnaer Ghettos auf seinen Schultern. In dieser Zeit erwies er sich als ein entschlossener und starker Mann, der schwierige Situationen schnell überblicken konnte und beharrlich und rücksichtslos alle seine Beschlüsse durchsetzte, wenn er sie für angebracht und notwendig erachtete.

Die Nachricht von der Ermordung Jakob Gens' verbreitete sich blitzartig im ganzen Ghetto und erschütterte seine Bewohner. Alle fühlten sich mit einem Schlag verwaist und hilflos.

Saul Dessler, der Schuft und Verräter und für sich genommen eine nichtswürdige Gestalt, wurde nun zum Kommandanten ernannt. Als er erkannte, daß die völlige Vernichtung und das Ende des Ghettos immer näher rückten, flüchtete er gemeinsam mit dem Chef der Torwache, Levas, nicht ohne eine Aktentasche voller Gold – das von den Bewohnern beschlagnahmt worden war – sowie eine stattliche Summe öffentlicher Gelder mitzunehmen …

Unter den zurückgebliebenen jüdischen Polizisten herrschte Anarchie. Die Macht ergriffen nun die Gegner der verhaßten offiziellen käuflichen Polizeiführer. Oberhart, ein Brigadeleiter von jüdischen Arbeitern im deutschen Munitionslager, setzte sich die Mütze des ermordeten Kommandanten Gens aufs Haupt. Er übernahm auch den Posten des Polizeichefs im Ghetto. Früher war er die ganze Zeit ohne die gelben Aufnäher herumgelaufen, weil er bei den Deutschen als »nützlicher Jude« galt. Er bewies jedoch weder organisatorische Begabung noch die Fähigkeit, sich in der gegenwärtigen schwierigen Lage zurechtzufinden.

Am Samstag, den 18. September 1943, gegen zehn Uhr morgens, wurde das Wilnaer Ghetto erneut umstellt, diesmal von lettischen Soldaten, die wie gewöhnlich deutsche Uniformen trugen. Ins Ghetto marschierte der berüchtigte Kittel. Alle begriffen, daß wieder ein Unheil drohte. In Erwartung einer neuerlichen »Aktion« rannten die Menschen auseinander und versteckten sich in den Malinen. Der allmächtige Herrscher des Ghettos, Kittel, nahm auf einem Stuhl mitten auf der Rudnitskaja Straße Platz und verlangte auf der Stelle nach 150 Männern. Er bräuchte sie als zusätzliche Arbeitskräfte für die Arbeit im Block der militärischen Autowerkstätten. Dorthin waren erst am Tag zuvor etwa 1000 Juden freiwillig gegangen, die so schnell wie möglich dem Alptraum des Ghettos entkommen wollten. Die geforderten 150 Mann erschienen sofort. Daraufhin forderte Kittel weitere 500 Mann. Als nach einigen Stunden auch diese Anzahl beisammen war – diesmal allerdings nicht mehr ganz freiwillig, sondern aufgrund einer von Kittel getroffenen Auswahl aus dem Bestand der sogenannten »Hilfspolizei« –, forderte Kittel noch zusätzliche 1000 Mann und im Anschluß daran weitere 2800. Alle begriffen, daß dies nichts anderes war als ein böser Scherz, der mit den unglücklichen Juden getrieben wurde, und von nun an zeigte sich niemand mehr auf den Straßen des Ghettos. Unterdessen breitete sich die Abenddämmerung über den verlassenen Gassen des Ghettos aus. Da befahl Kittel plötzlich allen versammelten Juden und auch denjenigen, die schon in einen großen Lastwagen geladen waren, wieder nach Hause zu gehen. Wohl aus Angst vor der Dunkelheit verließ er zusammen mit seinen Soldaten das Ghetto, nachdem er noch die außerhalb des Ghettos stehende, aus lettischen Soldaten bestehende Wache weggeschickt hatte. Man sagt, daß er von der Gestapo einen Befehl bekommen hatte, »diese Arbeit einzustellen«.

In dieser Zeit versuchten einige, auf Schleichwegen zu flüchten, die zu benachbarten, außerhalb des Ghettos gelegenen Straßen führten, obwohl hierbei die Gefahr groß war, gefangen zu werden. Weniger gefährlich, aber weitaus schwieriger war es, durch die unterirdischen Schächte der städtischen Kanalisation dem Ghetto zu entkommen. Um aus so einem Schacht nach oben zu gelangen, mußte man zuvor einen Ausgang im Keller eines Hauses in der Stadt vorbereitet haben. Das war aber nur bis zum Zeitpunkt der Abschaffung der Sondergenehmigungen möglich, die Juden zur Arbeit in verschiedenen Teilen der Stadt berechtigte. Solche Ausgänge wurden beispielweise von Wasserwerksarbeitern angelegt, die früher in den Polizeirevieren der Stadt Arbeiten verrichten mußten. Die Flucht durch die Kanalisationsröhren war ungemein mühsam. Man mußte die ganze Zeit gebückt gehen und sich dabei immer wieder doppelt und dreifach zusammenkrümmen. Da die Kanäle an einigen Stellen nicht mehr als 40 bis 50 Zentimeter hoch waren, mußte man dort auf dem Bauch durchkriechen. Die Luft in den Kanälen war schwer, überall war es naß und schmutzig. Nur an den Stellen, wo sich die Kanäle gabelten, in unterirdischen Türmen, konnte man sich ausruhen und den Rücken strecken. Um in einen Schacht eine Straße weiter zu gelangen, brauchte man einen ganzen Tag.

Nach dem Abtransport der Menschen in den ersten Septembertagen und der hermetischen Abschließung des Ghettos machten Gerüchte die Runde, daß vom Montag, den 20. September an, das Ghetto nicht mehr der Gestapo, sondern der deutschen Armee oder der gewöhnlichen deutschen Polizei unterstellt sein würde. Es hieß, daß vom 20. September an das Ghetto in ein Arbeitslager umbenannt werden würde, wo man den Arbeitern wie in allen Arbeitslagern 420 Gramm Brot am Tag und zweimal täglich Kaffee und Suppe austeilen würde. Es hieß ferner, daß erst kürzlich für die jüdischen Schneiderwerkstätten sehr viel Material ins Ghetto gebracht worden sei, aus dem Kleidung für die deutschen Truppen genäht werden sollte. Die Menschen wollten glauben, daß dies wirklich so war, um so mehr, als der genannte Termin schon fast erreicht war: Man mußte nur noch eine Nacht und einen Tag – den Sonntag – hinter sich bringen. Zudem dachte jeder, daß es am Sonntag, einem Feiertag, sowieso keine »Aktionen« geben würde, und daher warteten alle ungeduldig darauf, daß dieser Tag endlich verstreichen würde. Welch eine Fehleinschätzung! Schon mit Beginn des frühen Sonntagmorgens, des 19. September 1943, erschien im Ghetto eine Sondereinheit von litauischen Aktivisten, die im Auftrag der Gestapo die Juden im Wald von Ponary erschossen hatten.

Erneut brach Chaos und Panik aus, noch verstärkt dadurch, daß es unter den Juden im Ghetto faktisch niemanden mehr gab, der in Erfahrung bringen konnte, was eigentlich los war. Die Lage war wahrlich tragisch. Jeder dachte, der letzte Tag des Ghettos wäre angebrochen. Wie entsetzlich! Die Juden vom Wilnaer Ghetto hatten in den letzten beiden Jahren eine solche Menge an Verlusten, soviel Leid und Entbehrung ertragen, so viele schreckliche Tage und Nächte durchstehen müssen, und jetzt, wo die Befreiung so nahe scheint, wo das Kriegsende bereits in Sicht ist, jetzt müssen sie durch die Hände ihrer Henker sterben. Nein! Das ist eine zu bittere, zu erbarmungslose Ironie des Schicksals …

Doch plötzlich – welch Wunder! Völlig überraschend verließ die Sondereinheit das Ghetto, nachdem sie den am Tor stehenden jüdischen Polizisten befohlen hatte, niemanden hineinzulassen. Allem Anschein nach hatten die Aktivisten auf irgendeinen Befehl des Richters über das Los der Juden, Kittel, gewartet, und als der Befehl nicht kam, machten sie sich wieder davon.

Was wird der morgige Tag bringen?

Der letzte Akt
23.–25. September 1943

Am 23. September 1943 begann der letzte Akt des schrecklichen Dramas. Um halb zwölf mittags wurde das Ghetto dicht umstellt von bis an die Zähne bewaffneten deutschen Soldaten mit Stahlhelmen, Handgranaten und Gewehren; sie sahen aus, als zögen sie in eine Schlacht. Diesmal umzingelten die Deutschen das Ghetto nicht bloß: In dicht geschlossenen Reihen wurden sie vom Ghettotor die Hetmanskaja und Subotsch Straße entlang bis hin zur Rossa Straße plaziert, wo die Bahnlinie hinführte. Hier waren die Züge mit den nach Estland verschickten Juden vollgeladen worden.

Die Vertreter der deutschen Gestapo, Kittel und Lickner, hatten einen Tag vor diesem verhängnisvollen Datum den Juden vom Balkon des Arbeitszimmers des ehemaligen Ghettokommandanten Jakob Gens verkündet, daß sie sich bis um zwölf Uhr des folgenden Tags zur Abreise fertig zu machen hätten, da das Wilnaer Ghetto »evakuiert« würde: Ein Teil der Menschen würde ins Ghetto in Schauliaj kommen, ein anderer in ein Arbeitslager bei Vaivary in Estland. Jeder, der nach dieser Frist in den Malinen vom Ghetto gefunden würde, würde auf der Stelle erschossen werden. Im übrigen würden die Häuser im Ghetto gesprengt werden, so daß jeder, der sich dort versteckt hielte, sowieso ums Leben kommen würde.

Allen wurde bewußt, daß der letzte Tag ihres Lebens gekommen war. Die meisten Menschen – vom Hunger und den langen schlaflosen Nächten ausgezehrt – waren so erschöpft, daß sie sich fast gleichgültig verhielten: Komme, was wolle, solange es schnell ein Ende hatte. Die Indifferenz, Apathie und Erschöpfung, körperlich und moralisch, hatten die Leute so sehr geschwächt, daß von irgendeiner Form von Widerstand überhaupt nicht die Rede sein konnte. Um die Ghettobewohner endgültig geistig und körperlich zu erledigen, hatte die deutsche Obrigkeit ihnen einige Zeit selbst die elementarste Verpflegung entzogen, die die Juden früher über Essenskarten erhalten hatten. Mit demselben Ziel vor Augen war das Ghetto vor der Aktion hermetisch abgeriegelt worden; niemand konnte mehr von draußen irgendwelche Lebensmittel ins Ghetto bringen. Infolge dieser Maßnahmen stieg der Brotpreis im Ghetto auf 150 bis 160 Rubel pro Kilo und der Preis von Kartoffeln auf 70 bis 80 Rubel, doch selbst zu diesen Preisen war es sehr schwierig, an irgend etwas Eßbares heranzukommen.

Alle Ghettobewohner erkannten nun deutlich, daß die Ermordung des Kommandanten Jakob Gens der Anfang vom Ende gewesen war: die Ankündigung der Liquidierung des Ghettos. Während man früher noch irgendeine Art von Widerstand hätte organisieren können, war dies nach dem Tod von Gens völlig unmöglich geworden, denn es gab im Ghetto keine organisatorische Kraft mehr, keine Führungspersönlichkeit, um die sich die Reste der jungen Kräfte, die zum Teil in kleinen Gruppierungen im Ghetto noch weiterbestanden, hätten scharen können. Hier nun zeigte sich, wie verfehlt die Taktik von Gens gewesen war, den Deutschen die ganze Zeit Zugeständnisse zu machen und auf ihr Verlangen hin immer wieder aufs neue Tausende von Menschen auszuliefern, die unter verschiedenen Vorwänden aus dem Ghetto fortgeschafft wurden. Nicht nur, daß er es versäumt hatte, die Juden im Ghetto für den Kampf gegen den Feind vorzubereiten, er hatte sie sogar geschwächt und in den beklagenswürdigen Zustand gebracht, in dem sie sich am letzten Tag befanden.

Die wenigen jungen Menschen, die noch im Ghetto waren, versuchten unverzüglich, noch in der Nacht und in der Morgendämmerung des verhängnisvollen Tages auf verschiedenen Wegen das streng bewachte Territorium zu verlassen. Einige brachen die zu den benachbarten Straßen führenden Tore – in erster Linie das

Jankel Kaplan

Abraham Chwojnik

Tor, das zum Konskaja Platz führte – auf; andere stiegen in die Kanalisationsschächte. Die ranghöheren jüdischen Polizisten hatten größtenteils das Ghetto schon vorher verlassen. Dank des vielen Geldes, das sie auf unehrlichste Weise zusammengerafft hatten, und ihrer Kontakte zu den an den Ghettotoren Wache haltenden litauischen Polizisten, hatten sie sich schon beizeiten ein gemütliches Plätzchen besorgt, in dem sie sich jetzt verkrochen. All dies war möglich bis elf Uhr morgens am 23. September. Um halb zwölf kam Kittel mit einem Trupp Soldaten und deutschen und litauischen Polizeiagenten ins Ghetto und begann damit, die Menschen abzuführen.

Genaugenommen gab es niemanden, der die Menschen abführte. Sie gingen von selbst aus dem Ghetto heraus, in kleinen Grüppchen, manchmal auch allein. Hinter ihnen hörte man Geschrei, Geheul und das Krachen und Klirren von Wänden, Türen und Fenstern, die eingeschlagen wurden. In dem Chaos verloren Eltern ihre Kinder und Kinder ihre Eltern. Mühselig schleppten sich die Leute mit kleinen Bündeln in den Armen an den Soldaten vorbei, die zum größten Teil aus ukrainischen Kollaborateu-

Grischa Levin

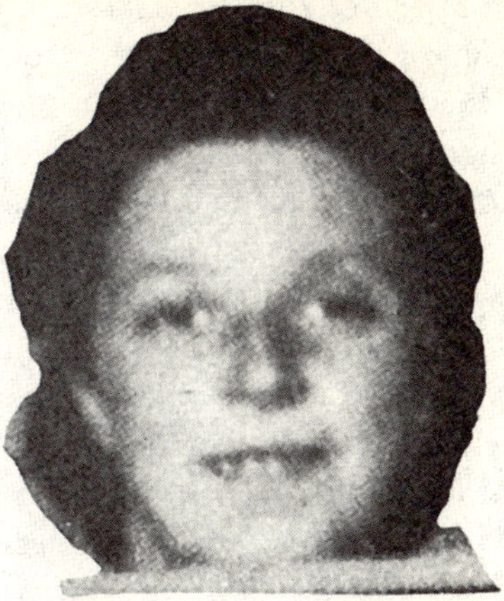
Asja Big

ren bestanden, und begaben sich zur Rossa Straße, wo die Verladung stattfand. Dort, auf der abgelegenen und verlassenen Straße, riß das ukrainische Gesindel den Unglücklichen ihre letzte Habe aus den Händen und prügelte gnadenlos auf sie ein.

Unterwegs, auf der Subotsch Straße, wurde die Selektion durchgeführt. Die Straße war durch Lastwagen in zwei Abschnitte geteilt. Hier wurden die Männer von den Frauen und Kindern getrennt und zum Sammelpunkt für die Verladung in Güterwaggons weiter geschickt, während alle Frauen, Kinder und alte Menschen ohne Unterschied des Geschlechts in den großen Innenhof des schon zu polnischen Zeiten bestehenden Arbeitsamts und in den benachbarten Klosterhof der Missionsväter getrieben wurden. Dort, auf dem feuchten, sumpfigen Boden unweit der künstlich angelegten Fischteiche, wurden ungefähr 6000 Menschen zusammengepfercht. Zwei schreckliche Tage und zwei schreckliche Nächte lagen sie im Regen. Niemand bekam etwas zu essen oder zu trinken. Gedränge, Schmutz, Kindergeschrei, Stöhnen und Flehen alter und kranker Menschen – das war das Bild dieses letzten Zufluchtsorts.

Hierhin, zur Subotsch Straße 19, wurden auch der junge begabte Lehrer Jankel Kaplan, der Anwalt Abraham Chwojnik, der Uhrmacher Grischa Levin und das Mädchen Asja Big gebracht, die von den Deutschen festgenommen wurden, als sie aus den unterirdischen Kanalisationsschächten herauskamen. Während ihrer Festnahme hatten sie zwei Gestapomänner erschossen. Sie wurden im Hof des Arbeitsamts an Bäumen erhängt.

Am Samstag, den 25. September, wurden die hier eingesperrten Menschen auf die Straße getrieben, und es begann eine erneute Selektion. Die jüngeren, kräftigeren und alleinstehenden, das heißt kinderlosen Menschen – in der Regel waren das Frauen, denn die Männer waren ja schon früher weggeführt worden –, wurden auf die rechte Straßenseite getrieben, die übrigen, unter ihnen eine große Anzahl von Kindern, die nach der ersten Selektion allein zurückgeblieben waren, auf die linke. Während es zumindest noch vorstellbar war, daß die auf der rechten Seite stehenden Menschen tatsächlich irgendwohin zur Arbeit verschickt würden, wie die Gestapo behauptete, konnte es bezüglich derjenigen, die auf der linken Seite standen, nicht den geringsten Zweifel geben: Sie erwartete die unmittelbare Vernichtung.

Hier spielten sich wahrhaftig tragische Szenen ab. Viele versuchten, um jeden Preis unter die »Glückspilze« zu geraten. Einige Mütter versuchten ihr Kind zu retten, indem sie es in einen Sack banden und auf dem Rücken trugen, wobei sie so taten, als handelte es sich bei ihrem Gepäck um übriggebliebenen Hausrat. Andere dagegen – wie schrecklich ist es, darüber zu schreiben – verhielten sich genau umgekehrt: Sie ließen ihre Kinder im Stich, gaben an, daß sie kinderlos seien, und rannten auf die rechte Seite.

Doch nachdem die Selektion beendet war, wurden alle zum gleichen Verladepunkt auf der Rossa Straße getrieben, wo sie in vorbereitete Güterwaggons verfrachtet und in der darauffolgenden Nacht nach Ponary gebracht wurden. Alle Anzeichen deuteten klar darauf hin, daß im Zuge der Liquidierung des Ghettos die Menschen nicht zu einem Arbeitseinsatz, sondern direkt in den

Tod verschickt wurden. Sie bekamen weder zu essen noch zu trinken, und auch ihre Habseligkeiten ließ man achtlos im Klosterhof zurück. Einige Frauen, denen es während der Fahrt gelungen war, sich zu einem kleinen Fensterloch im Waggon durchzudrängen, sprangen aus dem fahrenden Zug heraus und – sofern sie nicht mit gebrochenen Gliedmaßen liegenblieben – versteckten sich im Wald.

Die »Evakuierung« dauerte den ganzen 23. September hindurch bis zum späten Abend und setzte sich auch am folgenden Tag, dem 24. September, fort. Anschließend drangen die Soldaten ins Ghetto ein und begannen die verlassenen Wohnungen zu plündern. Deutsche, litauische und ukrainische Soldaten schleppten die in den Häusern gefundenen Sachen davon. Innerhalb der letzten beiden Jahre war es den Juden gelungen, erneut zu etwas Besitz zu kommen und auch Teile ihres in der Stadt zurückgelassenen Eigentums ins Ghetto zu schaffen. Nun wurden die Wohnungen ausgeplündert, Fensterscheiben eingeschlagen und Türen sperrangelweit offen gelassen. In den verlassenen Häusern brannte elektrisches Licht, das die Menschen vor dem Weggehen noch eingeschaltet hatten; jetzt gab es niemanden mehr, der das Licht hätte ausschalten können. Und dabei gab es eine Verordnung, wonach in der Stadt bei Anbruch der Dunkelheit die Wohnungen zu verdunkeln waren und der geringste Verstoß gegen die Vorschriften strengstens bestraft wurde. Tagsüber ging etwas besonders Unheimliches von diesem gleichförmig strahlenden, unvergänglichen Licht aus, das die Fenster der leeren Häuser ausfüllte. Durch die verlassenen Straßen des Ghettos spazierten angetrunkene ukrainische Soldaten; auf Musikinstrumenten, die sie aus dem zerstörten jüdischen Theater gestohlen hatten, spielten sie fröhliche Lieder …

Nachklang
September–Oktober 1943

Die Geschichte des Wilnaer Ghettos ist hiermit beendet. Innerhalb von zwei Jahren hat der Nationalsozialismus allein in Wilna mehr als 70 000 Juden liquidiert. Bisher übriggeblieben sind ungefähr 1000 Menschen im Block der Kailis-Fabrik, eine gleiche Anzahl im Block der HKP-Autowerkstätten [HKP = Heereskraftpark], 50 Menschen im Lazarett und 70 in den Werkstätten der Gestapo.

Nach der Liquidierung waren noch mehrere hundert Menschen am Leben, die ungeachtet der Drohungen der Deutschen ihre Malinen und andere Unterschlüpfe nicht verlassen hatten. Mit jedem Tag wurde das Leben in den Malinen schwieriger. Im ehemaligen Ghetto waren Wasser und Strom abgestellt worden; die sich versteckt haltenden Menschen brauchten ihre letzten Essensvorräte auf. Sie ernährten sich von Brei aus Zwieback, Erbsen und Roggen, den sie durch einen Fleischwolf drehten. An Wasser zu gelangen war sehr schwierig und konnte einem das Leben kosten. Zum Wasserholen mußte man sich an Häuser heranschleichen, die am Rande des Ghettos standen und nach dessen Liquidierung von deutschen Behörden benutzt wurden (die ehemaligen Gebäude des Judenrats und des jüdischen Krankenhauses). Die Menschen in den Malinen erstickten fast aus Mangel an frischer Luft, sie waren mangelhaft gekleidet, und ihre Körper waren häufig mit Geschwüren bedeckt. Als das Weiterleben in den Malinen kaum mehr möglich war, wagten sich die Mutigeren auf die Straße hinaus; viele von ihnen wurden schnell festgenommen. Diejenigen, die in den Verstecken zurückblieben, gerieten den Deutschen früher oder später auch in die Hände. So manch einer verriet sich

Rückansicht des Kailis-Blocks, in dessen Erdgeschoß Grigorij Schur mit seiner Familie wohnte (Aufnahme nach dem Zweiten Weltkrieg)

durch Spuren von verschüttetem Wasser, durch ein achtlos verursachtes Geräusch oder durch den Rauch eines kleinen Ofens, doch die meisten wurden von ihren nächsten Angehörigen oder von Fremden verraten. Von ihren Angehörigen wurden sie verraten, nachdem diese die Maline verlassen hatten, auf der Straße aufgegriffen und in den Kellern der Gestapo gefoltert worden waren, und von Fremden wurden sie verraten, wenn diese sich den Deutschen andienen wollten. Schlimm erging es den Bewohnern der Malinen, wenn sie entdeckt wurden. Sobald sie das Haupttor des ehemaligen Ghettos durchquert hatten, mußten sie fast ihre gesamte Kleidung ausziehen und in einen dafür bereitgestellten Kasten legen, danach brachte man sie zum Polizeikommissariat, wo sie brutal geschlagen wurden (es kam auch vor, daß litauische Polizisten sich junge Frauen für eine Nacht nahmen); von dort aus wurden sie zur Gestapo gebracht, erneut geschlagen und dann nach Ponary weggeschafft. Die Verhaftungen von Menschen, die nach und nach aus den Malinen hervorkamen, zogen sich über mehrere Wochen lang hin. Täglich wurden Gruppen Dutzender erschöpfter und vom Hunger ausgemergelter Menschen, die sich bei der Liquidierung des Ghettos versteckt hatten, auf dem Holzmarkt in der Zawalnaja Straße zusammengetrieben und zur Erschießung fortgebracht.

Nur in Ausnahmefällen lassen Kittel und seine Gehilfen jemanden, der ihnen in die Hände geraten ist, am Leben. Manchmal intervenieren die Juden, die bei der Gestapo arbeiten, und in erster Linie der Brigadeleiter Kamenmacher. Er bittet darum, das Leben des einen oder anderen Festgenommenen zu schonen, da dieser ein erfahrener Fachmann in einem Bereich sei, der für die Deutschen von Nutzen ist. Und wenn Kittel oder auch ein anderer Gestapomann guter Stimmung ist, manchmal auch, weil er betrunken ist, läßt er kurz vor dem Abtransport nach Ponary den Verurteilten aus der Todeskammer hinauswerfen.

In ihrem Verhalten den Juden gegenüber sind die Gestapomänner nicht bloß grausam; ihre Grausamkeit ist voller Sadismus. Einer von ihnen, Fiedler, schlägt die Juden, die im Wald bei Ponary arbeiten, dort, wo ständig die Massenerschießungen stattfinden, bis aufs Blut – und obendrein verlangt er, daß die Arbeiter ununterbrochen jüdische Lieder singen. Besonders gefällt ihm das Lied *Sieben gute Jahre*. Im Anschluß an einen schweren Arbeitstag befahl er den Juden, die ungefähr zwölf Kilometer zu Fuß gehen mußten, um nach Wilna zurückzukommen, während des Marsches ununterbrochen zu singen.

Der berüchtigte Vollstrecker der Liquidierung des Ghettos, Kittel, ein junger und sehr gutaussehender Deutscher, stellt sein Talent zum Sadismus ständig unter Beweis. Seine sadistische Virtuosität unterscheidet ihn von seinen Vorgängern. Diese trieben ihren Spott mit den Juden auf eine brutale, lärmende Art; sie fuhren beispielsweise mit ihren Fahrrädern direkt in eine dichte Menge von heimkehrenden Arbeitern hinein und teilten dabei links und rechts mit ihren Pistolenknäufen Schläge auf die Köpfe der Juden aus. Kittel schlägt nie jemanden ins Gesicht, er tritt nie jemanden mit Füßen; statt dessen vernichtet er seine Opfer auf zynische Weise – ruhig, bedächtig und mit Gefühl. Wenn er selbst Menschen erschießt, bittet er sie »höflich« darum, sich »nicht aufzuregen«, »nicht nervös« zu sein, und während er das sagt, rich-

Der Weg nach Ponary

tet er seine automatische Pistole auf die Köpfe der Unglücklichen und erschießt sie einen nach dem anderen, wie Spatzen, ganz ruhig und ohne jede Verlegenheit. Wenn Kittel auf Bitten seiner Arbeiter hin einwilligt, einen der in den Gestapokellern sitzenden Juden freizulassen, das heißt ihn nach Estland oder in die Blöcke von Kailis oder die der Autowerkstätten zu schicken, läßt er gleichzeitig alle gefangengehaltenen Frauen und kleinen Kinder zur Exekution fortbringen. Diesem Scheusal bereitet es Vergnügen, wenn eine Mutter sich von ihrem Kind lossagt, um ihr eigenes Leben zu retten. Eine Frau muß nur sagen, daß dies nicht ihr Kind sei, und Kittel erteilt sofort den Befehl, das Kind auf einen Lastwagen zu werfen und zur Exekution fortzuschaffen. Eine von diesen Müttern, eine gewisse Kowarskaja, nahm, als Kittel sie fragte, ob sie zusammen mit ihrer Tochter, einem sechsjährigen Mädchen, zur Hinrichtung gehen würde, sofort ihre Hände von den Schultern des Kindes und trat zur Seite. Die Mutter blieb am Leben und wurde zusammen mit ihrem Mann in den Arbeiterblock von Kailis gebracht. Dort erst kamen sie zur Besinnung und weinten ununterbrochen.

Alle Gestapoleute, die mit der Vernichtung von Juden etwas zu tun hatten, vergaßen bei der Plünderung von jüdischem Eigentum ihre eigenen Interessen nicht. Wenn sie auf Heimaturlaub gingen, nahmen sie Gold, kostbaren Schmuck und wertvolle Sachen mit. Nach der Liquidierung des Ghettos kam Kittel häufig mit einer Anzahl von Juden, die von der Gestapo festgenommen waren, dorthin; sie mußten auf seinen Befehl hin die noch nicht aufgedeckten Malinen aufbrechen, Öfen zertrümmern und Wände einstoßen: Man suchte aufgrund von Informationen, die von den Festgenommenen stammten, nach Geheimfächern, in denen Wertsachen versteckt lagen.

Die aus ihren Malinen herauskommenden Juden wurden auch öfters von Bauern der umliegenden Dörfer verraten, in welche sie hatten flüchten können. Die einen waren es leid, den Flüchtlingen Brot zu geben, die anderen lockte die Prämie, die die Deutschen für jeden aufgedeckten Juden anboten – einige Kilogramm Zucker und Salz. Es gab unter den Bauern auch solche, die die Juden gegen eine bestimmte Geldsumme bei sich aufnahmen. Doch häufig lieferten sie ihre Gäste der Gestapo aus, nachdem sie zuvor von ihnen das Geld als Vorauszahlung bekommen hatten oder es ihnen einfach abgenommen hatten. So entledigten sie sich der Verantwortung für das Verbergen von Juden.

Anfangs wurden einige von denen, die bei der Vernichtung des Ghettos am Leben geblieben waren, in den Arbeiterblöcken von Kailis aufgenommen und versteckt. Doch da mit der Zeit die Zahl der Rettungs- und Zufluchtssuchenden stieg, befahl der Leiter der Blöcke, Ingenieur Papp, seinen Untergebenen – Kommandanten und Polizisten –, niemanden mehr in die Blöcke hereinzulassen. Im Anschluß an diese Verfügung spielten sich vor den Toren der Blöcke zuweilen wahrlich herzzerreißende Szenen ab.

Als eine kranke, tief gebeugte alte Frau (Frau Jarmowskaja, die ehemalige Besitzerin eines Schuhgeschäfts), die sich vor Schwäche kaum auf den Beinen halten konnte, zwischen dem ersten und dem zweiten Block umherirrte und darum flehte, daß man ihr wenigstens für eine Nacht Einlaß gewährte, blieben alle Türen geschlossen. Die Menschen fürchteten sich vor ihren Lumpen, ihren Läusen, hatten Angst, sich bei ihr anzustecken, sie fürchteten um sich selbst, ihre eigene Haut, und sie hatten Angst, den Deutschen nicht zu gehorchen. Nach der Liquidierung des Ghettos gab es in der Stadt keine Krankenhäuser für Juden mehr; hätten die Deutschen den Verdacht geschöpft, daß es im Block einen Typhuskranken gab, dann hätten sie den ganzen Block vernichtet. Die alte Frau war dazu verurteilt, wie ein herrenloser Hund auf der Straße zu sterben.

Häufig waren von der Straße aus die Schreie von jemandem zu hören, der auf der Suche nach Schutz aus einer Maline geklettert und dabei von einem litauischen Polizisten oder einem gewöhnlichen Erpresser gefaßt worden war: »Juden, rettet mich!« Aber das war die Stimme eines Rufers in der Wüste. Niemand mischte sich ein, niemand kam nicht einmal in die Nähe dieses Menschen, alle hatten davor Angst, dem Unglücklichen zur Hilfe zu kommen. Dies ist unglaublich, dies ist einfach unmöglich, aber es ist die bittere Wahrheit.

Einige litauische Polizisten nutzten die Situation: Sie forderten von den auf der Straße festgehaltenen Juden Geld und andere Sachen, alles, was sie noch bei sich hatten, und danach – abhängig davon, ob sie sich an ihr gegebenes Wort hielten – ließen sie ihre Opfer frei oder lieferten sie der Gestapo aus. Es gab Fälle, in denen sie auf der Straße festgehaltene jüdische Frauen mit zu sich nach Hause nahmen und von ihnen bestimmte Dienste verlangten. Zur Belohnung ließen sie die Frauen frei; manchmal brachten sie sie zu den Blöcken von Kailis und stießen sie, ungeachtet der Proteste der dort stehenden Wache, mit Gewalt durch das Eingangstor. Es kam vor, daß litauische Polizisten aus Mitleid oder gegen Geld Juden, die sie auf der Straße aufgegriffen hatten, zu Kailis brachten, doch da man diese Unglücklichen in der Regel nicht hineinließ, wurden sie auf der Straße gelassen, wo sie bald darauf von einem anderen Polizisten festgenommen wurden; dieser lieferte sie dann, ohne viel Umstände zu machen, der Gestapo aus, und von dort aus gab es nur einen Weg …

Die Blöcke
Oktober 1943–März 1944

Somit waren nach der Liquidierung des Ghettos in Wilna nur noch ungefähr 3000 Juden übrig geblieben, die für die Deutschen vorläufig von Nutzen waren: in den Blöcken der Pelzfabrik und der Autowerkstätten sowie in einigen anderen Einrichtungen. Insgesamt war die Stadt »judenfrei« und damit ebenso »frei« wie alle kleinen Ortschaften und viele Städte in Polen, Lettland, Estland, Litauen, Weißrußland und der Ukraine. In den drei Blöcken von Kailis und der Autowerkstätten lebten die Menschen gleichfalls in ständiger Erwartung der Liquidierung, sei es in Form eines Abtransports nach Ponary, was die sofortige Vernichtung bedeuten würde, oder einer Verfrachtung an einen anderen Ort, nach Estland zum Beispiel, wo der Mord langsam vonstatten gehen würde – durch aufreibende Arbeit (wenn man nicht schon auf dem Weg nach Estland in einem Wald plötzlich erschossen wurde).

Das Regime in den Blöcken war streng. Es war verboten, aus dem Tor zu gehen; Fremden war der Zutritt in die Blöcke nicht gestattet. Für Ordnung sorgte die jüdische Polizei, doch die allgemeine Aufsicht hatten die deutsche Polizei und die SS. Es wurden vollständige Listen von allen Bewohnern zusammengestellt, jeder war genau registriert, und es fanden ständig Kontrollen statt.

Die Deutschen wußten genau, daß sich in den Blöcken eine bestimmte Anzahl von Juden befand, die sich während der Vernichtung des Ghettos hatten retten können. Wohl mit der Absicht, diese Juden aufzuspüren, wurde am 15. Oktober eine Kontrolle aller Arbeiter durchgeführt, die in den beiden Blöcken von Kailis wohnten. An diesem Tag gingen die Arbeiter wie immer um sechs Uhr morgens zur Fabrik. Gewiß, am Vorabend war bekannt geworden, daß am nächsten Morgen irgendeine Kontrolle stattfinden würde. Diese Bekanntmachung bereitete allen eine unruhige Nacht, aber da bis um sechs Uhr morgens nichts passiert war, begann ein gewöhnlicher Arbeitstag. Um neun Uhr tauchten Männer von der Gestapo auf: Sie führten die in den Häusern zurückgebliebenen Bewohner des Ersten Blocks in den Hof des Zweiten; dort wurden ebenfalls die vorhandenen Bewohner des Zweiten Blocks zusammengetrieben. Kinder unter dreizehn Jahren mußten in den Wohnungen zurückbleiben. Diese Maßnahme und vor allem die Anweisung, die die Kinder betraf, verursachte unter den Arbeitern in der Fabrik große Unruhe. Schon vor einiger Zeit hatte die Gestapo geäußert, daß es sinnvoll sei, die beiden Blöcke von Kailis zusammenzulegen. Viele dachten, daß dieser Plan jetzt umgesetzt würde und dabei alle »überflüssigen« Menschen und die Kinder unter dreizehn Jahren vernichtet würden. Von der Fabrik aus sahen die Arbeiter durch den Zaun, wie die Bewohner des Ersten Blocks in den Hof des Zweiten Blocks getrieben wurden, und sie hörten die Schreie der Menschen, die hierbei geschlagen wurden. Natürlich dachte jeder sofort, daß die zu Hause zurückgelassenen Frauen und Kinder vor ihrem unmittelbaren Abtransport zur Exekution nach Ponary standen. Die Menschen hörten auf zu arbeiten und rannten aus den Fabrikräumen heraus. Der Zweite Block war von Gestapomännern und Soldaten einer litauischen Sondereinheit, die speziell für Hinrichtungen zuständig war, umstellt. Der Anblick dieser Einheit, die mit ihrem üblichen grünen Polizeiwagen mit Maschinengewehren auf dem Verdeck gekommen war und mit Maschinengewehren, Pistolen, Gewehren und Handgranaten bewaffnet war, jagte den Arbeitern einen Schrecken ein.

Doch noch mehr Schrecken verursachte das Erscheinen des berüchtigten Ghetto-Liquidators Kittel. Als man die Bewohner des Blocks einen nach dem anderen von einem Hof in den anderen führte und dabei alle ausgesondert wurden, die nicht zu den

Familien von Arbeitern gehörten, stand er persönlich mit seinen Gestapomännern beim Tor, schaute durchdringend jedem Vorbeigehenden ins Gesicht und hielt jeden fest, der ihm verdächtig erschien.

Unter den Festgehaltenen befand sich Smulgewskij, der im Ghetto der Adjutant von Jakob Gens gewesen war und eine Abteilung des Arbeitsamtes geleitet hatte. Während der Liquidierung des Ghettos war ihm die Flucht gelungen; er hatte es geschafft, in den Zweiten Block zu gelangen, wo er von den Bewohnern erst einmal Prügel für seinen früheren »Eifer« bezog. Als er jetzt Kittel sah, ging er auf ihn zu, fiel vor ihm auf die Knie und flehte um sein Leben. Kittel fragte ihn grinsend, ob er Familie hätte, und als er erfuhr, daß Smulgewskijs Frau und Tochter noch am Leben waren, ordnete er an, sie herzubringen. Überzeugt, daß er am Leben bleiben würde, dankte Smulgewskij dem Gestapomann. Aber vergeblich. Kittel steckte ihn zusammen mit den anderen 30 Personen, die nicht zu den Familien der Arbeiter von Kailis gehörten, in einen Lastwagen, der sie nach Ponary fuhr.

Während im Hof des Zweiten Blocks die Kontrolle der Bewohner andauerte, waren die Arbeiter der Fabrik in schrecklicher Sorge. Einige liefen auf dem Fabrikgelände umher und schrien, daß man auch sie sofort erschießen solle, wenn man ihre Frauen und Kinder mitnähme. Die Leiter der Fabrik taten, was sie konnten, um die Arbeiter zu beruhigen, doch es nutzte nichts. Als eine kleine Einheit von litauischen Polizisten in der Fabrik erschien, gingen die Arbeiter auf sie zu und schrien: »Gebt uns unsere Frauen und Kinder, oder erschießt uns!« Die Polizisten zogen sich erst zurück, dann griffen sie nach ihren Pistolen und begannen in die Luft zu schießen. Die Arbeiter wichen zurück. Die Vormänner drängten sie in die Fabrikräume, redeten ihnen zu, die Arbeit wieder aufzunehmen, und versprachen ihnen, daß ihren Frauen und Kinder nichts geschehen würde, daß man nur nach Juden suche, die aus dem Ghetto geflüchtet seien. In seinem Bemühen, die Arbeiter zu beruhigen und den Konflikt zu lösen, erwies sich der Betriebsleiter Wysotschynski als ein besonders rechtschaffener Mann. Schließlich wurde das Tor geöffnet, und in den Fabrikhof strömte die erste Gruppe von Frauen und Kindern, die die Kontrolle überstanden hatten und aus dem Block herausgelassen wurden. Daraufhin beruhigten sich die Arbeiter etwas und schöpften Hoffnung, daß sie tatsächlich ihre Familien wiedersehen würden. Drei Stunden später, zur Mittagsstunde, kehrten alle wohlbehalten in ihre Wohnungen zurück. 30 im Block entdeckte Flüchtlinge aus dem Ghetto wurden weggeführt und erschossen, doch das Leben in den Blöcken begann nun wieder seinen gewohnten Gang zu gehen.

Aber auch nach dieser Kontrolle und ungeachtet aller strengen Maßnahmen gelangte ein Teil der Juden aus dem Ghetto, die sich noch hatten verstecken können, zu den Blöcken und verschaffte sich auf verschiedene Weise Einlaß. Bis Anfang November hatten sich in den Kailis-Blöcken ungefähr 200 dieser Flüchtlinge angesammelt. Ihre Existenz konnte die Leiter der Blöcke, vor allem den Ingenieur Papp, das Leben kosten. Ihnen zur Hilfe kam der Kommissar der Kailis-Fabrik, Friedrich, dem es gelang, einen Teil dieser Menschen zu »legalisieren« und einen anderen Teil im Block der Autowerkstätten unterzubringen – mit dem Einverständnis des Chefs dieser Werkstätten, Major Plagge, der ein sehr wohlwollender Mensch war.

Häufig wurden Kontrollen durchgeführt, um genau festzustellen, ob die Bewohner der Blöcke mit den registrierten Menschen übereinstimmten (am 28. Oktober fand eine solche Kontrolle im Block der Autowerkstätten statt, am 30. Oktober sowie am 4. und 6. November in den Blöcken von Kailis). Während der Kontrolle im Block der Autowerkstätten wurde entdeckt, daß eine Familie (die Familie Zalkind), bestehend aus Mann, Frau und Kind, fehlte. Sofort wurden alle Bewohner im Hof in Reihen aufgestellt; aus den Reihen wurden 25 Menschen herausgepickt (jeder dritte) – in der Mehrzahl waren es Frauen – und sofort nach Ponary weggebracht. Die Exekutionen waren eine so gewöhnliche Erscheinung geworden, daß die Menschen sie als etwas völlig Selbstverständliches hinnahmen. Es wurden 25 Menschen weggebracht, doch gingen die übrigen wieder nach Hause, als sei nichts geschehen. Diejenigen, die nach Ponary gebracht wurden, zwang man, sich schon im Lastwagen auszuziehen, damit vor Ort keine Zeit verschwendet würde; dort angekommen, mußten sie sich auf über die Gruben gelegte Planken stellen und wurden dann erschossen. Die Autos mit den Sachen der Ermordeten kehrten sofort um und fuhren zur Gestapo.

Der oberste Ordnungshüter in den Blöcken von Kailis war der Vertreter der SS, Richter. Er hatte die Gewohnheit, plötzlich aufzutauchen, mal am frühen Morgen, mal mitten am Tag oder mal auch spät abends. Eilenden Schrittes betrat er dann eine Wohnung, stieg auf einen Dachboden oder ging in einen Keller. Er war ständig auf der Suche nach etwas, wollte ständig etwas Unerlaubtes oder Verbotenes aufspüren. Sobald Richter erschien, begann man in den Wohnungen fieberhaft alles Essen zu verstecken. Den Juden war es untersagt, irgend etwas Eßbares zu besitzen außer den Rationen, die ihnen von der deutschen Obrigkeit zugeteilt wurden. Es war ein Verbrechen, wenn bei jemandem eine andere Sorte Brot gefunden wurde oder ein Stück Fleisch, ausgenommen Pferdefleisch, das an die Juden manchmal ausgegeben wurde. Der Vertreter der SS und seine Gehilfen wachten auch sorgfältig darüber, daß niemand auf die Straße ging. Selbst von einem Block in den anderen, der nur wenige hundert Meter entfernt war, durfte man nicht alleine gehen. Von einem Ort zum anderen durfte man nur in Gruppen und in Begleitung jüdischer Polizisten gehen und auch nur, wenn es dafür einen Grund gab, der für stichhaltig befunden wurde: ins Waschhaus (das sich im Ersten Block befand), zum Arzt usw.

Beten und Lernen waren auch verboten. Doch die Leute fuhren fort, heimlich zu beten und zu lernen, und sie rannten sofort auseinander, sobald im Hof der Blöcke der »Herrscher« der SS erschien. Im Keller des Ersten Blocks und hoch auf dem Dachboden des Zweiten Blocks versammelten sich die Alten, um zu beten; dort wurde auch für die kleinen Kinder eine Schule eingerichtet, und die Jugend organisierte sogar eine Art Klub, in dem es manchmal Musikabende gab und Auftritte von jüdischen Schauspielern, die die Liquidierung des Ghettos heil überstanden hatten. In ihrer Rede zur Eröffnung des Klubs drückte die Litauerin A. Sch. [Ona (Anna) Schimaite] – eine aktive Teilnehmerin im Kampf gegen den Faschismus – ihr Erstaunen und ihre Begeisterung darüber aus, daß die Juden in diesen unmöglichen, unmenschlichen Bedingungen ihr kulturelles Leben weiterpflegten.

Im November und Dezember 1943 begann die Gestapo damit, festgenommene Juden für Arbeiten bei Ponary einzusetzen. Diese Arbeiten werden äußerst geheim durchgeführt, niemand darf von ihnen wissen. Nichtjüdische Arbeiter werden für diese Arbeiten nicht zugelassen, da alle, die damit zu tun haben, liquidiert werden sollen. Die nach Ponary verschickten Menschen bereiten die Verbrennung der Leichen der ungefähr 70 000 dort erschossenen Juden vor.

Nach einer gewissen Ruhephase wurde am 15. Dezember 1943 das »normale« – wenn man das so sagen kann – Leben der Blöcke von Kailis plötzlich unterbrochen. Vor den Toren fuhr ein Auto der Gestapo mit drei Gestapomännern vor, die den Kommandanten des Ersten Blocks, Doktor Leon Burak, sowie den im Zweiten Block wohnenden Jankel Turgel und dessen Verwandte (sie war als seine Frau registriert) festnahmen. Die Leute von der Gestapo befanden es für nötig, die Festnahme von Doktor Burak zu verschleiern: Sie baten ihn, im Auto Platz zu nehmen, damit man mit ihm zur Erledigung von irgendeiner Angelegenheit zur Fabrik fahren könnte, doch dann kehrte das Auto um und fuhr in die entgegengesetzte Richtung direkt zur Gestapo. Nachdem sie Burak weggeschafft hatten, kamen dieselben Leute wieder und nahmen Turgel – diesmal offen – fest: Sie holten ihn zu Hause ab und packten sich zugleich auch seine Verwandte, die sich bei ihm im Zimmer befand. Die Verhaftungen sorgten unter den Bewohnern von beiden Blöcken für große Unruhe, die noch verstärkt wurde, als am nächsten Tag, den 16. Dezember, dasselbe Auto mit denselben Gestapomännern erneut erschien: Diesmal verhafteten sie zwei Bewohner des Ersten Blocks, Itzik Probe und Jakob Zipman. Der stille und bescheidene Itzik Probe war der Pförtner des Ersten Blocks. Am Vortag hatten die Gestapomänner ihm befohlen, während der Verhaftung von Burak und Turgel zugegen zu sein, jetzt holten sie ihn selbst. Der Radiotechniker Zipman wurde an seiner Arbeitsstelle abgeholt, in der Fabrik für Elektrogeräte Elfa, die gegenüber von Kailis lag. Niemand wußte, was diese Verhaftungen zu bedeuten hatten, und die Unruhe verstärkte sich.

Am 30. Dezember 1943 tauchte dasselbe Auto mit denselben Gestapoleuten direkt vor der Kailis-Fabrik auf: Jetzt verhafteten sie den Leiter der beiden Blöcke, Ingenieur I. Papp, der auch den Posten des Fabrikdirektors innehatte. Zusammen mit ihm wurden zwei jüdische Arbeiter abgeführt, die beide Burstejn hießen. Diese Burstejns wurden bald darauf wieder zurückgebracht. Es stellte sich heraus, daß man sie in den Kellern der Gestapo mit dem schon vorher verhafteten Jankel Turgel konfrontiert hatte. Dieser behauptete jedoch, daß sie nichts mit einem anderen Burstejn zu tun hätten, um den es dort ging. Ingenieur Papp wurde nicht zurückgebracht. Mehr noch, am selben Tag holten die Gestapomänner noch drei weitere Menschen ab: Mejlup, Rogoschjin und Burstejn. Der Kommissar der Kailis-Fabrik war zu dieser Zeit nicht in Wilna, er befand sich im Urlaub in Leipzig. Sein Sekretär teilte der Gestapo mit, daß Ingenieur Papp faktisch die gesamte Fabrik leitete und daß ohne ihn die Fabrik geschlossen werden könnte. Doch die Gestapoleute weigerten sich, Papp freizulassen: Sie sagten, der Kommissar von Kailis möge sich nach seiner Rückkehr persönlich mit ihnen in Verbindung setzen. Niedergeschlagen, düster und erfüllt von den schlimmsten Vorahnungen kehrten an jenem Tag die Juden von der Arbeit in ihre Blöcke zurück. Die meisten glaubten, daß genau so, wie die Verhaftung von Jakob Gens die Liquidierung des Ghettos bedeutet hatte, die Verhaftung von Ingenieur Papp nun die Liquidierung der Blöcke nach sich ziehen würde. Kaum jemand aß oder trank, alle warteten auf den Anfang vom Ende. Doch unversehens verbreitete sich blitzartig die Nachricht im gesamten Lager, daß Ingenieur Papp freigelassen würde. Ein Fuhrmann der Fabrik kam zum Tor des Ersten Blocks gerannt und schrie, daß die Kommandanten sofort zur Sekretärin des Kommissars von Kailis gehen sollten: Die Gestapo hätte angerufen und gesagt, daß man den Ingenieur abholen solle. Die Nachricht klang unglaublich, unmöglich; niemand mochte an einen solchen Ausgang der Sache glauben. Aber als ein Deutscher von der SS, der in der Fabrik wohnte und Leiter der Wache war, die Nachricht bestätigte, fuhr der Kommandant einer der Blöcke, Leo Slatkowitsch, sofort in einem Wagen der Fabrik zur Gestapo. Jede Minute des Wartens erschien wie eine Stunde. Eine beträchtliche Zeit verging, aber der Wagen kam nicht zurück, und alle wurden von Enttäuschung und Apathie befallen. Doch wie groß war die allgemeine Freude, als die Menschen sahen, wie Papp auf die Blöcke zugefahren kam. Er wurde mit Begeisterung empfangen, die Menge machte etwas Platz, damit er zwischen ihr hindurchgehen konnte, jeder wollte ihn sehen; er wurde die Treppe hoch in seine Wohnung getragen. Diejenigen, die noch etwas Geld übrig hatten und an Wodka herankommen konnten, tranken. Zusammen mit Ingenieur Papp wurde auch Mejlup freigelassen. An die übrigen, die verhaftet worden waren, dachte bereits niemand mehr.

Der Neujahrstag 1944 wurde von den Bewohnern der Blöcke beinahe freudig begangen. Die Rückkehr von Ingenieur Papp und das Gefühl, der unmittelbar drohenden allgemeinen Vernichtung entgangen zu sein, verschönten den Feiertag. Die Menschen versuchten, die soeben noch durchlittenen Ängste zu vergessen und wünschten einander von Herzen, daß die Befreiung bald kommen möge. Im Keller gab es eine Aufführung von einigen noch am Leben gebliebenen jüdischen Sängern und Dichtern: Sadowskij, Rutenberg und Herbst sangen Lieder und trugen Gedichte vor …

Von den im Dezember verhafteten Menschen wurde zehn Wochen später, am 17. Februar 1944, nur ein einziger freigelassen, Doktor Leon Burak, der ehemalige Kommandant des Ersten Blocks. Er wurde von dem Gestapooffizier zurückgebracht, der die Untersuchung geleitet hatte. Burak sah schrecklich aus: bleich und abgemagert, mit einem dichten Bart und einer Narbe auf der Stirn, mit zerbrochenen Brillengläsern und zerrissenen Schuhen an seinen bloßen Füßen. Es war offensichtlich, daß während der vergangenen Wochen der Tod für diesen Mann viel angenehmer gewesen wäre als das Leben. Er hatte nur kein Gift gehabt, um seinen Qualen ein Ende zu setzen. Seine Rückkehr war unerwartet, und er wurde mit Freude empfangen. Über das Schicksal der anderen, die zusammen mit ihm abgeholt worden waren, schwieg jeder, der sich an sie erinnern mochte, und es schwieg auch der befreite junge Doktor. Dazu hatte man ihm bei der Gestapo vieldeutig geraten, und so schwieg er wie ein Grab. Es ist interessant, daß nach einer Weile derselbe Gestapooffizier Burak aufsuchte; er fragte, warum er sich nicht rasierte, und gab ihm den Rat, mehr zu essen, um wieder zu Kräften zu kommen.

Am 11. März 1944 mußten die Bewohner der Kailis-Blöcke erneut einen schweren Tag durchstehen. An diesem Tag sammelten deutsche Polizisten alle Männer ein, die zu jenem Zeitpunkt nicht arbeiteten; aus ihnen wurden jene ausgesondert, die angaben, Schneider, Schuster oder Schlosser zu sein. Die übrigen mußten sofort in ihre Wohnungen zurückgehen. Wenige Minuten später erschien im Hof der allen wohlbekannte Liquidator des Ghettos, Kittel, und befahl den ausgesonderten Menschen, unverzüglich ihre Sachen zu packen und in einen großen Lastwagen zu steigen, der in den Hof gefahren war. Alle, die ihre Sachen nicht rechtzeitig zusammenpacken konnten, mußten so wie sie waren mitfahren. Zusammen mit ihnen wurden auch ihre Familienangehörigen weggebracht. Kittel schaute lächelnd auf seine Uhr und sagte, daß jeder, der nicht innerhalb von fünfzehn Minuten im Lastwagen säße, auf der Stelle – wie ein streunender Hund – im Hof erschossen werden würde. Es hieß, daß die Menschen in das neue Arbeitslager in Kowno gebracht würden. Wie dem auch sei, eine halbe Stunde später waren alle eingesammelten Arbeiter, 16 an der Zahl, schon aus Wilna weggebracht.

Diese Art von unerwartetem Abtransport mit unbekanntem

Ziel wiederholte sich in der folgenden Zeit mehrfach. Die Deutschen wandten dabei bevorzugt betrügerische Mittel an. So kam der SS-Mann Richter, der für Versorgungsfragen in den Blöcken zuständig war, einmal während der Arbeitszeit zu den Autowerkstätten und sagte, daß er einige Leute bräuchte, um in die Stadt zu gehen und dort Material abzuholen. Natürlich fanden sich viele, die das gerne taten, doch als die zehn ausgewählten »Freiwilligen« im Lastwagen saßen, teilte Richter ihnen mit, daß sie zur Arbeit »nach Kowno« gebracht würden. Auf dieselbe Weise bot er einigen Bewohnern eines Kailis-Blocks an, in die Autowerkstätten umzuziehen, wo sie bequemer wohnen würden, doch sobald sie im Lastwagen saßen, erfuhren die Leute mit Erstaunen, daß auch sie »nach Kowno« gebracht würden.

Der Kinderraub

27. März 1944

Diese »Aktion«, die grausamste von allen bisher durchgeführten »Aktionen«, wurde zutiefst geheim vorbereitet. Geplant wurde sie von den Gestapomännern Weiss und Schroeder. Nicht einmal diejenigen, die sie ausführten – die Litauer und auch die Deutschen selbst – wußten bis eine Stunde vor ihrem Beginn, was passieren würde. Den litauischen Polizisten wurde angeordnet, sich auf dem Lukischki Platz zu versammeln; ihnen wurde gesagt, daß die Operation sich gegen die Polen richten würde. Erst als sie in Lastwagen gesetzt und zu den Schauplätzen – den Kailis-Blöcken, den Autowerkstätten und dem Lazarett in der Rossa Straße – gebracht wurden, begriffen sie, daß auf sie ein »Arbeitseinsatz« gegen die Juden wartete. Den wachhabenden deutschen Soldaten, die auf ihren Posten bei den Blöcken standen, wurde in letzter Minute befohlen, noch eine Weile länger ohne Ablösung stehenzubleiben, bis man »eine Arbeit« erledigt hätte. In der Rossa Straße – dem Ort, an dem die Menschen gewöhnlich in die Todeszüge verladen wurden – wurde den für die Gestapo arbeitenden Juden befohlen, die Waggons vorzubereiten, das heißt, die Fenster zu vernageln und Stacheldraht davor zu spannen. Auf die Frage von einem von ihnen, zu welchem Zweck die Waggons vorbereitet würden, sagte ein Gestapo-Offizier: »Ich gebe Ihnen mein Wort als Offizier, daß es nicht um Juden geht.« Wenig später sahen die Arbeiter, wie jüdische Kinder, Mütter und alte Menschen wie Abfall in die von ihnen fertiggemachten Waggons geladen wurden.

In den Blöcken hatte der oberste Aufseher, der kalte und berechnende, hervorragend geschulte SS-Mann Richter, das lebende Material für die Vernichtung vorbereitet. Wie ein schlauer Fuchs hatte er lange vor Beginn der Aktion seine Opfer ausgespäht, die Ecken aller Wohnungen inspiziert und jeden vermerkt, den er zuvor in seine Todesliste aufgenommen hatte. Die Kinder in diesen Listen wurden in drei Altersgruppen unterteilt: unter 13 Jahre, von 13 bis 16 Jahre und über 16 Jahre. In den Blöcken von Kailis führte Richter ständig verschiedene Kontrollen von Kindern durch, sogenannte Appelle; die Kinder gewöhnten sich allmählich an diese Appelle und begaben sich ohne jede Furcht zu ihnen.

An dem unglückseligen Montag, den 27. März 1944, wurden die Kinder wie gewöhnlich zu einem Appell herausgerufen, angeblich weil sie nach der Kontrolle anhand der Listen zu einer medizinischen Untersuchung im Block des Militärkrankenhauses gebracht werden sollten. Richter erschien um sechs Uhr morgens in den Blöcken in Begleitung eines Herrn, den er als einen »deutschen Arzt« vorstellte, und wandte sich an die Kommandanten der beiden Blöcke mit der »unschuldigen« Frage, ob sie einen geeigneten Raum für die medizinische Untersuchung von Kindern und alten Menschen hätten. Er wußte genau, daß es einen solchen Raum nicht gab, daß die Wohnbedingungen in den Blöcken unglaublich beengt waren. Er stellte die Frage natürlich nur zur Tarnung, um von der heraufziehenden Gefahr abzulenken. Als die Kommandanten ihn auf den einzigen in Frage kommenden Raum hinwiesen – den Keller, in dem kürzlich die Registrierung aller Bewohner der Blöcke stattgefunden hatte (dabei hatte man von allen die Körpergröße gemessen und besondere Kennzeichen für die Kartei festgehalten) –, erwiderte Richter mit ruhiger und sanfter Stimme, daß das natürlich kein besonders angenehmer Ort sei. Er ordnete an, den Arbeitstag in der Fabrik eine halbe Stunde früher als gewöhnlich zu beginnen und die Kinder ins nahegelegene Krankenhaus zu bringen. »Dort ist es besser«, erklärte er ruhig.

Die Eltern machten sich auf den Weg zur Fabrik, obwohl ihnen die Vorverlegung des Arbeitstages hätte merkwürdig erscheinen können; die Kinder wuschen sich schnell, zogen sich irgend etwas an und eilten zur »Untersuchung«. Als die meisten von ihnen schon im Block des Krankenhauses versammelt waren, tauchte plötzlich ein Lastwagen mit einer litauischen Sondereinheit auf, die von den Gestapomännern Schroeder, Mühle und Hase geleitet wurde. Die bewaffnete Bande stürmte ins Krankenhaus hinein. Die größeren Kinder und die Mütter, die ihre Kleinen auf den Armen trugen, begriffen sofort, daß sie in eine schreckliche Falle geraten waren. Es brach ein unglaubliches Geschrei aus. Einer der Gestapoleute bekam den jüdischen Verwalter des Ersten Blocks, Schafer, zu fassen, den er wegen seiner Armbinde für einen Polizisten hielt, und befahl ihm, die Menge zu beruhigen, damit er eine wichtige Erklärung abgeben könne. Als sich der Lärm ein wenig gelegt hatte, versicherte der Gestapomann allen, daß niemandem etwas geschehen würde, doch müßten alle tun, was ihnen befohlen würde. Daraufhin begannen die Männer damit, die Kinder aus dem Gebäude zu bringen und in bereitgestellte Lastwagen zu setzen; in die Lastwagen verfrachtete man auch die Kranken, die aus dem Krankenhaus herausgetragen wurden. Dann fuhr die Lastwagenkolonne los. Die Mütter, die zusammen mit ihren Kindern fahren wollten, wurden in andere Lastwagen gesetzt, während diejenigen Mütter, die bereit waren, sich von ihren Kindern zu trennen, zusammen mit ihnen mitgenommen wurden. Einigen Kindern gelang es, sich zu retten, sie versteckten sich im Krankenhaus unter den Betten oder im Hof unter den dort aufgeschichteten Brettern. Einige Kinder retteten sich durch Flucht, indem sie unterwegs in der Rossa Straße aus den Lastwagen sprangen, und das eine oder andere Kind schaffte es noch, aus dem schon fahrenden Zug zu springen. Die Erstgenannten schafften es größtenteils, in die Blöcke zurückzukehren; die Letzteren, die sich bei ihrer Flucht zumeist schwere Verletzungen zuzogen, wurden von in der Umgebung lebenden Einwohnern an die Gestapo ausgeliefert. Zwei schwerverletzte Kinder, ein Mädchen und ein Junge, die im Hof der Wilnaer Gestapo lagen, wurden von den Gestapoleuten durch Stiefeltritte gegen ihre Köpfe getötet.

Ein Junge mit einem gebrochenen Bein, der in die Blöcke zurückgekehrt war und vom Doktor Kantorowitsch einen Gipsverband angelegt bekam, wurde wenige Tage später erneut zur Exekution abgeführt.

Die Deutschen bemühten sich sicherzustellen, daß die Zahl der vernichteten Kinder mit den Angaben auf ihren Listen übereinstimmte. Aus dem Ersten Block hatten sie laut ihrer Listen alle Kinder eingesammelt. Im Bemühen, den Befehl der Gestapoleute so gut wie möglich auszuführen, schickte der Kommandant des Ersten Blocks, Leon Burak, sogar noch mehr Kinder zur »erneuten Untersuchung«, als man von ihm verlangt hatte. An jenem Tag wurden die Kinder der ersten Gruppe eingesammelt, das heißt alle, die unter 13 waren; Burak aber rief auch die zweite Gruppe, die 13- bis 16jährigen, zusammen. Dafür wurde im Ersten Block das »Spezialkommando« nicht aktiv, das im Zweiten Block und im Block der Autowerkstätten wütete, wo die Kommandanten sich geweigert hatten, die Kinder anhand der Listen auszuliefern. Im Zweiten Block ergriffen die Gestapoleute jeden, der ihnen in die Hände geriet, sie schlugen die Wohnungstüren ein und suchten auf den Dachböden und in den Kellern nach versteckten Kindern. Beim Versuch, die Kinder zu verteidigen, wurden der Künstler Herbst und der bekannte Wilnaer Lehrer Mowscha Olidskij, der bis zum letzten Tag (bis zum 27. März 1944) eine Chronik der Geschehnisse geführt hatte, zusammengeschlagen und abgeführt.

Grausam und ganz offen wurden die Kinder im Block der Autowerkstätten ergriffen. Dort fand um vier Uhr morgens ein »Appell« statt, um sieben Uhr kamen die Gestapoleute mit der litauischen Sondereinheit, und es begann ein wildes Gemetzel. Eine Frau mit dem Namen Schukowskaja wagte es, dem Gestapomann Weiss, der die »Aktion« leitete, ins Gesicht zu sagen: »Du Mörder und Henker, du wirst mein Kind nur über meine Leiche bekommen!« Weiss griff sie bei den Armen, zwang sie auf die Knie, drückte ihren Kopf auf den Boden und tötete sie mit einem Schuß in den Nacken. Und dann schritt er über den Leichnam der Mutter, so wie er vorher schon über Dutzende und Hunderte von

Leichnamen geschritten war, die er eigenhändig erschossen hatte, und ergriff das Kind.

Während die Operation gegen die Kinder noch lief, wurden in der Kailis-Fabrik Maschinengewehre aufgestellt und die Ein- und Ausgänge von bewaffneten litauischen Polizisten besetzt. Die Arbeiter erkannten sofort, daß ihren Kindern etwas Schlimmes zugestoßen war, obwohl sie nicht genau wußten, was vor sich ging. Sie waren bereit, allen Befehlen zum Trotz in die Blöcke zu stürzen, um für den Fall, daß ihre Kinder weggebracht würden, zusammen mit ihnen zur Hinrichtung zu gehen, aber alle Wege dorthin waren für sie versperrt. Sie erfuhren erst in aller Ausführlichkeit, was sich an diesem Tag zugetragen hatte, als sie abends von der Arbeit zurückkehrten. Trauer und Entsetzen herrschten überall in den Blöcken. Die Menschen aßen nicht, tranken nicht und schliefen nicht. Im Ersten Block war an jenen Tagen der Strom abgeschaltet. In völliger Finsternis beweinten die Juden ihre Kinder.

Am nächsten Morgen mußten alle wie gewöhnlich wieder zur Fabrik gehen. Die Menschen konnten natürlich keinerlei Arbeit verrichten. Wie auf einem Friedhof gingen sie händeringend durch die Fabrikräume und weinten untröstliche, bittere Tränen. Ihre Herzen waren verödet, ihre Seelen ausgebrannt. Alles was übrigblieb, waren Skelette.

Einige Tage später begann der SS-Mann Richter erneut mit seinen Wohnungsinspektionen und der Suche nach überlebenden Kindern. Er durchstöberte alle Ecken und verlangte die Auslieferung der Kinder, die, wie er vermutete, sich vor dem Untergang hatten retten können und sich nun in den Blöcken versteckt hielten. Als wäre nichts geschehen, kam er mehrfach täglich zu den Bewohnern der Blöcke und hielt – unter dem Vorwand von allerlei Kontrollen und Haushaltsinstruktionen – Ausschau nach neuen Opfern …

Nachbemerkung

Dieses Kapitel ist das chronologisch letzte unter den erhaltenen Aufzeichnungen von Grigorij Schur. Kurz nach dem »Kinderraub« (im Zuge dieser Aktion kam auch sein dreizehnjähriger Sohn Aron ums Leben) wurde er aus Wilna fortgebracht. Wenige Tage vor der Befreiung von Wilna durch die sowjetische Armee wurden die noch in den Arbeiterblöcken lebenden Juden erschossen. Die letzte Station Grigorij Schurs war das Konzentrationslager Stutthof. Ein Insasse von Stutthof, der den Krieg überlebte, erinnerte sich, daß Grigorij Schur im Lager Mut bewies und daß er seine Kameraden unterstützte und aufmunterte. Bei der Liquidierung des Lagers verfrachteten die Nazis Hunderte von Gefangenen auf Lastkähne, fuhren sie aufs offene Meer hinaus und ertränkten sie. Unter ihnen war auch Grigorij Schur.

W. P.

Danksagungen

Miriam Povimonskaja-Schur, Wladimir Porudominskij sowie der dtv bedanken sich für die freundliche Unterstüzung bei der Arbeit an der deutschen Ausgabe dieses Buches insbesondere bei Frau Dr. Elisabeth zu Salm-Salm und Frau Dr. Waltraud Achten.

Der dtv bedankt sich außerdem ganz besonders bei Wladimir Porudominskij für die intensive und wertvolle Mitarbeit an der Bearbeitung der deutschen Ausgabe.

Deutsche Geschichte der neuesten Zeit im dtv

Herausgegeben von Martin Broszat, Wolfgang Benz und Hermann Graml in Verbindung mit dem Institut für Zeitgeschichte, München.

Peter Burg
Der Wiener Kongreß
dtv 4501

Wolfgang Hardtwig
Vormärz
dtv 4502

Hagen Schulze
Der Weg zum Nationalstaat
dtv 4503

Michael Stürmer
Die Reichsgründung
dtv 4504

Wilfried Loth
Das Kaiserreich
dtv 4505

Richard H. Tilly
Vom Zollverein zum Industriestaat
dtv 4506

Helga Grebing
Arbeiterbewegung
dtv 4507

Hermann Glaser
Bildungsbürgertum und Nationalismus
dtv 4508

Michael Fröhlich
Imperialismus
dtv 4509

Gunther Mai
Das Ende des Kaiserreichs
dtv 4510

Klaus Schönhoven
Reformismus und Radikalismus
dtv 4511

Horst Möller
Weimar
dtv 4512

Peter Krüger
Versailles
dtv 4513

Corona Hepp
Avantgarde
Moderne Kunst, Kulturkritik und Reformbewegungen nach der Jahrhundertwende
dtv 4514

Fritz Blaich
Der Schwarze Freitag
dtv 4515

Deutsche Geschichte der neuesten Zeit im dtv

Martin Broszat
Die Machtergreifung
dtv 4516

Norbert Frei
Der Führerstaat
dtv 4517

Bernd-Jürgen Wendt
Großdeutschland
Außenpolitik und Kriegsvorbereitung des Hitler-Regimes · dtv 4518

Hermann Graml
Reichskristallnacht
dtv 4519

Hartmut Mehringer
Widerstand und Emigration
dtv 4520

Lothar Gruchmann
Totaler Krieg
dtv 4521

Wolfgang Benz
Potsdam 1945
dtv 4522

Wolfgang Benz
Die Gründung der Bundesrepublik
dtv 4523

Dietrich Staritz
Die Gründung der DDR
dtv 4524

Kurt Sontheimer
Die Adenauer-Ära
dtv 4525

Ludolf Herbst
Option für den Westen
dtv 4527

Peter Bender
Die »Neue Ostpolitik« und ihre Folgen
Vom Mauerbau bis zur Vereinigung
dtv 4528

Thomas Ellwein
Krisen und Reformen
Die Bundesrepublik seit den sechziger Jahren
dtv 4529

Helga Haftendorn
Sicherheit und Stabilität
Außenbeziehungen der Bundesrepublik zwischen Ölkrise und NATO-Doppelbeschluß
dtv 4530